U0051065

大旗出版
BANNER PUBLISHING

大旗出版
BANNER PUBLISHING

大清皇權遊戲

以歷史的細節看皇帝權謀

小者口徑達毫米，全長釐米，重公斤，可發
大者口徑達毫米，金長釐米，重公斤，可發
小銅、鐵炮的九百門，但炮的基本構造和
製造，重型火器以火炮為主，輕型火器
製造一種可以馱在馬背上的輕火炮！
燧發槍、連珠槍（多管火槍）
視了輕裝步兵攜帶火槍的新進
？在此，有必要對中國火器的演進行
是被袁崇煥用火炮炸傷而死。清軍作戰
際。軍事是流血的政治，有一點必須明白
學史，中國古是流血的政治，有一點必須明白

而他講得也並不脫
大廚，據說好爾哈
門來也不願研究一
過於重視騎兵，反
度並不很落後於西
，竟只讓火器發明
其事的需要，尚重視
，清中央政府所以
炮，仍屬紅夷炮
薩時，曾使用了三

其實就是五千年

序 言
正說與戲說的歷史

　　滿族建立的大清帝國在自秦以降的整個中國皇朝歷史舞臺上，占據的時間約為其七分之一。大清王朝是中國皇朝史上的鼎盛時期，是值得史家傾盡畢生精力研究的重要歷史階段。

　　歷史上皇帝的政治素質、思想品德、文化修養、個性心理各有不同，但都與國家的興亡盛衰息息相關，在一定程度上直接影響著歷史發展的快慢、前進和倒退。

　　愛新覺羅家族從天命元年（1616）到宣統三年（1911），歷時296年，歷十二帝。雄才大略如太祖努爾哈赤十三副遺甲起兵稱汗；太宗皇太極東征西討，建立了關東一統的大清帝國；聖祖康熙帝、世宗雍正帝、高宗乾隆帝祖孫三人勵精圖治，開疆拓土，創立了中國歷史上少有的「康乾盛世」；黯然如多情天子順治皇帝，為愛妃董鄂氏傷情欲絕，棄國逃禪；一心要江山圖治，重振山河，卻被幽禁而終的苦命天子光緒皇帝；懵懂無知，尚在襁褓之中，卻被推上帝位，又在權臣逼迫下黯然退位，一生被洋人與軍閥玩弄於股掌之中的末代皇帝溥儀……大清十二帝給後人留下了太多的傳說、太多的疑問、太多的想像。

　　現在的正史被逼無奈，敵不過「戲說」群狼似的撕咬，只能為自己貼上「正說」的防偽標籤。但戲說固然有誤人之處，但它卻吸引我們去關注一個

時代、一個王朝、一個人，其娛樂化的面相或許值得正史鑒戒。學術氣息重一向是這門國學面向大眾的障礙之一。但如果能以吊胃口的懸念循循善誘，使更多的人發現史學樂趣所在，未嘗不是獲得更多簇擁的辦法。

本書正是基於此種理念，以正史為基石，野史為磚瓦，豔史為窗櫺，秘史為雕梁，將歷史裝扮一新，去蕪存菁，去偽存真，以通俗易懂的筆觸，還歷史以真實，增歷史以趣味。引經據典，用通俗的語言，客觀的態度，嚴謹的史實，公正的評判，為讀者營建了一座解讀清史、研究清史、暢遊清史、享受清史的宏偉殿堂。

江山有代謝，一字寫盡，大汗淋漓，心存未了情。然「放寬歷史的眼界，更應當避免隨便作道德的評議。因為道德是真理的最後環節，人世間最高的權威，一經提出，就再無商討斟酌之餘地，故事只好就此結束。」梁啟超先生有句名言：「戴綠眼鏡者所見皆綠，戴黃眼鏡者所見皆黃。」確認數百或幾千年前某人的忠邪善惡並不是我們研究學習歷史的主題，而認識歷史解決現實問題才是我們目的所在。唯善於研讀歷史者方能得文化浸潤滋養，方能增人生英明智慧。

談國是，非我所願。非不能，實不為也。何者？針砭時弊，必犯時忌。

禍從口出，凡讀史者莫不了然於心。

縱然如此，心中之言，如鯁在喉，不吐不快。

至此一篇，以後當不再議，此論亦不做任何解釋。

但願是言者無罪，聞者足戒吧。

目 錄

歷史的智慧 清風明月見證幾多帝王術
史官外傳記載多少詭詐篇

目 錄

歷史的論壇 　蓋棺定論自有後人評說辭
　　　　　　　鑒古知今可了世事因緣果

後記

歷史的沈重

華夏二百餘年輝煌沒落再現

清朝十二帝王雄才昏朽並存

從弓馬嫻熟到愚昧無知

中國為什麼會在清朝的時候大幅落後了呢？綜觀清朝，康熙、雍正、乾隆都是從政治鬥爭中拼出來的、絕頂聰明的人物，和那些西方的沙皇、女王、皇帝比起來只有比他們強的沒有比他們差的。嘉慶雖然差點，但也不是庸才，為什麼偏偏在這個時候大大地和世界拉開了差距？

蘇子河敵台
明朝為了監控建州女真，在蘇子河岸修此空心敵台。

有一個外國史學家曾經這樣評論過中國的歷史：中國五千年的文明史其實就是五千年的戰爭史，中國唯一暢銷海內外的一本書就是《孫子兵法》。我們不能否認這位學者看法的一些偏激，然而他講得也並不脫離實際。

軍事是流血的政治，有一點必須明白，那就是清王朝軍事技術的落後。清軍曾經吃過武器落後的大虧，據說努爾哈赤就是被袁崇煥用火炮炸傷而死。清軍作戰也需要火炮呀？那麼為什麼在乾隆的時候，外國人把大炮送上門來也不願研究一下呢？在此，有必要對中國火器的發展進行一下回顧和分析。

一、宋元時期

　　單就火器發展歷史而言，中國早期的火槍，在10世紀的宋朝時期就已經出現了，在中國廣泛使用火銃後，阿拉伯人在14世紀初，製成了木質管形射擊火器「馬達發」。而歐洲14世紀中葉，義大利製成金屬管形射擊武器「火門槍」，以後又發明了「火繩槍」。

　　元朝建立後，重視發展新型火器，元朝至順三年（1332），鑄造最早的銅火銃，長1尺1寸，重28斤。同時還製造出了早期的手銃，但威力小、射程近，基本上沒有使用價值。

　　元末戰爭時期，火炮在戰爭中被大量地使用，火銃和火炮的數量亦已經達到相當的數量。金屬火器的出現，開創了古代武器的先河，它以使用壽命長，發射威力大，運用範圍廣等多種優點，成為以後歷代的重要兵器，並在世界範圍內普遍應用。

二、明朝時期

　　明朝除大量生產銅火銃外，還開始鑄造鐵炮。現藏於山西省博物館的明洪武十年（1377）造的3門大鐵炮（明初時較大型的火銃已開始被稱為炮），其口徑、身長和重量都大大超過元代的火銃，炮管也成直筒形，代表了明初火炮製造的較高水準。

天下第一關──山海關

山海關明代砲台聚城利砲

　　據史書記載，明軍已大量裝備火銃。洪武十三年（1380）規定，在各地的衛所駐軍中，按編制總數的10％裝備火銃。二十六年，規定水軍每艘海運船裝備碗口銃4門、火槍20支、火攻箭和神機箭各20支。永樂年間，創建專習槍炮的神機營，成為中國最早專用火器的新兵種。

　　洪武二十年（1387）在雲南的金齒、楚雄、品甸和瀾滄江中道，安置火銃加強守備。永樂十年（1412）和二十年（1422），明成祖下令在北京北部的開平、宣府、大同等處隘口，安裝炮架，加設火銃。嘉靖年間，長城沿邊要地，幾乎都構築了安置盞口銃和碗口銃的防禦設施。火銃的大量使用，象徵著火器的威力已發展到一個較高的水準。但它還存在著裝填費時、發射速

度慢、射擊不準確等明顯的缺陷，因此只能部分取代冷兵器。在整個軍隊的裝備中，冷兵器還占主要地位。

16世紀初葉，隨著歐洲殖民者用新式槍炮對外進行掠奪，西方火器及其製造技術先後傳入中國，其中影響較大的有佛朗機銃、鳥銃和紅夷炮。

大明正德七年（1512），明軍平定南海之役，繳獲3艘海盜艦船，得到了「佛郎機」火器。「神機營」的武器專家改進了繳獲的火器，創造出佛郎機銃，又稱爲「神機炮」，並

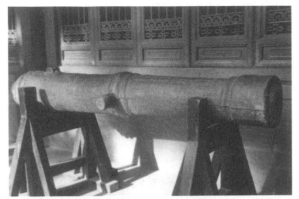

明「神威大將軍」砲
鑄鐵質，明崇禎十年（1637）製造，現藏於河北承德避暑山莊博物館。

量產，使中國的火器跨躍了一大步。但佛郎機銃是大口徑火槍（炮），需3人同時操作1門。9年後，大明嘉靖元年（1521），明軍在廣東新會西草灣之戰中，又從繳獲的兩艘葡萄牙艦船中得到歐洲火繩槍，亦稱「西洋番銃」，但那時葡萄牙人所用的火繩槍，大抵還是初創時期的製品，未引起明軍高層的足夠重視。

明朝開始使用火繩槍的時間和日本差不多，都應是16世紀早期。但日本由於處於戰國時代這一特殊時代環境，因此自1534年引進火繩槍後，便迅速推廣。由於戰爭的需要，火繩槍在日本不斷改進生產工藝，因此實際上日本的鐵炮製造技術後來者居上，16世紀後期便迅速超越了西方。故而當時的日本軍隊的裝備和戰術，在世界上都是一流的，就是西方國家也鮮有匹敵。

不斷擄掠沿海的倭寇用上了火繩槍後，明朝軍隊才開始量產裝備以之對抗。當時正值戚繼光抗倭，戚繼光對火繩槍的威力評價很高，認為這是殺敵最有效的兵器。但當時中國冶煉技術有問題，槍管製造的合格率低，發射時經常膛炸，明軍生產訂造的火繩槍有時甚至多數不堪使用。戚繼光對此也是非常遺憾的，這就是明軍火器裝備並不很多的主要原因，但當時戚繼光等名將對火器的戰術使用也作了很深入的研究，可見中國對火器並非不重視。

大明嘉靖二十七年（1548），明軍在收復被倭寇及葡萄牙人侵占的雙嶼（今浙江鄞縣東南）戰鬥中，俘獲了一些善於製造鐵炮的日本人及鐵炮。由馬憲、李槐等人，學習了製造火繩槍的方法，並在其基礎上，加以研究改進。於大明嘉靖三十七年（1558）造出了「比西番還要精絕」的中國第一批火繩槍，而且手筆極大，一上來就是一萬支，由此可見，當時明朝政府對軍隊裝備火器的重視程度。

中國在仿製成功鳥銃後，還不斷有所改進。萬曆二十六年（1598），趙士楨在《神器譜》中，介紹了掣電銃、迅雷銃、鳥嘴銃、魯迷銃、鷹揚銃、翼虎銃等十多種各具特色的單兵用槍。其中掣電銃的龍頭式槍機安裝在槍托上，扣動扳機，龍頭落於藥池，點火完畢，龍頭自行彈起，並在槍尾安有防身鋼刃；迅雷銃有5管，可輪流發射，提高了射速。崇禎八年（1635），畢懋康在《軍器圖說》中介紹了自生火銃，改鳥銃的火繩點火為燧石發火，克服了火繩怕風雨的缺點，是中國鳥銃發火裝置的重大改進。但上述火器，均未見大批生產和裝備軍隊。

佛朗機銃作為一種火炮，比較輕便，適合在行進中使用；但口徑較小，威力不大。萬曆年間，後金軍與明軍在中國東北的戰爭日益激烈，多為攻守城戰，佛朗機銃威力不足的弱點暴露出來。明朝政府為尋求威力更大的火炮，命大學士徐光啓購買和仿製歐洲新式大口徑火炮，當時稱為「紅夷炮」。

據《明史·兵志》記載，紅夷炮長2丈餘（約6公尺），重者至3000斤（約1800公斤），「能洞裂石城，震數十里」。現存實物，炮身長多為2～3

威遠將軍炮
它在1696年滅定噶爾丹叛亂的戰鬥中發揮了重要作用。

公尺，口徑多爲100毫米以上，比佛朗機銃口徑大、管壁厚、炮身長，成爲當時威力最大的火炮。

　　直到明朝滅亡前，明朝的軍事機構也在不遺餘力地開發品種頗多、形式複雜的管形火器（火槍、火炮）。如崇禎八年（1635），南京戶部右侍郎畢懋康著的《軍器圖說》中，記載有「自生火銃」，就是一種燧發槍，這是中國有文字記載的最早的燧發槍；京軍三大營的標準裝備線膛槍（直線膛），葡萄牙人於1637年向明政府進獻了線膛槍，神機營火器專家用後稱讚該槍射程遠，精度高，裝填方便，上表請示大量仿製並裝備京軍三大營；吳三桂做大明山海關守將時，曾製作過大口徑鐵芯銅炮，集鐵堅、銅韌於一身，提高了火炮的使用性能，這可以說是當時不小的創舉，這炮至今仍有一門陳放在遼寧省博物館。

　　這些都說明幾十年間明朝火器技術發展之快，但可惜國家將亡，沒有量產裝備。另外噴射火器（古代火箭）製造也相當精良，樣式、品種達幾十種之。爆炸性火器也相當發達，具體有兩大類：一類就是地雷，品種繁多，

有石頭雷、陶瓷雷、生鐵雷等數十種；另一類就是水雷，有水底雷、水底龍王炮和混江龍等火器。根據大量的史實證明，中國是世界上最先發明和使用「兩雷」的國家。

三、清朝時期

至於後來的清朝，太祖皇帝馬背上打天下，過於重視騎兵，反而忽視了輕裝步兵攜帶火槍的新戰術，因此中國火器的發展遭到了抑制！明末清初，中國的火器的發展程度並不很落後於西方。燧發槍、連珠槍（多管火槍）等在我國出現的也很早。但當時的清朝政府對新式火器的發明不屑一顧，竟只讓火器發明家去製造一種可以駄在馬背上的輕型火炮！

清朝以後，中國火器的發展逐漸由緩慢而至停滯。清初由於戰事的需要，尚重視火器製造，重型火器以火炮為主，輕型火器以鳥槍為主。

據《清文獻通考》記載，從康熙十三年到六十年（1674～1721），清中央政府所造的大小銅、鐵炮約九百門，但炮的基本構造和性能並無大的改進。如康熙十五年（1676）鑄造的「神威無敵大將軍」炮，仍屬紅夷炮型，大者口徑達110毫米，全長248釐米，重1000公斤，可發射4公斤重的鐵彈。在康熙二十四年（1685）收復被沙俄侵占的雅克薩時，曾使用了這種火炮。鳥槍的種類較多，其中少數採用了燧石槍機，多數仍用火繩槍機。

康熙三十年（1691），在滿蒙八旗中設立火器營，抽調五千多人專門訓練使用鳥槍。雍正五年至十年（1727～1732），先後規定綠營的火器配備，鳥槍兵一般占40%～50%，加上約占10%的炮兵，火器手約占60%左右。

18世紀中葉以後，歐洲各國開始產業革命，機器工業逐漸代替工廠手工業，火器的製造有了突飛猛進的發展。而這時中國仍處於封建社會，清政府由於腐敗的統治和嚴重的保守思想，根本不重視火器的發展，很少再造火器。對外又妄自尊大，實行閉關鎖國政策，使外國先進的火器及其製造技術也未能在中國傳播。因而中國火器的發展大大落後於西方。可惜的是，康熙

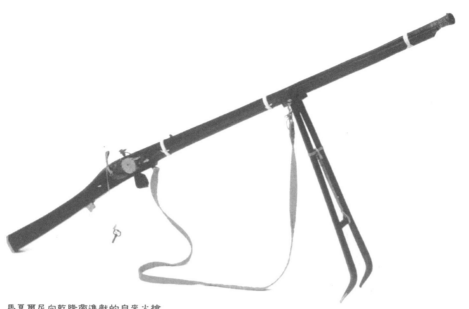

馬夏爾尼向乾隆帝進獻的自來火槍
現藏於故宮博物院。

年間的天才武器發明家戴梓發明出「連珠銃」，一次可連續發射28發鉛彈，威力極大，在當時可謂妙絕古今，冠絕中西，比歐洲發明的機關槍早兩百多年。又造出蟠腸槍和威遠將軍炮，他發明的威遠將軍炮類似現代的榴彈炮，射程遠、火力猛、威力大。但滿清皇帝抱著「騎射乃滿洲根本」這種白癡的念頭，愚蠢地將戴梓充軍關外，中國的火器發展乃告停頓，終於被歐洲所拋下。康熙還算有點兒良心，將「戴梓」之名刻在「威遠將軍」的炮筒上，以示尊重。

1757年滿清政府自欺欺人地發布禁止外國人在華攜帶火器的公告，幾乎是明白地告訴人家滿清對火器恐懼。這種恐懼一直延續到1842年英國的遠征軍司令樸鼎查讓中國軍官在火炮面前驚得目瞪口呆，4000遠征軍竟擊敗了滿清20000正規軍。

如果我們用一句話來概括鴉片戰爭時期中英武器裝備各自的水準，那就是：英軍已處於初步發展火器時代，而清軍仍處於冷熱兵器混用的時代。

鴉片戰爭中的絕大多數戰鬥，是清軍的岸炮與英軍的艦炮之間的炮戰，按常理說，海岸炮依託堅固的陸地，可不計重量、後坐力等因素，而製作得

更大，射程更遠、威力更大。實際上清軍的岸炮一般也重於英軍的艦炮。但是在戰鬥中，雙方火炮的威力卻發生了逆轉。當戰場上硝煙散盡之後，我們不得不驚愕地面對悲慘的事實：清軍在戰爭的全過程中未能擊沈英軍的一艘戰艦或輪船，而自己的陣地卻被打得千瘡百孔。

在1860年英法聯軍掃蕩圓明園時發現，當年英國使團贈送給乾隆的火炮仍保持完好的狀態，隨時可以發射，在華麗的「夏宮」它們不過只是擺設品。1900年滿清不忘「騎射乃滿洲根本」的八旗兵在八國聯軍新式的「連環火槍」（機槍）前被打得屍積如山，而被滿清扼殺了探索精神和民族優越感的中國人卻在瘋狂地信奉著「神功護體，刀槍不入」。

我國在17世紀中期的明末清初時代，火器的發展程度並不很落後於西方，軍隊的火器裝備比例基本上處於世界先進水準的。清軍除了初期爲了和明軍爭奪政權，而大力發展和明軍一樣的火器外，其他的時候，清軍簡直就是一無是處。滿清建國後，軍事裝備專家仍對火器有相當的改良和實驗，例如滿清政府曾先後開發過3種主要形式的燧發槍，即轉輪式、彈簧式和撞擊式，只是這些燧發槍做出來不是用來裝備軍隊，而是用作宮廷狩獵時使用的禽槍。乾隆年間還製作過鑲骨燧發槍，和同時代歐洲裝備的制式步槍幾乎沒有任何區別，但此槍的作用依然是狩獵用的玩具世界——最先進的武器居然派上這種用場，可見滿清還是無法和先進的文化相提並論的。

綜觀明清火器發展，所有現代陸軍的兵器，編制都能在那裡找到雛形或對應的東西：地雷、水雷、火箭炮、鐵絲網、機槍、裝甲師等等。與明末官場的極度腐敗相比，滿清從開始到滅亡都散發著兩個字愚昧！這種愚昧和普通的因無知而產生的愚昧不同，就像中國人永遠都注重「面子」一樣……

民族主義的輕敵狂妄、自以爲是、缺乏危機感、不思進取才是心腹大患。

觀中國之強，最盛莫過於秦。

「始皇奮六世之餘烈，振長策而馭宇內，吞二周而亡諸侯，履至尊而制六合，執敲撲而鞭笞天下，威振四海。南取百越之地，以爲桂林、象郡；百

越之君，俯首系頸，委命下吏。乃使蒙恬北築長城而守藩籬，卻匈奴七百餘裡；胡人不敢南下而牧馬，士不敢彎弓而報怨。於是廢先王之道，焚百家之言，以愚黔首；隳名城，殺豪傑；收天下之兵，聚之咸陽，銷鋒鏑，鑄以爲金人十二，以弱天下之民。然後踐華爲城，因河爲池，據億丈之城，臨不測之淵，以爲固。良將勁弩守要害之處，信臣精卒陳利兵而誰何。天下已定，始皇之心，自以爲關中之固，金城千里，子孫帝王萬世之業也。」

那是何等的笑傲天下，強橫霸道。

然而最後不過落得「一夫作難而七廟隳，身死人手，爲天下笑」。

138年以前，馬克思在一封書信裡就這樣寫過：「國家是一種極其嚴肅的東西，要它表演某種搞笑劇是辦不到的。一艘滿載傻瓜的船也許能在風裡行駛一段時間，但是它終究要向不可倖免的命運駛去。」

「一個人口幾乎占人類三分之一的大帝國，不顧時勢，安於現狀，人爲地隔絕於世並因此竭力以天朝盡善盡美的幻想自欺。這樣一個帝國註定最後要在一場殊死的決鬥中被打垮：在這場決鬥中，陳腐世界的代表是基於道義，而最現代的社會的代表卻是爲了獲得賤買貴賣的特權，這真是一種任何詩人想也不敢想的一種奇異的對聯式悲歌。」

從開疆拓土到割地辱國

清代是我國疆域版圖奠定的重要歷史時期。因此，對清朝多民族統一國家的疆域形成問題進行研究，與現代社會息息相關。

一、歷史的輝煌

清代疆域的形成是秦漢以來中華各兄弟民族長期交往、融合的結果。清代的統一不僅是依靠軍事力量的強大，主要是因為各地區經濟發展中相互依賴，需要建立一個統一的帝國，這是歷史發展的必然。

清代的疆域是由3大部分組成的：以狩獵為主的女眞區、以畜牧為主的蒙古區和以農業為主的明朝區。

清朝在順治時期，鎮壓了各地農民起義軍並戰勝南明，基本

清太祖高皇帝諡寶

玉質，交龍鈕。長12.6公分，寬12.8公分，高11.7公分，現藏於故宮博物館。

上占領了整個漢族地區。康熙帝基本上採用了適應漢族地區發展水準的封建統治制度，並對滿族奴隸主勢力的發展加以限制。由三桂發動的漢人軍閥的反清戰爭即所謂「三藩戰爭」失敗後，康熙帝進一步建立起完整的封建的政治制度，並採取措施以促進封建經濟的恢復和發展。清朝的封建統治從而得到鞏固。

康熙時期完成的另一巨大的歷史任務是，建立了對邊疆各民族地區的統

治，從而基本上奠定了中國的版圖。

1661年，在東南沿海堅持抗清鬥爭的鄭成功，帶領戰艦，從金門出發，橫渡臺灣海峽登陸。在當地人民支援下，經過激烈戰鬥，鄭成功打敗盤踞臺灣38年的荷蘭殖民者。第二年初，荷蘭殖民者向鄭成功投降，臺灣回到了祖

《尼布楚條約》

俄文、滿文本（局部）有清朝代表索圖額與沙俄代表戈洛文簽訂。

國懷抱。鄭成功是中國古代著名的民族英雄。1683年，清軍進入臺灣。第二年，清政府設置臺灣府，隸屬福建省。

16世紀後期，沙俄越過烏拉爾山向東擴張。清軍入關時，沙俄乘機強占了雅克薩和尼布楚等地。清政府一再要求沙俄侵略者撤出中國領土，沙俄政府反而增兵雅克薩，加緊武力擴張。康熙帝為保衛邊疆，親自出巡東北，視察防務，決心組織自衛反擊戰。1685年和1686年，康熙帝命令清軍兩次進攻雅克薩的沙俄軍隊。俄軍傷亡慘重，被迫同意通過談判解決中俄東段的邊界問題。1689年，中俄雙方代表在尼布楚進行談判。在中國政府作了讓步的情況下，經過平等協商，中俄雙方正式簽訂了第一個邊界條約——《尼布楚條約》。

清朝在戰勝蒙古準噶爾部之後，直接統屬喀爾喀蒙古諸部，並建立起對西藏地方的統治。康熙時期的清朝作為統一的多民族國家，已經基本形成。

康熙帝的繼承者雍正帝即位後，採取一系列的強硬措施，大力整頓吏治，清朝政局重新呈現振作的氣象。雍正時，與俄國訂立恰克圖條約，劃定北部疆界。擊潰準噶爾部在西北的勢力，並加強了對西藏的統治，為乾隆時期的強盛之局奠定了基礎。

乾隆二十四年（1759年），清朝最終奠定了今日中國疆域的基地，形成了一個北起薩嶺、額爾古納河、外興安嶺，南至南海諸島，西起巴爾喀什湖、帕公尺爾高原，東至庫頁島，擁有一千多萬平方公里的統一國家。

二、歷史的屈辱

18世紀中葉至19世紀中葉，即乾隆中葉至道光初期是清朝疆域極盛時期。道光以後，外來帝國主義勢力的入侵，一系列不平等條約的訂立，遂使疆土日蹙，這是近代中國疆域變遷的一大特點。

1840年6月，蓄謀已久的英國政府以鴉片問題作藉口，發動了侵華戰爭。腐敗的清政府最終屈膝投降，被迫簽訂了《中英南京條約》及其附件，中國開始喪失領土和主權，封建社會開始淪為半殖民地半封建社會。

1856年，爆發了第二次鴉片戰爭。英法聯軍先後攻占天津、北京，清政府被迫簽訂了《愛琿條約》、《天津條約》、《北京條約》。第二次鴉片戰爭，中國喪失了一百多萬平方公里的領土和更多的主權。

19世紀70年代以後，日、俄、英、法、美等帝國主義瘋狂侵略中國的邊疆和中國的鄰國。19世紀60、70年代，美、日侵略臺灣，俄、英夥同阿古柏侵略新疆，英國侵略雲南和西藏。同時，帝國主義國家還加緊侵略中國的鄰國，企圖把它們變為殖民地，作為侵略中國的基地。1884年，法國在侵占越南後，進而侵略中國。中越人民互相支援，共同抗敵，屢敗法軍。可是在中國軍隊打了大勝仗的情況下，清政府卻於1885年同法國侵略者簽訂了《中法新約》，中國西南門被打開了。

從中法戰爭結束到甲午戰爭爆發的9年，是中國在19世紀下半葉一段最好的時期。在此期間，國無大亂，遠東的國際環境緩和，中國與西方各國都處於和平狀態。

以「富國強兵」為目標的洋務運動，歷經30年，效果明顯。左宗棠收復新疆之戰的勝利；馮子才在鎮南關及諒山之役中大敗法軍；劉永福的黑旗軍

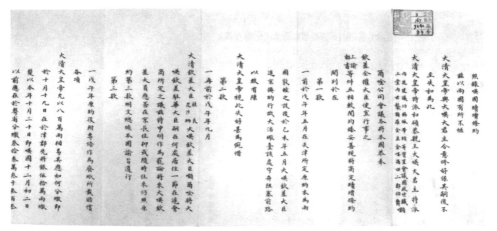

大清皇權遊戲

《中英北京條約》（又稱《中英續增條約》
抄本，中國第一歷史檔案館藏。

屢創法軍；以及日本兵配合朝鮮開化黨人製造政變遭到失敗等。都明當時中國的國勢並不比其他國弱。英國權威人士評論說：「亞洲現在是在三大強國的手中——俄國、英國和中國。」19世紀下半葉中國共進行了5次對外戰爭，中法和約是唯一一個沒有割地賠款的和約。當時的環境應當對中國的自強相當有利。

但日本經過明治維新，竭力向外擴張，企圖侵占朝鮮，進而侵略中國，1894年挑起甲午中日戰爭。結果是，北洋水師剛剛建立的時候實力居世界第六、亞洲第一，但清政府1895年被迫簽訂了《中日馬關條約》。

《中日馬關條約》的簽訂，大大加深了中國社會的半殖民地化。

甲午中日戰爭以後，帝國主義在對中國輸出資本的同時，爭先恐後地在中國強占「租借地」和劃分「勢力範圍」，掀起瓜分中國的狂潮。

積極侵華的日本首相伊藤博文舊照

1899年，義和團運動爆發了。帝國主義為了鎮壓義和團，英、俄、日、法、德、美、義、奧組成八國聯軍進犯天津、北京，遭到義和團的沈重打擊。義和團運動粉碎了帝國主義妄圖瓜分中國的美夢，表現了中國人民不甘屈服於帝國主義及其走狗的頑強反抗精神。1901年，帝國主義列強強迫清政府簽訂了《辛丑合約》。《辛丑合約》嚴重地損害了中國的主權，清政府完全變成帝國主義統治中國的工具，中國完全陷入半殖民地半封建社會的深淵。

　　《辛丑合約》簽訂以後，清政府成為「洋人的朝廷」。

三、邊界的變遷

　　第二次鴉片戰爭時，俄人強迫清政府訂立璦琿條約（1858），將黑龍江以北、外興安嶺以南的60萬平方公里土地割讓給俄國（僅璦琿對岸江東64屯中國仍保留居住權，義和團運動後，亦為俄侵占），烏蘇里江以東至海的土地改為中俄共管。1860年中俄北京條約又將烏蘇里江以東40萬平方公里土地割讓給帝俄。唯庫頁島自18世紀中葉俄日已分自南北，擅自輸送囚犯或移民其地，清廷置之不問。但19世紀前期土人仍向三姓副都統（駐今黑龍江依蘭）納貢，自北京條約割棄烏蘇里江東岸後，始斷關係。1875年日俄協定，俄以千島群島換日占庫頁島南部，遂占有全島。1905年日俄之戰，俄國戰敗，又割讓北緯50°以南歸日；1945年第二次世界大戰日本戰敗，全島又歸蘇聯（今俄羅斯）。

　　19世紀沙俄侵入中亞，清朝的藩部屬國先後被占，遂即發生了中俄之間的西北邊界問題。1864年沙俄乘新疆部戰亂，要挾清廷簽訂了《塔城條約》。1871年又乘亂強占伊犁，至1881年歸還伊犁時，又簽訂了《改訂伊犁條約》。以二約為根據，又陸續簽訂了許多分段具體界約，陸續都被割去若干領土。最後於1884年訂立《喀什噶爾界約》，中俄西北邊界才劃定。但此約所定邊界南止於烏孜別里山口，自此以南的帕米爾高原並未具體劃定，條

約只自下中國界向南，俄國向西南。此後俄國又擅自占領了烏孜別里山口以南包括東南方面的大片帕米爾，英國也從阿富汗向北侵占了部分帕米爾。1895年英俄在倫敦訂約私分帕米爾，中國政府始終未予承認。

中印邊界上的重大變遷分東西二段。西段喜馬拉雅山以北的拉達克地區，原是西藏的一部分，首府在列城。1842年西藏地方政府和喀什米爾訂約，將拉達克地區讓與喀什米爾。清政府未予承認。19世紀70年代英國取得喀什米爾，拉達克地區即隨同被占。東段原以喜馬拉雅山的南麓爲界，門隅、洛瑜、察隅三區皆在西藏界，終清一代沿襲不變。至民國初年，1913～1914年英國和西藏地方代表在印度西姆拉會議上，搞了一個基本上以喜馬拉雅山脊爲界的麥克馬洪線，但未敢公開。1940年英國乘中國抗日戰爭之際，侵占了傳統邊界以北部分地區，當時中國政府曾提出抗議。1951年印度政府乘中國人民解放軍進入西藏時侵占了所有麥克馬洪線以南的地區，包括長期以來西藏地方政府設官徵、以達旺爲首府的門隅地區。

中緬和中越邊界在19世紀後期也有過變遷，那是英法帝國主義在併了緬甸、越南後，圖謀繼續擴張所造成的。英國在1885年滅緬甸後不久即併了一些本來並不屬於緬甸介於滇緬之間的木邦、孟養等土司，進一步又占了中國

《廣輿勝覽圖，俄羅斯人》

清人繪，現藏於中國歷史博物館。

騰越廳、永昌府、順寧府一些邊境，經1894年《中英倫敦條約》1897年《續議緬甸條約》兩次訂約，1898、1899年勘界，才劃定了北段自尖高山向南至南定河、南段自南卡江至瀾滄江的兩段邊界；自尖高山以北為北段無約未定界，自南定河至南卡河為南段有約未定界。但1900年後又繼續占領中國茨竹、片馬、班洪等地，抗日戰爭時強迫中國接受。1941年換文確定。因未正式樹立界碑，故仍稱未定界。1948年緬甸獨立，1950年與中國建交，1960年中緬簽訂友好條約，同年簽訂了互諒互讓的邊界條約，緬方歸還了中國片馬、古浪、崗房三地，中方對1897年約定由中國保留主權而由緬方永租的猛卯三角地放棄主權，移交緬甸，解決了歷史上遺留下來的問題。法國在1884年侵占越南後，至1895年與中國劃界，又將原屬雲南臨安府南境的猛蚌、猛賴、猛梭和衙門坡，普洱府屬車裡宣慰司的猛烏、烏得等地劃歸越南。

海疆方面，英國於1842年通過《江寧條約》強占香港。1860年通過《北京條約》強占九龍老界。1887年又在英帝主持下，迫使清廷將澳門永租

《同盟會十六字宣言》
光緒三十一年（1905）中國同盟會在上海成立。

驅除韃虜 恢復中華
創立民國 平均地權

給葡萄牙。日本於1895年通過馬關條約強占臺灣、澎湖。1898年德國強租山東膠州灣，俄國強租奉天旅順、大連，法國強租廣東廣州灣，英國強租九龍半島及其附近島嶼稱為新界，又強租山東威海衛。1905年日俄戰爭後旅大、1914年第一次世界大戰後膠州灣相繼皆為日本所占。膠州灣於1922年收回，威海衛於1930年收回。臺灣、澎湖、旅大及廣州灣皆於1945年收回。1984年中英議定，香港定於1997年收回。1987年中葡議定，澳門定於1999年收回。

　　南海諸島本為中國廣東海南島漁民遠海捕撈棲息之所。清季以後，日、法等國企圖侵占，未能逐願，至第二次世界大戰中為日本海軍所占，1945年日本投降後由當時中國政府派艦巡邏，測繪、定名，重申主權。

歷史的重演

一朝登基誰知多少坎坷
幾代帝王難料世事風雲

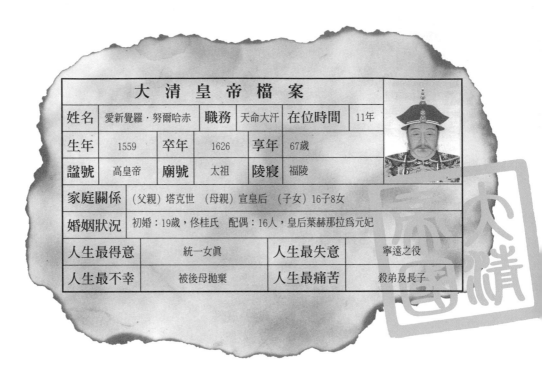

大 清 皇 帝 檔 案					
姓名	愛新覺羅‧努爾哈赤	職務	天命大汗	在位時間	11年
生年	1559	卒年	1626	享年	67歲
諡號	高皇帝	廟號	太祖	陵寢	福陵
家庭關係	(父親) 塔克世　(母親) 宣皇后　(子女) 16子8女				
婚姻狀況	初婚：19歲，佟桂氏　配偶：16人，皇后葉赫那拉為元妃				
人生最得意	統一女眞		人生最失意	寧遠之役	
人生最不幸	被後母拋棄		人生最痛苦	殺弟及長子	

志存高遠──清太祖努爾哈赤

生平小傳

　　西元1644～1911年這兩百多年，是我國歷史上的滿清王朝統治時期。清朝是我國最後一個封建王朝，在位的一共有十位皇帝；但是，若說清朝以1644年為起點又是不夠準確的，這一年只是明朝滅亡（其實也並非最終滅亡），清兵入關，統一中國的開始，而「清」的立國還要早些，起碼還有兩位開國皇帝，所以，要從努爾哈赤寫起。

　　努爾哈赤，姓愛新覺羅，號淑勒貝勒，明嘉靖三十八年（1559），出生在建州左衛蘇克素護部赫圖阿拉城（遼寧省新賓縣）的一個滿族奴隸主的家庭。他從小喜愛騎射，成年後更是箭法精湛，孔武有力。

努爾哈赤出身於女眞（滿族）貴族世家。其祖籍是「三姓」（今黑龍江省依蘭縣），遠祖名叫猛哥枯木兒又稱孟特穆（後追封肇祖原皇帝），是元朝的「萬戶」。元朝滅亡後，猛哥枯木兒附明。不久，率眾遷徙朝鮮北境。被明朝封授爲建州左衛部指揮使。猛哥枯木兒死後，由其子董山襲職。董山將其部從朝鮮遷移至蘇子河流域煙突山（今遼寧省新賓縣永陵鎮附近）。不久，董山因爲反明而被朝廷處死。繼董山之後有福滿（努爾哈赤高祖，追封爲興祖直皇帝）、覺昌安（努爾哈赤祖父，追封爲景祖翼皇帝）、塔克世（努爾哈赤之父，追封爲顯祖宣皇帝）先後掌管建州左衛。這時，明朝日益走向衰落，女眞族（滿族）各部處於四分五裂、相互仇殺、相互吞併的混亂和動盪狀態。

清太祖努爾哈赤朝服像

（1559—1626），此畫像清宮廷畫家所繪絹本，現藏於北京故宮博物院。

努爾哈赤自幼被狠心的後母將他和弟弟舒爾哈齊趕出家門，兄弟失散。他就像一隻孤狼在荒原上四處流浪，隨後只得隱瞞家世，成爲佟家莊的上門女婿和遼東總兵李成梁的侍衛。「接受了漢族的文化，又學習了作戰的本領」。

1582年，努爾哈赤的父親和祖父被人害死，爾後妻子佟佳氏迫於族規將他逐出家門，努爾哈赤受到仇家和朝廷的雙重追殺，有家不能歸，少年時留下的創傷再次被拉扯撕裂。

明朝萬曆十年（1583），25歲的努爾哈赤以爲祖父和父親報仇爲名，拿出父親「遺甲十三副」起兵，開始了統一女眞的戰爭，史稱「努爾哈赤十三甲起兵」。

1593年，女眞另一強大部落——海西葉赫部因不滿於努爾哈赤的崛起，聯合九部三萬餘眾攻打弗阿拉，雙方在古勒城展開決戰，結果，九部兵盡爲努爾哈赤所敗。努爾哈赤從此「軍威大震，遠近懾服」。萬曆二十三年，明朝以他守邊有功晉封他爲龍虎將軍，努爾哈赤因而成爲女眞各部地位最顯赫的官長。

在統一女眞各部的過程中，努爾哈赤將部隊進行了獨具特色的軍事編制，即「八旗制度」。其具體編制是三百人爲一牛錄，設牛錄額眞統領；五牛錄爲一甲喇，設甲喇額眞統領；五甲喇爲一固山，即「旗」，設固山額眞統領，並設左右梅勒額眞作爲副職。起初只有黃、紅、藍、白四旗，後又增加鑲黃、鑲紅、鑲藍、鑲白四旗，共爲八旗（黃、紅、藍、白四旗亦稱正黃、正紅、正藍、正白四旗）。每旗七千五百人，八旗共六萬人。八旗隊伍兵雖不多，但是一支軍紀嚴明、能征善戰的勁旅。

天命朝的雲板
雲板是後軍隊的警報器，一旦有敵情，墩台兵丁敲擊雲板以報告敵情。

1587年努爾哈赤攻克佛阿拉城，自稱可汗。據滿洲實錄，1599年努爾哈赤採用了蒙古文字而爲滿語配上了字母。1603年遷都到赫圖阿拉。他率領八旗子弟轉戰於白山黑水之間，臨大敵不懼，受重創不餒，以勇捍立威，受部眾擁戴，歷時三十多年，統一女眞各部，推動了女眞社會的發展和滿族共同體的形成。萬曆四十四年（1616），在赫圖阿拉建元稱汗，國號大金（史稱後金）。

努爾哈赤兵勢漸強，勢力日增，於明萬曆四十六年（1618），頒布「七大恨」，起兵反明。

薩爾滸大戰是滿清與明朝興亡的轉捩點，戰後，明朝轉入守勢而努爾哈

福陵圖

大清皇權遊戲

清代宮廷畫家所繪的努爾哈赤陵寢——福陵
現藏於中國第一歷史檔案館。

35

赤轉守為攻，掌握了對明朝的主動權，乘勢奪取了瀋陽、遼陽等七十餘城，並於1625年遷都瀋陽，改稱盛京。

　　1626年舊曆正月，努爾哈赤率兵攻打寧遠（今遼寧興城）。甯遠城有明朝名將袁崇煥率兩萬人把守，運用西洋大炮，硬是打退了努爾哈赤十幾萬軍隊的多次進攻，八旗兵的屍體佈滿城外，努爾哈赤本人也中炮身負重傷，只好含恨撤退。這就是著名的寧遠之役。八月，努爾哈赤傷重身亡。有關努爾哈赤的死因，另一說是憂憤成病而死，享年67歲。葬於瀋陽城東，稱之「福陵」。廟號「太祖」。

　　但不管怎樣，努爾哈赤死於寧遠之役後，滅明之壯志未酬。但他留下了一個統一而強大的女真民族，也留下了許多出色的兒子。這些兒子們在皇太極的率領下，終於完成了努爾哈赤夢想開創的事業：9年後皇太極改國號為清，18年後清王朝攻進山海關進入北京，推翻明王朝入主中原，建立了長達296年的大清帝國。

重建的赫圖阿拉城的汗王寢宮
這裡曾是努爾哈赤日常起居的地方。

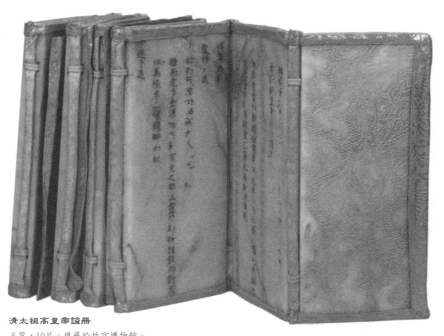

清太祖高皇帝諡冊

玉質，10片。現藏於故宮博物館。

文治

1、創制文字，文治之基

明萬曆二十七年（1599），努爾哈赤命巴克什額爾德尼和紮爾固齊噶蓋，用蒙古字母拼寫滿語，創制滿文。努爾哈赤主持創制滿文，是滿族發展史上的一塊里程碑，是中華文化史和東北亞文明史上的一件大事。文字創制的成功，對女眞族文化的發展、提高，思想的交流，知識的傳播，漢族先進文化技術的引進，政令的頒行和政權的鞏固等都起到了極其重大的推動作用。

2、融合諸部，形成滿族

滿族是以建州女眞爲核心，以海西女眞爲主體，吸收部分漢人、蒙古人、達斡爾人、錫伯人、朝鮮人等組成的一個新的民族共同體。

滿洲族初爲東北邊隅小部，繼而形成民族共同體，以至發展到當今千萬

《直隸長城險要關口形勢圖卷，喜峰口》
光緒朝崔汝立繪，全圖縱30公分，橫1344公分，中國國家圖書館藏。

人的大民族。滿洲族肇興的領袖，就是清太祖努爾哈赤。

3、安撫蒙古，綏靖北疆

　　努爾哈赤興起後，對蒙古採取了既不同於中原漢族皇帝，也不同於金代女真皇帝的做法。他用編旗、聯姻、會盟、封賞、圍獵、賑濟、朝覲、重教等政策，加強對蒙古上層人物及其部民的聯繫與轄治。中國2000年古代社會史上的北方遊牧民族難題，至清朝才算得以解決。後康熙帝說：「昔秦興土石之工，修築長城。我朝施恩於喀爾喀，使之防備朔方，較長城更為堅固。」清朝對蒙古的撫民固邊政策，始於努爾哈赤。

4、發展經濟，圖強國勢

　　努爾哈赤在政治、經濟、軍事、文化上所進行的一系列的改革和建樹，使女真社會經濟、文化得到空前的繁榮，政治和軍事力量空前壯大起來，為努爾哈赤對外拓展準備了充分的經濟基礎。

5、推進改革，創立制度

　　努爾哈赤在其44年的政治生涯中，不斷地推進社會改革。在政權機制方面，他逐步建立正白旗盔甲、正黃旗盔甲群體，並通過固山、甲喇、牛錄

三級組織，將後金社會的軍民統制起來。萬曆十五年（1587），努爾哈赤開始建築城市，他在赫圖阿拉以南建築了甯古塔城（不是清代黑龍江的甯古塔），城有外城和內城，外城周圍約十裡。

努爾哈赤建立政權之後，於萬曆四十三年（1615年）開始設置官吏。在經濟機制方面，他先後下令實行牛錄屯田、計丁授田和按丁編莊制度，將牛錄屯田轉化為八旗旗地，奴隸制田莊轉化為封建制田莊。鑲藍旗盔甲隨著八旗軍民遷居遼河流域，女真民族由牧獵經濟轉化為農耕經濟。在社會文化方面，初步實現了由牧獵文化向農耕文化的轉變。

6、遷都瀋陽，建立國本

天命十年（1625）3月4日，努爾哈赤到達瀋陽，從此瀋陽成為後金新的都城，政治、經濟和文化的中心。

武功

1、一統女真

金亡以後，女真各部，紛爭不已，強凌弱，眾暴寡，元、明三百年來，未能實現統一。努爾哈赤興起，採用「順者以德服，逆者以兵臨」的戰略，經過三十多年的征撫，

新滿文《進士登科錄》片段

實現了女真各部的大一統。當今世界，有那麼多的部族在爭鬥廝殺，其原因之一，就是沒有一位偉大的民族領袖，能將本民族各種利益集團協調統一起來。可見，努爾哈赤促成女真--滿洲的民族大統一，確是一件彪炳千古的大業績。

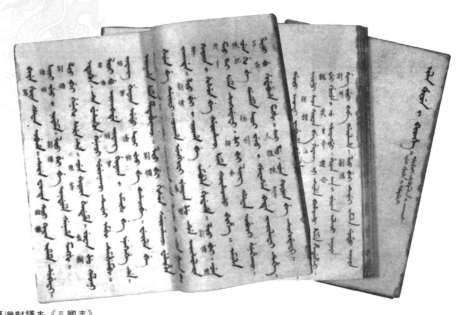

漢滿對譯本《三國志》

順治七年（1650）刻本，現藏於故宮博物院，《三國志》為努爾哈赤非常喜歡的書籍。

2、一統遼東

明中期之後皇權衰落，已經難以對東北廣大地區實行有效管轄。努爾哈赤及其繼承人皇太極經過艱苦努力，統一了東北地區：東起鄂霍次克海，西北到貝加爾湖，西至青海，南瀕日本海，北跨外興安嶺的地域，實際轄境大約有五百萬平方公里，和明朝實際控制面積大致相等。東北地區的重新統一，為康熙二十八年（1689）中俄《尼布楚條約》的簽訂奠定了基礎。如果沒有努爾哈赤對東北的統一，後來沙俄東侵，日本北進，列強逐鹿，東北疆域為誰所有，實在難料。

3、建立後金

萬曆四十四年（1616），努爾哈赤作為一個僻處邊疆一隅的滿洲族首領，以赫圖阿拉為中心，參照蒙古政權，特別是中原漢族政權的範式，登上汗位，建立後金。從此有了鞏固的根據地，以支援其統一事業的進一步發展。爾後，他克瀋陽、占遼陽、奪廣寧、據義州。都城先遷遼陽，後遷瀋陽。

4、創立了八旗軍制

努爾哈赤利用女眞原有的狩獵組織形式，創建八旗制度。

原有黃、白、紅、藍四旗，後又增添四旗，就是在原來旗幟的周圍鑲邊，黃、白、藍三色旗鑲紅邊，紅色旗鑲白邊。這樣，共有八種不同顏色的旗幟，稱爲「八旗」，即滿洲八旗。後來又逐漸增設蒙古八旗和漢軍八旗，統稱八旗，而實際是二十四旗。

5、努爾哈赤的「七大恨」

明萬曆四十六年（後金天命三年，1618）4月13日，努爾哈赤以「七大恨」呈告皇天，聲討明國之過，發軍征明。

第一恨爲明軍「無故生釁於邊外」，殺其祖父覺昌安與父親塔克世。第二恨是明朝違背誓言，「遣兵出邊，護衛葉赫」。第三恨系明臣背誓，指責建州擅殺出邊採參挖礦的漢民，逼令建州送獻十人斬於邊上。第四恨，乃

復建的赫圖阿拉城內正白旗衙門

明朝「遣兵出邊，爲葉赫防禦」，使葉赫將其許聘與努爾哈赤及其子代善之女「轉嫁蒙古」。第五恨是，明廷遣兵，驅逐居住柴河、齊拉、法納哈三路耕田種穀的女眞，「不容收穫」。第六恨爲明帝聽取葉赫讒言，遣人持函，「備書惡言」，侮辱建州。第七恨是明廷逼迫努爾哈赤退出已經併吞的哈達地區。

《克撫順城降李永芳圖》
選自《滿州實錄》，明萬曆十六年（1618）努爾哈赤用計攻破旅順，降伏李永芳。

6、撫順之戰

黃崖關長城明萬曆四十六年（後金天命三年，1618）四月，在明與後金的戰爭中，後金攻取撫順（今遼寧撫順市北）的作戰。

7、清河城之戰

明萬曆四十六年（後金天命三年，1618）七月，在明與後金的戰爭中，努爾哈赤在清河城（今遼寧本溪縣北清河城）大敗守將鄒儲賢部的作戰。

努爾哈赤御用的寶劍

劍身鋼質，劍鞘木質，外裹鯊魚皮，現藏於瀋陽故宮博物院。

　　清河城攻陷後，努爾哈赤下令將清河城牆全部拆毀。使明軍自清河至撫順城無存身之地。而後，收取地窖穀物，田中青苗，則縱馬放牧，造成清河一帶五六十里以內人煙斷絕。

8、廣寧之戰

　　天命七年（1622）正月十八日，努爾哈赤命族弟多弼等人留守遼陽，自將八旗大軍約八九萬人向廣寧進發，十九日，後金兵到達遼河東岸的永昌堡宿營，二十日清晨，努爾哈赤起營渡河西進。王化貞的「防河兵見勢不當，遂走」。後金兵乘勢追擊，包圍了廣寧東面門戶西平堡。二十一日，後金兵布戰車雲梯，四面攻城，明副將羅一貴率領士兵英勇抵抗，多次擊退後金兵的進攻，最後因「火藥盡，救不至」，寡不敵眾，西平堡失陷，羅一貴自刎而死。

　　二十三日，努爾哈赤領兵到達廣寧城下，孫得功等人獻城歸降，後金未動一兵一卒占領了廣寧，隨之乘勝攻占河西四十餘城，所得明軍糧草、軍器等物資不計其數，這是繼遼瀋大戰之後的又一次重大勝利。

大清皇帝檔案					
姓名	愛新覺羅‧皇太極	職務	天總大汗	在位時間	17年
生年	1592	卒年	1643	享年	52歲
謚號	文皇帝	廟號	太宗	陵寢	昭陵
家庭關係	（父親）太祖　（母親）孝慈皇后　（子女）11子14女				
婚姻狀況	初婚：22歲，博爾濟吉特氏　配偶：16人，皇后博爾濟吉特氏				
人生最得意	繼承汗位		人生最失意	未能入關	
人生最不幸	生母早亡		人生最痛苦	痛失宸妃	

亂世梟雄─清太宗皇太極

生平小傳

　　清太宗，名愛新覺羅‧皇太極（1592～1643），清太祖努爾哈赤第八子。母親是葉赫部酋長楊吉努之女，名孟古姐姐。太祖死，他被推舉為汗。在位17年，病死，終年52歲，火葬，墓在瀋陽昭陵（今瀋陽北陵公園北）。

　　伴隨著女真族統一戰爭的刀光劍影，皇太極逐漸長大。在父親英勇善戰足智多謀的影響，與艱苦異常的戰爭環境的薰陶，培養了皇太極剛毅堅強的性格，並且過早地成熟起來。他十幾歲時，父親因出征將家政委託他料理，皇太極不用指點即能把事情辦得鉅細得體，表現出他過人的才能，成為其父得力的助手。大金建國後，皇太極與其兄代善、阿敏、莽古爾泰被立為「四

大貝勒」，皇太極自己掌握正白、鑲白兩旗。參與國家重大決策的議定及國家政務的管理，深得努爾哈赤信任。

皇太極在薩爾滸之戰中衝鋒陷陣，身先士卒顯露出傑出的軍事才華和膽識，更加受到其父的器重。此後，皇太極在兼併葉赫部以及攻打瀋陽、遼陽的多次戰鬥中屢建功勳，越加令諸王折服。天命十一年（1626），努爾哈赤以攻打明寧遠城失利鬱鬱成疾，於8月11日死於瀋陽愛雞堡。皇太極在眾王推舉下於9月1日登上「汗」位寶座，改年號曰「天聰」，成為後金國第二代統治者。

《清太宗皇太極吉服皇太極像》
清廷畫家所繪，絹本，現藏於故宮博物院。

皇太極即位後，繼承努爾哈赤的遺志，用不到十年的時間，統一了整個東北，繼承了明朝在這一地區的全部版圖，並南下朝鮮，西征蒙古，將其降服。後金天聰九年（1635），皇太極將女真族名改為滿洲（清亡後通稱為滿族）。第二年四月，皇太極在盛京（瀋陽）稱帝，改國號為「清」，年號為「崇德」。建立起關東一統的大清帝國。

在此期間，皇太極繼續向明進攻，曾4次繞過山海關，深入明朝內地，大肆搶掠騷擾，削弱和消耗明朝的實力。後金天聰三年（1629）十月，皇太極以蒙古軍為嚮導，親率大軍，從龍井關、大安口（今河北遵化北）繞到河北，直撲明朝京城北京，使明京師震驚。明督師袁崇煥聞訊，急率錦州總兵祖大壽等自山海關疾馳入援。皇太極認為袁崇煥在職，關外諸城難攻，便巧施反間計陷害袁崇煥。時皇太極屯兵南海子，先是俘獲明朝太監兩人，後又

45

命人故作耳語，讓兩太監信以爲眞，說皇太極與袁崇煥有密約，然後暗縱兩太監歸去。太監回報崇禎帝，生性多疑的崇禎帝將袁崇煥下獄，最終自毀長城，處死了袁崇煥。此次皇太極統兵入塞，先後攻克遵化、永平、灤州、遷安四城，次年自率大軍退還盛京，而留阿敏等駐守關內四城。不久，關內四城被明軍收復，阿敏率殘兵敗將逃歸。

大政殿
清太宗皇太極在此舉行登基大典。

後金天聰七至八年間（1633～1634），明朝叛將孔有德、耿仲明、尙可喜等先後航海來降，大爲增強了後金的實力，清崇德元年（1636），皇太極又命阿濟格等入長城，破昌平，焚天壽山德陵（明熹宗陵），然後繞過北京，直插保定以南，凡克城12座，俘獲人口、牲畜18萬。明朝督師張鳳翼等皆按兵不敢戰，聽任清兵從容退去。

清崇德三年（1638），皇太極又命多爾袞等越過長城，大舉深入。明朝

以盧象昇爲督師，宦官高起潛爲監軍，負責督軍迎敵。而高起潛與兵部尚書楊嗣昌皆不欲戰，結果盧象昇孤軍奮鬥，在矩鹿賈莊血戰而死。這年多，清兵大躁畿輔，連下43城。次年，清兵南下入山東，攻破濟南，俘明德王朱由樞。然後清兵由山東回師出塞，明軍皆尾隨不敢擊，

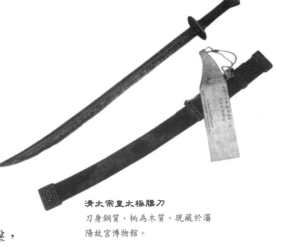

清太宗皇太極腰刀
刀身鋼質，柄爲木質，現藏於瀋陽故宮博物館。

這次出塞，清兵俘漢人四十六萬餘，獲白金百餘萬兩，滿載而歸。清崇德六年（1641），皇太極發兵圍攻錦州。明薊遼總督洪承疇率吳三桂等八總兵領兵十三萬來援，進師松山。皇太極聞知，親率大軍陳師於松山、杏山之間，切斷明軍糧道。明軍大亂。清軍趁勢掩殺，前堵後追。明兵十數萬土崩瓦解，先後被斬殺者五萬三千多人，自相踐踏死者及赴海死者更是不計其數。最後，總督洪承疇等被圍於松山，於次年被俘，歸降於清朝。錦州守將祖大壽聞之，率眾出降。塔山、杏山也相繼落入清軍之手。使明朝完全喪失再戰的能力。山海關外，僅存寧遠一座孤城。

　　清崇德七年（1642）十月，皇太極又命阿巴泰等在皇太極生前最後一次入關攻明，兵分兩路入長城，共會於薊州，直抵山東兗州而還，攻破3府18州67縣，殺明宗室魯王，俘獲漢民三十六萬餘口、牲畜五十萬頭。次年四月，阿巴泰等始率軍經通州徐徐凱旋。清兵南北往返，明朝諸軍皆尾隨其後，始終未敢一戰。

　　由於精神長期處於緊張狀態，嚴重地損害了皇太極的健康，從崇德五年（1640）起，病況頻頻發生。崇德六年（1641）九月，皇太極寵愛的宸妃病亡，他極爲哀痛，一直朝思暮想，致使情志不舒，痰火上升，頭暈目眩。崇德八年（1643）8月9日，皇太極在瀋陽皇宮東暖閣寢宮猝然中風而亡，未能實現奪取全國政權的夙願。

　　皇太極一生勤於政事，勇於戰陣，諸多軍國大事，事必躬親。他極富開拓精神，既有強烈的民族意識，又積極吸收漢族文化，興利除弊，優禮漢

官，並仿照明朝官制，確立了封建農奴制，使滿族進入封建社會。堪稱「上承太祖開國之緒業，下啓清代一統之宏圖」的創業之君。

崇德八年（1643）八月九日，皇太極駕崩於清甯宮，終年五十二歲。死後葬昭陵，廟號「太宗」，諡號「文皇帝」。皇太極在位十七年間，統一了東北全境，促進了東北地區經濟的發展，締造了歷史上最後一個封建王朝，並爲之取代大明登上中原舞臺奠定了堅固的基業。他是中國封建社會歷史上一位有遠見卓識和重大歷史貢獻的君主。

文治

1、釐正和改革

努爾哈赤在位時，由於對廣大漢族降民採取高壓政策，以致屢屢發生漢人反抗事件，滿漢民族矛盾十分激烈。皇太極對此做了改革：他嚴格制止滿族官員擅自勒索漢人財物，違者從嚴懲處；停止修築城廓及邊牆工程，減少漢人負擔，使其有更多的時間耕作生產；以前漢人每十三名壯丁編爲一莊，分給滿官爲奴。重新改爲每名滿族備禦只給壯丁八人、牛二頭，其餘的漢人編爲民戶，由漢官管理，不與滿人雜處。這些措施初步緩衝了民族矛盾，社會趨於安定。

2、改革八旗貝勒共理國政和四大貝勒按月輸值、執掌政務的舊制

仿照明朝制度建立吏、戶、禮、工、刑、兵六部；取消三大貝勒代善、阿敏、莽古爾泰按月分值，同時，設立「八大臣」、「十六大臣」與諸王貝勒共同參政議政。天聰五年（1631）十二月，皇太極依據禮部參政李伯龍的建議將原朝賀時大貝勒與皇太極並列而坐的體制，改成皇太極一人南面中坐，「以昭至尊之體」。

3、積極倡導漢族先進文化，革除滿族陋俗

皇太極雖然是滿族出身的統治者，卻頗有政治眼光。爲適應滿族社會發展需要，令文臣達海等人翻譯漢文典籍，如《刑部會典》、《素書》、《三

皇太極的陵墓——昭陵

位於遼寧瀋陽北郊，俗稱北陵。

略》以及《孟子》、《三國志》、《通鑑》等書。同時，對其本民族長期存在的「婚娶則不擇族類，父死子妻其母」等陋俗禁行禁止，並且不許娶繼母、嬸母、弟婦、姪婦以及取消族內通婚現象。

4、改女真為滿洲，建國號為大清

皇太極做了兩件大事，影響千古，永垂史冊。一件是改族名女真為滿洲。天聰九年（1635）十月十三日，天聰汗皇太極發布改族名為滿洲的詔令，從此，滿洲族（簡稱滿族）的名稱正式出現在中華和世界的史冊上；另一件是改國號大金為大清。天聰十年（1636）四月十一日，皇太極在瀋陽皇宮大

《禍皇帝與改國號為清上諭》
選自《清太宗文皇帝實錄》

政殿舉行即皇帝位的典禮，改國號「大金」為「大清」，改年號「天聰」為「崇德」。因為皇太極有兩個年號，一個是天聰，另一個是崇德，所以清朝出現十二帝十三朝的現象。

武功

1、兵鋒東指，兩征朝鮮

天聰元年（1627）正月，皇太極命二大貝勒阿敏等率軍東征朝鮮。阿敏統率大軍，過鴨綠江，占領平壤。三月，雙方在江華島殺白馬、黑牛，焚香、盟誓，定下「兄弟之盟」。崇德元年（1636）皇太極稱帝大典時，朝鮮使臣拒不跪拜，雙方撕扯，仍不屈服。皇太極認為：這是朝鮮國王效忠明朝、對清不從的表現。十二月，皇太極以此為藉口，第二次對朝鮮用兵。皇太極親自統率清軍渡鴨綠江，前鋒直指王京漢城。朝鮮國王李倧逃到南漢山城。皇太極也率軍到南漢山城駐營。第二年正月，李倧請降，奉清國正朔，

《直隸長城險要關口形勢圖卷》中的《冷口》
位於今河北遷西安。

向清帝朝貢。皇太極在漢汀東岸三田渡設壇，舉行受降儀式，確立了清同朝鮮的「君臣之盟」。皇太極兩次用兵朝鮮，達到一石三鳥的目的——一是改變了朝鮮徘徊於明朝和清朝之間的立場，二是得到了來自朝鮮充足的物資供應，三是解除了南攻明朝的東顧之憂。

2、揮軍北上，征撫索倫

皇太極向北用兵，兵鋒直指黑龍江上游、中游和下游地域。皇太極的策略是：「懾之以兵，懷之以德。」達斡爾頭人巴爾達齊居住在精奇裡江（今結雅河）多科屯。皇太極將宗室女兒嫁給巴爾達齊，他成了皇太極的額駙（駙馬、姪女婿）。不久，索倫部的許多首領相繼到瀋陽朝貢，表示歸順。崇德年間，皇太極兩次發兵索倫，征討博穆博果爾。雙方在黑龍江上游雅克薩（今俄羅斯阿爾巴津）、呼瑪爾（今呼瑪）等地遭遇，經過激戰，清軍獲勝，但損失很大。博穆博果爾率餘部北逃。皇太極採用「聲南擊北」的計謀，預先埋伏蒙古騎兵截其逃路，將率眾逃到齊洛台（今俄羅斯赤塔）的博

穆博果爾擒獲。皇太極征撫並用，以撫爲主，終於使貝加爾湖以東、外興安嶺以南、烏蘇里江至鄂霍次克海的廣闊地域歸屬於清朝的統治。

3、大軍西進，三征蒙古

天聰二年（1628），皇太極利用漠南蒙古諸部的矛盾，同反對林丹汗的喀喇沁等部結盟，首次親統大軍進攻林丹汗。到敖木倫，獲得勝利，俘獲一萬一千餘人，後乘勝追到興安嶺。4年後，皇太極再次率軍遠征林丹汗，長途奔襲至歸化城（今呼和浩特市）。林丹汗聞訊，驚慌失措，暗夜逃遁。皇太極回軍，途中獲得明塞外民眾數萬、牲畜十餘萬。此後，察哈爾部眾叛親離，分崩瓦解。林丹汗逃至青海打草灘，出痘病死。天聰九年（1635），皇太極命多爾袞等統軍三征察哈爾部。林丹汗的繼承人、其子額哲率部民千戶歸降，並獻上傳國玉璽。

4、大兵南指，五入中原

皇太極向明朝用兵，先後取得大凌河之戰和松錦之戰的勝利，並5次向關內用兵。第一次是天聰三年（1629），皇太極親自帶領大軍，繞到蒙古地區，攻破大安口，圍攻北京城；第二次是天聰八年（1634），皇太極親統大軍，蹂躪宣府、大同一帶；第三次是崇德元年（1636），皇太極命多羅郡王

永定門舊照

永定門為北京外城南門，具有重要的戰略地位。

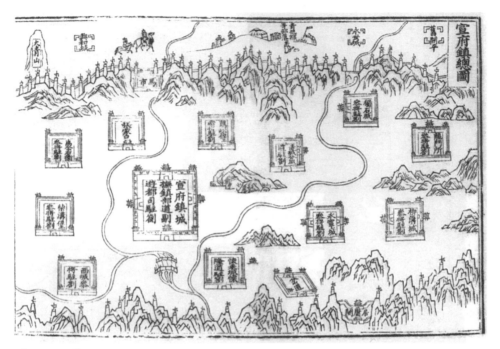

《宣府鎮總圖》
選自《宣大山西三鎮圖說》一書，明成曆癸酉（1573）刊本。

阿濟格等率軍入關，到延慶，入居庸，取昌平，逼京師。接著，阿濟格統軍
下房山，破順義，陷平谷，占密雲，圍繞明都，蹂躪京畿。第四次是崇德三
年（1638），皇太極派多爾袞率軍入關，兵鋒直抵濟南，在長達半年的時間
裡，多爾袞轉戰兩千餘里，攻克濟南府城暨3州、55縣，獲人、畜46萬；第五
次是崇德七年（1642），皇太極派阿巴泰率軍入關，橫掃山東一帶，俘獲人
口36萬、牲畜32萬餘。皇太極5次大規模入塞，攻打北京，擄掠中州，攻陷濟
南，皇太極之膽識、之氣魄、之謀略確是無與倫比的。

大清皇帝檔案						
姓名	愛新覺羅‧福臨	職務	順治帝	在位時間	18年	
生年	1638	卒年	1661	享年	24歲	
諡號	章皇帝	廟號	世祖	陵寢	孝陵	
家庭關係	(父親) 太宗　(母親) 孝莊文皇后　(子女) 8子6女					
婚姻狀況	初婚：14歲，博爾濟吉特氏　配偶：16人，皇后博爾濟吉特氏					
人生最得意	懲治多爾袞		人生最失意	想出家未成		
人生最不幸	父親早故		人生最痛苦	痛失董鄂妃		

變化無常──清世祖順治

生平小傳

　　崇德八年（1643年）八月，盛京皇宮中發生了一件大事：太宗皇帝在端坐中突然無疾而終！經過一番兵戎相持的較量，太宗皇太極第九子福臨，在叔父攝政睿親王多爾袞輔佐下即了帝位，改元順治，並於順治元年（1644）九月由瀋陽進京，在太和門舉行了登基大典，成爲清入關後的第一位皇帝。

　　清世祖，名愛新覺羅‧福臨（1638～1661），太宗皇太極第九子。皇太極病死後繼位，在位18年。因愛妃病歿憂傷過度而死（另一說爲出家後病死），終年24歲。

　　順治帝福臨生於清崇德三年（1638）。傳說孝莊文皇后懷孕後，紅光照

身，盤旋如龍型。分娩前夜曾夢見神人抱著一個嬰兒放入自己腹內，並告知這是統一華夏之主。孩子生出來後，滿室紅光，並散發出奇異的香氣，經久不散，孩子的頭髮也不是巴在頭頂上，而是直立著。儘管福臨出生時有很多異兆，但其父皇太極並沒有考慮傳位於這個娃娃。福臨的即位應該說是皇室內兩大政治集團互相妥協的產物。

這兩大政治集團一個是以皇太極的十四弟多爾袞爲首，一個是以皇太極的長子豪格爲首。多爾袞集團擁有正白旗和鑲白旗兩旗的精兵，還有英親王阿濟格、豫親王多鐸等能征慣戰的實權派將領；豪格集團則掌握兩黃旗的兵力，還有皇太極的親信老臣及

《順治帝朝服像》
清代宮廷畫家所繪，現藏於故宮博物院。

蒙古的支援。太宗皇帝駕崩後，兩集團的矛盾就擺到了桌面上，他們爲爭奪皇位劍拔弩張，互不相讓，眼看由太祖太宗打下的大清江山就要毀於內部的火拼。

千鈞一髮之際，孝莊文皇后，這個清代第一女政治家，力挽狂瀾，提出由福臨繼位的方案，一方面，福臨是皇子，是豪格的弟弟，是喀爾沁蒙古親王的外孫，豪格集團不會反對；另一方面，她許諾，福臨即位後，封多爾袞爲攝政王，與鄭親王濟爾哈朗共掌朝政，這樣的交換也得到了多爾袞集團的認可。就這樣，一個6歲的娃娃在自己生母、叔父、哥哥的共同支援下，於崇德八年（1643）8月26日在瀋陽即位，第二年改年號爲「順治」。

順治即位後，由其叔父多爾袞輔政。順治七年（1650），多爾袞出塞射

獵，死於塞外。14歲的福臨提前親政。

順治元年（1644）四月二十二日，多爾袞在明將吳三桂指引下，乘明亡之亂率清軍進入山海關，擊敗了李自成的農民軍。十月初一，順治遷都北京，成為清入關後的第一個皇帝。之後，他下令剃髮、圈地，頒布《大清律》，禁止文人結社，同時派兵西進和南下，鎮壓農民軍，消滅了南明政權，控制了中國絕大部分地區，奠定了清王朝的基礎。

順治積極吸收了先進的漢文化，審時度勢，對成法祖制有所更張，且不顧滿洲親貴大臣的反對，倚重漢官。為了使新興的統治基業長治久安，他以明之興亡為借鑒，警惕宦官朋黨為禍，重視整飭吏治，推行與民生息的政策，為穩定社會、恢復經濟、鞏固清王朝統治政權作出了貢獻。但他少年氣盛，剛愎自用，急躁易怒。

順治天資聰穎，讀書勤奮，愛好繪畫，他畫的小幅山水「寫林巒向背，水石明晦之狀」頗為時人稱道，他的手指螺紋墨畫《渡水牛圖》意態自然，有筆墨烘染所不能到處，堪稱一絕。

他尤其擅長人物速寫，有一次，他路過中書大臣盛際所，忽然命令盛跪下，盛嚇出一身冷汗。順治對盛凝目熟視片刻後，取筆草就一幀盛的小像，遞給左右諸臣傳閱，盛

福臨繪《墨筆山水圖》

順治十二年（1655）福臨繪。現藏於故宮博物院。

56

轉驚為喜，請順治將小像賜給自己，順治笑而不答，隨手將小像付之一炬。

順治十八年（1661）正月，順治上早朝時，看來神態還正常，身體健康。第二天早上，宮中養心殿卻突然傳出了他的死訊。直到他下葬，群臣都沒有見過他的遺體。死後，他只留下了一份遺詔，立玄燁（即康熙）為皇太子，由鰲拜等四大臣輔政。 另一種說法是，順治多年來一直厭惡塵世。西元1660年秋，他所寵愛的董妃病故後，哀傷不已，毅然放棄皇位，暗暗去五臺山出家為僧，後來康熙還秘密地去看望過他。也有人說他的出家與董小宛有關，董小宛曾為冒辟的小妾，被洪承疇獻給順治為妃，後董小宛被皇太后賜死，順治轉而消極厭世，才去五臺山出家為僧。

順治在遺詔中，還檢討了自己的6個方面的過錯：（1）自己在18年的政治生涯中「因循悠忽，苟且目前」，使天下未得安定，百姓不能安居樂業。（2）對滿族大臣安排，使用不當，使有些人有才能而不能施展；對有的大臣，明知他們不稱職，又沒能斷然罷免。（3）深居皇宮，對朝鮮族廷大臣接觸很少，致使君臣間的感情淡薄。（4）朝廷機構龐大，費用浩繁，又精工

孝陵

修建宮殿，製作器具，浪費很多。（5）自以爲聰明，不肯聽從忠諫，致使群臣保持緘默，不敢進言。（6）自知有過錯，又不能下決心反省改正，致使過錯越積越多、越積越重。在這裡，他既沒有標榜自己的業績功德，也沒有爲自己的早逝而表露惶恐、悲哀之情，而是念念不忘朝政，總結教訓以啓迪後人，這在封建帝王中是難能可貴的。

他是一個眞皇帝，也是一個要做自己的人，他的人生是成也眞敗也眞。

惱恨當年一念差，龍袍換去紫袈裟。

我本西方一衲子，緣何生在帝王家？

順治帝廟號爲世祖章皇帝，骨灰葬河北遵化清東陵「孝陵」。

文治

順治皇帝在攝政王多爾袞的輔助下實施了一系列有助於鞏固王朝基業的措施，並實有成效。

1、遵循明朝舊制

滿洲統治者是剛從奴隸制貴族轉化爲封建制貴族的統治集團，許多人還沒有完全擺脫某些落後生產方式殘餘的影響。依據什麼思想和模式建國，將直接關係到清王朝的命運。多爾袞的思想較爲開通，接受漢人的影響較多，在建國過程中，在許多重大問題上，他接受了範文程、洪承疇、馮銓等人的建議。中央與地方的官制，大體上仿照明朝，沒什麼變化，所不同的只是兼用滿漢二族罷了。

北京孔廟下馬碑

位於今北京國子監街孔廟東西兩側，兩邊各一，見證了清廷崇儒之策。

賦役的徵收制度，完全按照明朝萬曆年間的會計錄進行，順治三年（1646）制定的《賦役全書》，是「悉複萬曆之舊」。鹽法，也是「大率因明制而損益之」，「俱照前朝會計錄原額徵收」。刑法，在未制定清朝的法律以前，「問刑准依明律」；順治三年頒行的《大清律》，「即《大明律》改名」。官吏的選拔，也是「向沿明制，實行科舉」，科舉的作法，也是「承明制，用八股文」。這一切，給人以無易代亡國之感。

《多爾袞攝政日記》
此冊原文為清內閣大庫檔案，後流落宮外，大部分軼失。

2、科舉取士，網羅名士

皇太極時雖然已舉行過科舉，但規模不大，未能成為制度。清軍入關後，順治三年首次開科，即錄取了傅以漸等400名進士。錄取人數之多不僅明朝罕見，終清之世，除雍正八年（1730）錄取了創紀錄的406名外，再沒有超過此數的。而這時統治範圍僅及長江流域，全國尚未統一。同時，「取材唯恐不足，於是又有加科」，以擴大錄取名額。順治四年（1647）的加科就錄取了300名進士。順治一朝與清代各朝比，中額最寬。

3、注意調整統治階級內部的滿漢關係

適當限制滿洲貴族的特權，提高漢官地位，但始終是把滿洲貴族集團作為維護清朝統治的基本力量。

4、尊孔讀經，提倡忠義

清入關前已開始祭孔，但未成定例。占領北京後的第二個月，多爾袞即派人祭孔，以後每年的二、八月都派大學士致祭，成為整個清代所遵奉的定例。順治二年（1645），尊孔子為「大成至聖文宣先師」。六月，多爾

衰親「謁先師孔子廟，行禮」。同時把儒家著作四書五經奉爲經典，列爲士子必讀之書，科舉考試的八股文即取它命題。又提倡忠孝節義，把關羽作爲忠君的最高典範來崇拜。自順治二年起，每年五月十三日即「遣官祭關聖帝君」。

5、鞏固統一　民族壓迫

順治二年（1645）六月，當南京弘光政權滅亡後，又重申剃髮令，宣布京城內外及各省地方，自部文到日，限十天，「盡令剃髮，遵依者爲我國之民，遲疑者同逆命之寇，必置重罪」。各州縣奉到本府限期剃髮的火票後，

草原生活圖
清人繪

官吏「遍歷村莊，細加嚴查」，「違旨蓄髮，罪在必誅」。當時是「留髮不留頭，留頭不留髮」。

武功

順治元年（1644）十月一日，福臨在北京「定鼎登基」，宣告「以綏中國」，「表正萬邦」。從此，清王朝把統治中心從關外轉移到關內，大清皇帝開始君臨中夏，在統一全國的道路上又前進了一步。

1、緩和矛盾，擴大戰果

多爾袞在北京站穩腳跟的同時，在政治、經濟等各方面，又進一步採取了一系列緩和民族矛盾和階級矛盾的政策，以鞏固陣地，擴大戰果。

嚴禁加派：清軍入關後，有人建議清朝也按明末的數字進行加派，遭到多爾袞的反對。他在順治元年十月下令，革除三餉及正稅之外的一切加派。同時，他要求「各該撫按即行所屬各道府州縣軍衛衙門，大張榜示，曉

諭通知。如有官吏朦朧混征暗派者，查實糾參，必殺無赦。倘縱容不舉即與同坐。各巡撫禦史作速叱馭登途，親自問民疾苦」。於是，每年賦稅減少了數百萬兩，窮困已極的人民得以緩一口氣。

反對賄賂：多爾袞對明末廣行賄賂的惡劣作風也嚴加斥責，順治元年（1644）六月，他在《諭眾官民》中說，「明國之所以傾覆者，皆由內外部院官吏賄賂公行，功過不明，是非不辨。凡用官員，有財之人雖不肖亦得進；無財之人雖賢亦不得見用」，「亂政壞國，皆始於此，罪亦莫大於此」。因此，他責令：「今內外官吏，如盡洗從前婪肺腸，殫忠效力，則俸祿充給，永享富貴；如或仍前不悛，行賄營私，國法俱在，必不輕處，定行梟首。」故而，當時的一些漢官都認為，「王上（多爾袞）新政比明季多善，如蠲免錢糧，嚴禁賄賂，皆是服人心處」。

大清皇權遊戲

清人所繪《多爾袞像》

多爾袞（1612~1650），清太祖努爾哈赤十四子。功勳喧赫，順治帝年幼時，多爾袞攝攝政監國。

打擊太監勢力：清入關後，太監的勢力仍然非常囂張，當年七月，太監要照舊例，到京郊各縣皇莊去催征錢糧。多爾袞認為這樣「必致擾民」，沒同意這樣做。八月正式下令，不准太監下去徵收，而改為地方官徵收。這是對太監勢力的第一次打仍以剃髮與否，「以別順逆」。但他很快發現，「剃頭之舉，民皆憤怒」。於是，在進京的當月，多爾袞就改變前令，宣布「自茲以後，天下臣民照舊束髮，悉從其便」。在剃髮問題上的暫時讓步，使清朝在攻下江

北京孔廟大成殿
順治時為面闊七間，進深三間。殿內供俸孔子牌位以及配享的「十二哲」御制行狀及哀冊。

南重頒剃髮令以前，在一定程度上緩和了同北方漢族人民的矛盾。另外，多爾袞對當時北方農民軍和各地人民的反抗，採取大力招撫的政策，下令各地方官，按能否招撫農民軍將士，定各官之功勞。對投降的農民軍將士，則委以不同的官職。順治元年（1664）六月，順天巡撫柳寅東見「流賊偽官一概錄用」，認為很不妥當，主張「慎加選擇」。多爾袞則說，「經綸之始，治理需人，歸順官員既經推用，不可苛求」。多爾袞這個重要政策，對於瓦解農民軍的反抗，起到了一定的作用，河北、山東、山西等地，很快被招撫平定，使剛剛入關的清政權有了一個能夠保護自己，進攻敵人的戰略基地，足見多爾袞深謀遠慮。

2、審度形勢，各個擊破

多爾袞審度形勢，根據柳寅東的建議：「今日事勢，莫急於西賊（農民軍）。欲圖西賊，必須調蒙古以入三邊，舉大兵以攻晉豫，使賊腹背受敵。

又需先計扼蜀漢之路，次第定東南之局。」制定了統一全國的作戰部署，先懷柔南明政權，集中力量攻擊農民軍。這樣做可以達到一箭雙雕的目的：第一，證明多爾袞宣稱的清得天下於「流賊」的口號，正付諸軍事行動，以便得到漢族地主階級的廣泛支援；第二，便於清軍集中主力各個擊破敵人，避免兩面同時作戰，從而取得政治上和軍事上的主動地位。

大清皇權遊戲

清人繪《吳三桂像》
吳三桂（1612—1687），遼東人。於崇禎十七年（1644）降清，引清軍入關。

　　這樣，清朝統治階級就在多爾袞的領導下，在很短時間內消滅了南明的大部分勢力。到順治五年（1648）便是「天下一統，大業已成」，除了東南沿海和西南一隅，基本上完成了清朝在全國的統治。

李自成陵園
位於今胡湖北通山縣城東南45公里九宮山北麓牛迹嶺。

大 清 皇 帝 檔 案				
姓名	愛新覺羅·玄燁	職務	康熙大帝	在位時間 61年
生年	1654	卒年	1722	享年 69歲
諡號	仁皇帝	廟號	聖祖	陵寢 景陵
家庭關係	(父親) 世祖　(母親) 孝康章皇后　(子女) 35子20女			
婚姻狀況	初婚：12歲，博爾濟吉特氏　配偶：16人，皇后赫舍里氏			
人生最得意	一代名君	人生最失意	繼承人問題	
人生最不幸	死亡成謎	人生最痛苦	祖母辭世	

千古一帝—清聖祖康熙

生平小傳

　　康熙帝名玄燁，是順治的第三子，順治十一年（1654）生於北京紫禁城景仁宮。生母孝章康皇后佟桂氏。康熙天表英俊，岳立聲洪。是中國歷史上在位時間最長的皇帝，在位61年。在中國近二百個帝王中，他是一顆特別璀璨奪目的明珠，如果說他是中華帝國眾皇帝中最出色的皇帝，一點也不為過。

　　康熙自幼勤奮好學，文韜武略樣樣精通，清除鰲拜，撤除三藩，統一台灣，平定準葛爾叛亂等一系列軍事行動中或禦駕親征，或決勝千里，充分顯示了他的軍事才能。愼選人才，表彰清官，修治河道，籠絡漢族知識分子等

65

行為，又反映了康熙是一個出色的政治家和睿智的君主。和他的政治生活相比，他的家庭生活並不美滿，諸皇子奪儲之爭，使他心力憔悴。

順治十八年（1661），順治皇帝駕崩，聖祖時年8歲，即位，翌年改元康熙，史稱康熙皇帝。康熙皇帝一生坎坷，8歲喪父，9歲喪母。內憂外患，民不聊生。康熙皇帝臨危不亂，勤於讀書，精通歷史、地理、算學、醫學等諸多學科。在祖母孝莊文皇后的輔佐下，他智擒鰲拜，裁撤三藩，收復台灣。歷史上有名的康乾盛世自此發端。

《康熙皇帝朝服像》
清宮廷畫家所繪，現藏於故宮博物院。

康熙皇帝一生崇尚孝道。對其祖母、母親皆極為尊敬。他的母親孝章康皇后去世後，幾十年來，對其嫡母孝惠章皇后恭順有加，每年親自侍奉孝惠章皇后赴熱河避暑。在其病重期間，每日前往壽甯宮探望，直至皇后駕崩。康熙皇帝對其祖母，太宗之莊妃，世祖生母孝莊文皇后更是恪盡孝道。不但每日前往慈甯宮問安，還在孝莊文皇后生病時幾次步行至天壇，為其祈禱，言願以己之壽命換祖母萬壽。孝莊文皇后駕崩後，康熙悲痛萬分，親視其入殮，斷髮著服，廬次於慈甯宮外，正值除夕佳節，群臣請其回宮，未允。回宮後，仍然每日去慈甯宮，睹物思人。

康熙皇帝，一生勵精圖治，政績卓著。除卻上文所提，康熙皇帝積極抵抗外國勢力侵略，與俄國精確邊界，兩次親征准葛爾，定鼎天下，完成了

中華民族的大一統。因其文治武功，後人稱之爲千古一帝。康熙六十一年
（1722）十一月十三日，康熙駕崩於北京京郊暢春園，享年69歲，廟號聖
祖，是位清朝唯一有聖字廟號的皇帝。康熙皇帝在天有靈，其仁德在乾，功
勳於坤，必將流芳百世，光照千秋！

文治

1、緩和階級矛盾，發展社會生產

　　清初由於長期戰亂，社會生產凋敝。順治年間獎勵墾荒，但收效甚微。
玄燁十分注意恢復和發展生產，與民休養生息。下令停止清初圈地弊政。爲
招徠墾荒，修訂順治年間的墾荒定例，由原來最高限六年起科，改爲「通計
十年，方行起科」。又規定地方官能招徠墾荒者升，否則罷黜。實行「更名

坤寧宮
是清朝皇帝大婚的洞房和宮中薩滿教祭之地。

田」，將明藩王土地給予原種之人，改爲民戶，承爲世業，使耕種藩田的農民成爲自耕農。實行蠲免政策，以鼓勵農業生產。蠲免的種類大體上有，免征荒地田賦，災荒蠲免，普免錢糧等。玄燁在位期間，蠲免次數很多，康熙二十四年至二十六年（1685），先後將河南，直隸，湖北等九省田賦普免一周；五十年，又將全國各省錢糧分三年輪免一周。這在以往的歷史朝代是罕見的。五十一年二月，宣布「滋生人丁，永不加賦」，將全國人丁稅固定下來，減輕了農民負擔。經過幾十年的努力，全國墾田面積由順治末年的5.5億畝到康熙末年超過了8億畝，生產發展，階級矛盾得以緩和，人口迅速增長，出現了所謂的「康乾盛世」。

2、重視對黃河的治理

將「三藩」，河務，漕運列爲三大要務。二十三年至四十六年，先後六

《康熙出巡圖》
清宮廷畫家所繪，現藏於故宮博物院。

次南巡視察河工，與河臣討論治河方案。他任命靳輔爲河督，識拔和重用水利技術專家陳潢協助治河，這兩人勤勞任事，治河十餘年大見成效。康熙自己心於治河歷數十年，「凡前代有關河務之書，無不批閱」，有時親自進行試驗。他多次視察經常氾濫的永定河，通過治理永定河取得經驗。

3、籠絡漢族官吏、士大夫知識分子

康熙對漢族官吏、名士及一般士子，分別採取不同措施，羅致了封建統治所需要的人才。清初滿漢官員職掌相同而品級懸殊，這種民族歧視使不少漢官心懷怨艾，不能盡心爲清廷

《康熙便裝寫字像》
清宮廷畫家所繪，絹本，設色，現藏於故宮博物院。

效力。爲了安撫漢官，康熙一再聲稱「滿漢皆朕之臣子」，「滿漢一體」，諭令「滿漢官員職掌相同，品級有異，應行畫一」。康熙十六年，設置南書房，命翰林院詹事府，國子監官員輪流入值，以籠絡漢官。十七年，命開「博學鴻儒科」，以網羅負有盛名的碩彥鴻儒，入史館纂修明史。又吸收大量學者編纂各種圖書，著名的有《古今圖書集成》，分訂爲6100餘冊，成爲中國最大的一部類書。玄燁對程朱理學尤其用力提倡，特別尊崇朱熹，在他的獎勵提拔下，大批信奉程朱的「理學名臣」如李光地、魏裔介、熊賜履、湯斌、張伯行等都受到重用。這些措施起到了收攬漢官和漢族士子人心的作用，擴大了滿漢地主階級的統治基礎。清初一些以高風亮節相砥礪，遁跡山林不與清統治者合作的明遺民，他們的子弟或學生這時都紛紛出仕，或參與各類書籍的編纂。滿族與漢族及其他各民族的壁壘趨向瓦解，直至彼此融合。

大清皇權遊戲

4、興起文字獄

康熙一朝大小文字獄不下十餘次，其中牽連較廣的大案有莊廷《明史》案、戴名世《南山集》案。文字獄是對文化思想進行嚴密控制的一種手段，這兩件大案都是由於著作中有眷念明朝的民族意識而引起的。康熙及其以後的雍正、乾隆兩朝，文字獄次數之多，株連之廣，處罰之嚴，都超過以往的朝代。

康熙《行書洛賦》屏風
現藏於故宮博物館。

5、好學敏求，勤於政務

玄燁自五歲開始讀書，學習勤奮，親政後，「聽政之暇，即在宮中批閱典籍，殊覺義理無窮，樂此不疲」。舉凡史乘、諸子百家、呂律、數理、佛教經論、道書，無不涉獵。康熙九年（1670）十月，沿襲前代由經筵講官給皇帝講解經籍的制度，下令舉行「經筵大典」，此後，無間寒暑，非有特殊情況，從不間斷。十四年起，又規定在講官進講後，由他複講，君臣互相討論，從儒家經籍中「體會古帝王孜孜求治之意」。他提倡文學，優容文人。

康熙對西方自然科學也有極濃厚的興趣。耶穌會傳教士南懷仁、白晉、張誠、安多等人應召為康熙講解自然科學。他們獻給玄燁一批儀器，並為他編寫了實用幾何學、天文學等講稿。康熙對數學特別愛好，對西方醫學也感

到很大的興趣。

玄燁一生勤於政務，「未明求衣，辨色視朝」，禦門聽政成爲常朝制度。每日清晨至乾清門聽取各部院衙門官員分班啓奏政事，與大學士等集議處理折本，也能傾聽臣下意見，鼓勵各官大膽直言。清一代封建皇權高度強化，皇帝「幹綱獨斷」，玄燁親理國政，遇事反復思索，務期考慮周詳，故中年以前無大失誤。他注重實務，寬於禦下。多次拒絕群臣疏請加上尊號。宮中用度也力崇儉約。

《尚可喜像》
尚可喜，遼東人。明末降清，戰功卓著。

武功

1、平定「三藩」

「三藩」都是降清的明將，吳三桂封平西王，留鎮雲南；尚可喜封平南王，留鎮廣東；耿仲明及其子死後，其孫耿精忠襲靖南王爵，留鎮福建。他們各擁重兵、勢力龐大，嚴重威脅清王朝的統治。康熙十二年（1673），康熙在戶部尚書公尺思翰、兵部尚書明珠等的支援下，果斷地下令撤藩，令「三藩」各率所部歸遼東。十一月，吳三桂舉兵反，主力出貴州，掠湖南，分兵攻四川、江西，不久，尚之信（可喜之子）、耿精忠、廣西將軍孫延齡起兵回應。康熙毅然命將出師，進行征討。在歷時八年的平亂戰爭中，年輕的玄燁表現出卓越的政治軍事才能。他利用政治分化和軍事壓力迫使尚、耿二藩脫離吳三桂，招降陝西從叛的王輔臣，同時迅速平定內蒙察哈爾右翼王子布林尼叛亂和北京城內楊起隆反清起事以安定後方，從而使清軍得以集中

力量與吳三桂主力相持於湖南。康熙二十年，「三藩」之亂平定。

2、統一台灣

康熙起用原鄭芝龍部將施琅爲福建水師提督，準備進軍台灣。康熙二十二年六月，施琅率領水師兩萬餘人，大小戰艦二百餘隻，一舉攻占澎湖，台灣失去屏障，鄭氏軍事力量損失慘重，鄭克塽（鄭成功之孫，鄭經之子）、劉國軒等向清軍投降。康熙支援施琅在台灣設官兵鎮守的建議。否定了臣僚中棄而不守的謬見，在台灣設置一府三縣（台灣府及台灣、鳳山、諸羅三縣），隸福建省，並設總兵，副將率兵駐守台、澎，使台灣重新統一於中央政府的管轄之下。

鄭成功像》

清代黃梓繪，現藏於中國歷史博物館。

3、征噶爾丹，安定西北

康熙二十七年，噶爾丹引兵3萬越杭愛山向喀爾喀蒙古土謝圖汗部發動進攻，喀爾喀各部敗潰，噶爾丹以追擊爲名，直抵距北京700里的烏蘭布通。康熙決計親征噶爾丹，以「除惡務盡」。康熙二十九年，三十五年，三十六年，三次親征，三十六年噶爾丹敗死。準噶爾對喀爾喀蒙古的侵擾被粉碎，喀爾喀各部得以返回原地。康熙爲加強對外蒙古地區的管理，沿襲了太宗皇太極以來的盟旗制度。採取聯姻、封爵、年班、圍班等措施，以密切與蒙古領主貴族的關係，特別是尊重蒙古族信仰的喇嘛教，以籠絡僧俗人等和

施琅雕像
1683年率部隊統一台灣。

廣大牧民。康熙三十年，親率八旗勁旅前往多倫諾爾草原與喀爾喀蒙古諸部舉行多倫會盟，把對內蒙古的較嚴密的管理制度推及於喀爾喀各部，這對加強北部邊防，發展和鞏固統一的多民族國家，起了積極的作用。康熙也十分注意西藏、青海問題，他深知西藏爲蒙古各部尊奉的黃教（見格魯派）領袖地位的重要，對準噶爾、和碩特等部插手西藏而使其政治動蕩保持警惕。五十二年，他冊封班禪呼圖克圖爲班禪額爾德尼。五十七年，以皇十四子胤禵爲撫遠大將軍，進藏擊敗入侵西藏的準噶爾部首領策妄阿拉布坦，使西藏暫時得到安定。

璦琿古城牆遺址
位於黑龍江璦琿鎮，為清朝黑龍江將軍治所。

4、抗擊沙皇俄國的侵略

康熙二十四年至二十六年，組織了兩次收復雅克薩之戰。二十四年四月，命都統彭春、副都統郎坦、黑龍江將軍薩布素等率領水陸軍約三千人，自黑龍江城（今愛輝）出發，進圍雅克薩，俄軍統領托爾布津乞降，率部六百餘人撤往尼布楚。清軍平毀城堡後回師。不久，沙俄侵略軍重占雅克薩，次年五月，康熙諭令薩布素等率部再次攻取雅克薩，鏖戰四晝夜，擊托爾布津，俄軍困守孤城。在沙皇政府請求下，清軍於二十六年夏撤圍。此後，兩國通過平等談判，於二十八年七月二十八（1689年9月7日）正式簽訂了中俄《尼布楚條約》，從法律上確定了中俄東段邊界。這是中國和西方國家簽訂的第一個條約。康熙命在黑龍江重要處所建城駐兵，設置驛站，制定巡邊制度，有力地保障了東北邊境的安寧。

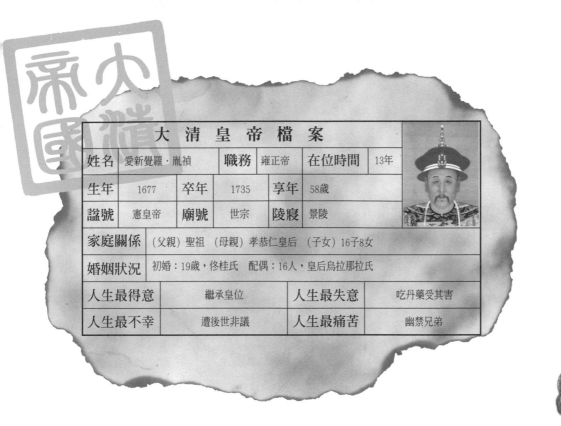

大 清 皇 帝 檔 案					
姓名	愛新覺羅·胤禛	職務	雍正帝	在位時間	13年
生年	1677	卒年	1735	享年	58歲
諡號	憲皇帝	廟號	世宗	陵寢	景陵
家庭關係	(父親) 聖祖　(母親) 孝恭仁皇后　(子女) 16子8女				
婚姻狀況	初婚：19歲，佟桂氏　配偶：16人，皇后烏拉那拉氏				
人生最得意	繼承皇位		人生最失意		吃丹藥受其害
人生最不幸	遭後世非議		人生最痛苦		幽禁兄弟

一代酷君—清世宗雍正

生平小傳

清世宗雍正（憲）皇帝（1677～1735），是康熙皇帝的第四個兒子。生於康熙十六年，卒於雍正十三年，死後葬於清西陵中的泰陵。雍正母為康熙孝恭仁皇后烏雅氏，皇后烏拉那拉氏為元妃，初婚配偶佟佳氏。

康熙六十一年（1722）嚴冬，在一片流言四起，蕭殺恐怖的氣氛中，康熙皇帝第四子胤禛登上了皇位。

胤禛是在康乾盛世前期—康熙末年社會出現停滯的形式下登上歷史舞臺的。複雜的社會矛盾，為胤禛提供了施展抱負和才幹的機會。他有步驟地進行了多項重大改革，高瞻遠矚，又唯日孜孜，勵精圖治，十三年中取得了卓

有成效的業績，爲後代乾隆打下了扎實雄厚的基礎，使「康乾盛世」在乾隆時期達到了頂峰。他的歷史地位，同乃父康熙和乃子乾隆相比，毫不遜色。儘管他猜忌多疑，刻薄寡恩，統治嚴酷，但比起他的業績來，畢竟是次要的。

胤禛是孝恭仁皇后烏雅氏所生之子，他於康熙三十七年（1698）被封爲貝勒，四十八年（1699）晉封雍親王。此間諸皇子爲謀求儲位，各結私黨，勾心鬥角極爲激烈。生性孤僻的胤禛，並未因其性格弱點而遠離朝政，反而採取表面竭盡孝心，暗地結交朝臣與江湖術士的隱蔽手法，博取了父皇的好感。最後，他內倚理藩院尚書隆科多的特殊地位，外借四川總督年羹堯的兵力，在隆科多宣讀的康熙皇帝「傳位於皇四子」遺詔的安排下，繼承了皇位，次年改年號雍正。

《雍正帝朝服像》

青宮廷畫家所繪，現藏於故宮博物院。

胤禛雖然即了帝位，但以皇八子胤禩爲首的當年爭奪儲位的勁敵，並不甘心自己的失敗，他們散布流言，製造事端，以發洩憤懣之情，動搖剛剛易主的皇權。雍正對他們分化瓦解，撤職監禁，予以嚴厲打擊。爲表明繼位的合法性，雍正以極爲隆重的喪禮，將聖祖葬入景陵，使其成爲清代第一位土葬的皇帝。他又以不忍動用先皇遺物爲由，將清帝處理政務之所，從乾清宮移至養心殿，養心殿從此而成爲清廷的政務中心。在整肅皇族中反對派的同時，對當年的功臣、即位後的心腹之患——隆科多和年羹堯，雍正也毫不手

雍正御題之勤政親賢匾
懸掛於養心殿西暖閣內。

軟，以「居功自傲，蔑視皇權」為由，施以削權、調任、抄家、遣戍，直至
處決的嚴酷懲罰。

　　雍正在位13年，對清廷機構和吏治，做了一系列改革。如為加強對西南
少數民族的統治，實行改土歸流、耗羨銀歸公、建立養廉銀制度等。特別是
雍正七年（1729）在出兵青海，平定羅卜藏丹津叛亂後，為提高軍務效率，
在離養心殿百步之遙的隆宗門內設立軍機處，更是造就了沿襲至清末的帝後
獨攬軍政要務的集權模式。有鑒於康熙朝諸皇子爭儲位的慘痛教訓，雍正創
立秘密建儲制，即將已選定的儲君姓名，寫好密藏匣內，再置於乾清宮「正
大光明」匾後，以備不測。這一制度，有助於以後乾嘉道咸幾朝皇權的順利
過渡。

　　雍正十三年（1735）八月，據說胤禛因迷信道士，服用丹丸過度駕崩於
圓明園。廟號「世宗憲皇帝」。葬河北易縣清西陵「泰陵」。

文治

　　雍正元年（1723）是清朝入關的第八十年，許多社會矛盾，錯綜複雜，
積累很深。他盛年登基，年富力強，學識廣博，閱歷豐富，剛毅果決，頗有
作為。康熙政尚寬仁，雍正繼以嚴猛。雍正在位短短13年，他最主要的特點
是「改革」，可以說雍正是一位改革型的皇帝。

1、勤政和反腐倡廉

　　勤政，是雍正區別於其他帝王的一個突出特徵。縱觀中國歷史上的皇帝，像雍正那樣勤政者，前無古人，後無來者。他在位期間，自詡「以勤先天下」，不巡幸，不遊獵，日理萬機，終年不息。僅以朱批奏摺而言，雍正朝現存漢文奏摺35000餘件、滿文奏摺6600餘件，共有41600餘件，他在位12年零8個月，實際約4247天，平均每天批閱奏摺約10件，多在夜間，親筆朱批，不假手於他人，有的奏摺上的批語竟有1000多字。

　　反腐倡廉。雍正元年（1723）正月，他大刀闊斧、雷厲風行地連續頒布11道諭旨，訓諭各級文武官員：不許暗通賄賂，私受請託；不許庫錢虧空，私納苞苴；不許虛名冒餉，侵漁貪婪；不許納賄財貨，戕人之罪；不許克扣運費，餽遺納賄；不許多方勒索，病官病民；不許恣意枉法，恃才多事等。嚴誡：如因循不改，必定重罪嚴懲。二月，命將虧空錢糧各官即行革職追贓，不得留任。三月，命各省督、撫將幕客姓名報部。嚴禁出差官員縱容屬下需索地方。後以戶部庫存虧空銀250餘萬兩，令歷任堂司官員賠補。同年設立會考府，進行審計，整頓收支。這一年，被革職抄家的各級官吏就達數十人，其中有很多是三品以上大員。與曹雪芹家是親戚的蘇州織造李煦，也因為經濟虧空而被革職抄家。《清史稿·食貨志》說：「雍正初，整理度支，收入頗增。」史家評論說：雍正「澄清吏治，裁革陋規，整飭官方，懲治貪墨，實為千載一時。彼時居官，大法小廉，殆成風俗，貪冒之徒，莫不望風革面」。說明雍正

軍機處值房內景
本圖所示為道光年間軍機處值房內的陳設狀況。

大清皇權遊戲

78

整頓吏治的績效。

雍正在位時，還有幾項重大舉措。

2、建立密折制度

嚴格的奏摺制度，是由雍正帝確立健全的。

什麼是密折呢？密就是機密；折就是將奏文寫在折疊的白紙上，外面加

密折用匣之一

上封套。康熙朝有奏摺，雍正朝將密折制度加以完善，規定皇帝特許的官員才有資格上奏摺。康熙朝具折奏事的官員一百多人，雍正朝增加到一千二百多人。奏摺的內容，幾乎無所不包，諸如颶風下雨、社會輿情、官場隱私、家庭秘事等。皇帝通過奏摺可以直接同官員溝通，更加瞭解和掌握卜面的實際情況。奏摺運轉處理程式，因「閣臣不得與聞」，而避開閣臣干預，特別是官員之間互相告密、互相監督，強化了皇帝專制權力。雍正朝現存滿、漢文奏摺41600餘件，是研究雍正朝歷史的重要檔案資料。

3、設軍機處

雍正創設軍機處，作為輔助皇帝決策與行政的機構。地點在紫禁城隆宗門內北側。軍機大臣沒有定員，少則二人，多則九人。主要職掌：每日晉見皇帝，商承處理軍政要務，以面奉諭旨名義，對各部門、各地方發布指示；面奉諭旨，起草公文，由朝廷直接寄發，稱為「廷寄」，封函標明「某處某官開拆」字樣，由兵部捷報處發送；謄錄保存公文，就是將皇帝批閱的奏摺，謄錄副本，稱為「錄副奏摺」，這項措施使大量檔案得以保存。在清初，重要的軍政機構有三個：一是議政處，二是內閣，三是軍機處。議政處源自關外，大部由王公貴族組成，稱議政大臣，參畫機要。後設內三院，即後來的內閣。軍務歸議政處，政務歸內閣。議政處的權力逐漸減弱，到乾隆朝撤銷。內閣，仿明朝制度，逐漸排斥議政處於機務之外。而軍機處建立

四川彝族土司印

後，軍政要務歸軍機處，一般政務歸內閣。軍機處權力遠在內閣之上，大學士的權力爲軍機大臣所分，逐漸排斥內閣於機務之外。大學士兼軍機大臣才有一定實權。內閣宰相，徒有虛名。軍機處的建立，象徵著皇權專制走向極端。明代內閣對皇權有一定的限制，如詔令由內閣草擬、經內閣下發，閣臣對詔令有權封駁。但是軍機處成立之後，排除了王公貴族，也排除了內閣大臣。軍機處的設立，使清朝皇帝乾綱獨斷──既不容皇帝大權旁落，也不許屬臣阻撓旨意。

4、攤丁入地

中國過去土地和人丁分開納稅。康熙五十年（1711）後，實行「盛世滋生人丁，永不加賦」，但此前出生的人丁還要繳納丁銀。雍正推行丁銀攤入地畝。這項賦役制度的重大改革的值得盛讚，其積極意義在於，從法律上取消了人頭稅，減輕了貧窮無地者的負擔。但是，自「盛世滋生人丁，永不加賦」之後，特別是實行「攤丁入地」制度之後，社會人口，急劇增長。道光年間，人口之數，突破4億。

5、改土歸流

在雲、貴、粵、桂、川、湘、鄂等省少數民族地區，主要由世襲土司進行管轄。此前已有「改土歸流」的舉措，但雍正全面實行「改土歸流」制度，就是革除土司制度，在上述地區分別設立府、廳、州、縣，中央非世襲的「流官」進行管理。這種管理體制，同內地大體相同。雍正帝的改土歸流，打擊了土司的世襲特權和利益，減輕了西南少數民族的負擔和災難，促進了這一地區社會經濟與文化的發展。民族與邊疆問題，東北地區在努爾哈

大清皇權遊戲

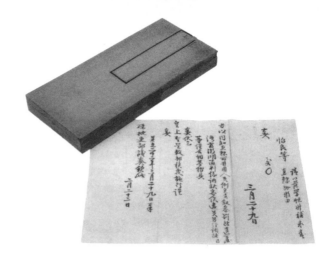

赤、皇太極時期已經解決；
東南的台灣、北方的蒙古，
到康熙時已經得到解決；西
南的民族問題，雍正時已經
解決；新疆和西藏，到乾隆
朝得以解決。

6、廢除賤籍

歷代賤籍就是不屬士、
農、工、商的「賤民」，世

密折用匣之二
現藏於中國第一歷史檔案館。

代相傳，不得改變。他們不能讀書科舉，也不能做官。這種賤民主要有浙江
惰民、陝西樂籍、北京樂戶、廣東戶等。在紹興的「惰民」，相傳是宋、元
罪人後代。雍正對歷史上遺留下來的樂戶、惰民、丐戶、世僕、伴當、蜑戶
等，命令除籍，開豁為民，編入正戶。

7、確立新的立嗣制度

立嗣，是雍正留給清代的一份重要歷史文化遺產，就是建立秘密立儲制
度。清朝皇帝的繼承人問題，康熙以前沒有定制。清太祖死後，因皇位繼承
演出大妃生殉的悲劇，害得多爾袞從小失去母親；清太宗死後，尚未入殮，
幾乎演出兵戎相見的慘劇；清世祖死後，倉促讓一位8歲的孩童繼位，大清出
現一位英明的君主實屬幸運；清聖祖死前繼承人未定，演出了雍正兄弟骨肉
相殘的悲劇。大清皇朝，是家天下，用什麼辦法在家族內確立接班人，是清
朝建立一百多年所沒有解決的問題。用嫡長制？雖可以避免兄弟之爭，但不
能保證選優。明亡教訓，已有前車之鑒。用太子制？康熙帝失敗的教訓，雍
正已經親歷切膚之痛。如何解決？雍正採取的一個辦法是預立皇位繼承人，
但不公開宣布，這就是秘密立儲。即將傳位詔書置密封錦匣中預先收藏於乾
清宮「正大光明」匾後。這是建儲制度的一項偉大創舉。其積極的方面是，
既有利於在皇子中選優，又避免皇子們爭奪儲位，相對地保證了皇位繼承的
平穩過渡。

順治選了康熙繼位，雍正選了乾隆繼位。這兩位大清皇帝，都君臨天下60年，開創出中國封建王朝史上的「黃金時代」－－「康乾盛世」。應當說，雍正有眼力，有見識，看準並決定要乾隆繼承、光大他的事業，確實選對了接班人。這對大清帝國、對中華民族、對亞洲歷史及世界文明的發展進程，都產生了重大的影響。

《滿文廷寄》

廷寄是清代官方文書的一種，由朝廷直接發出。

武功

雍正七年（1729），清軍與準噶爾部產生了矛盾，引發了大規模的武裝衝突。雍正九年（1731）七月，噶爾丹部進軍途中被清軍的伏兵圍攻，大敗。清廷授順承郡王錫保為靖邊大將軍。九月，於鄂登楚勒大勝，噶爾丹策零率殘部倉皇逃走。但他不

兢兢業業玉璽

現藏於故宮博物館

甘罷休，總想侵占喀爾喀，擴大勢力。雍正十年（1732）六月，清軍及喀爾喀蒙古騎兵聯兵於光顯寺大敗噶爾丹策零。光顯寺之戰，準噶爾部受到了重創。由於形勢所逼，噶爾丹策零於雍正十一年（1733）年底向清政府求和。第二年，清政府派使者赴準噶爾，希望其部能與喀爾喀劃清遊牧界，永遠

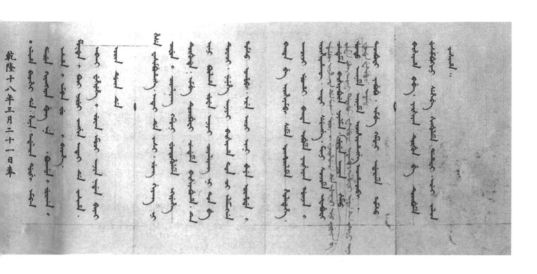

不再發生戰爭。經多次談判，於乾隆四年（1739），清廷始同噶爾丹策零訂議，以阿爾泰山爲界，準噶爾部於阿爾泰山以西放牧，喀爾喀部在阿爾泰山以東放牧，各占其地。這樣，清政府與準噶爾部割據勢力之間的矛盾暫時得到緩和，並維持了20年的和平局面。

正大光明匾
位於乾清宮，雍正藏立儲匣
於匾後。

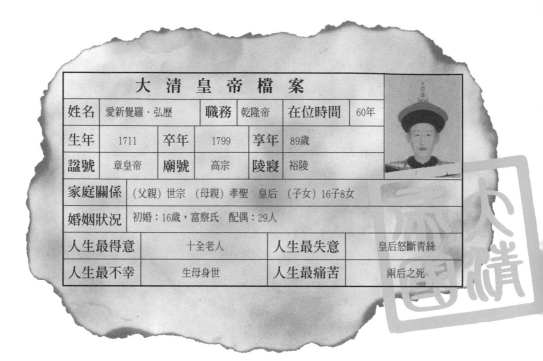

大 清 皇 帝 檔 案						
姓名	愛新覺羅·弘曆	職務	乾隆帝	在位時間	60年	
生年	1711	卒年	1799	享年	89歲	
諡號	章皇帝	廟號	高宗	陵寢	裕陵	
家庭關係	(父親) 世宗 (母親) 孝聖 皇后 (子女) 16子8女					
婚姻狀況	初婚：16歲，富察氏 配偶：29人					
人生最得意	十全老人		人生最失意	皇后怒斷青絲		
人生最不幸	生母身世		人生最痛苦	兩后之死		

十全老人—清高宗乾隆

生平小傳

　　清高宗乾隆皇帝愛新覺羅·弘曆（1711～1799）是影響中國18世紀以後歷史進程的重要皇帝。他在將清朝的康乾盛世推向頂峰的同時，也親手將它帶向低谷。

　　清高宗乾隆皇帝弘曆，清朝入關後第四代皇帝。滿族，愛新覺羅氏，為清世宗胤禛第四子。雍正十一年（1733），封和碩寶親王，十三年九月即位，年號乾隆，習稱乾隆帝。在位60年。嘉慶元年（1796），傳位第十五子顒琰（嘉慶），自為太上皇帝，仍掌軍國大政，直至去世，實際統治64年，是中國歷史上掌權時間最長的皇帝。

乾隆帝弘曆，生於康熙五十年（1711）八月十三日。雍正在位時被封碩寶親王。雍正死後，群臣和總管太監從正大光明匾額後面取出錦匣，開讀密詔，上面寫著「皇四子弘曆爲皇太子，繼聯即皇帝位。」弘曆於同月即位。第二年改年號爲「乾隆」。

乾隆在位期間，實行寬猛互濟的政策，務實足國，重視農桑，停止捐納，使社會上出現一片繁榮的景象，「康乾盛世」在此期間達到了頂峰。同時乾隆平定了準噶爾部，消滅了天山南路大小和卓木的勢力，加強了中

乾隆帝朝服像》
清宮廷畫家繪，現藏於故宮博物院。

央政府對邊疆地區的管理，鞏固和開展了中國這個多民族國家，奠定了今天中國固有版圖；嚴厲拒絕了英國特使馬嘎爾尼提出的侵略性要求。充分體現了他的文治武功。

乾隆帝向慕風雅，精於騎射，曾先後6次下江南，遍遊名城，筆墨留於大江南北。乾隆還是一個有名的文物收藏家。清宮書畫大多是他收藏的，他在位期間編纂的《四庫全書》共收書3503種，79337卷，36304冊，其卷數是《永樂大典》的三倍，成爲我國古代思想文化遺產的總匯。但乾隆所興起的文學獄，在清朝歷代中爲數最多。如，有個文人胡中藻寫了一句「一把心腸論濁清」的詩句，乾隆認爲這是誹謗清朝，將胡中藻滅族。不過這並不有損

於乾隆的功績。

　　但乾隆好大喜功，爲人重奢靡，鋪張浪費，並自稱爲「十全老人」。他在位後期任用和珅二十年。和珅是中國歷史上最大的貪官，致使這二十年間貪污成風，政治腐敗，各地農民起義頻繁。清王朝開始從強盛走向衰敗。

　　在平定天山南路時，清軍俘虜了小和卓木的一個妃子，她是一位絕色佳人，身上又散發出一種天然的奇香，人稱香妃。乾隆便將她收爲妃子送入宮中，還特地招徠回教徒服侍她的吃穿。又在宮中西苑造了回族的住房、禮拜堂，以博取她的歡心。香妃卻毫不動心，堅決不從。一天，宮女奉乾隆之命來勸說，香妃猛地取出一把匕首，嚇得宮女四散躲避。太后怕乾隆遭到不測，趁乾隆去郊祭時，把香妃召來，令其自殺。乾隆知道後還生了一場病，事後下令將香妃遺體用軟轎抬回新疆喀什入葬，建香妃墓。近年來，專家經過大量考證，認爲香妃實爲乾隆的容妃，在宮中生活了28年，55歲時病歿，

裕陵全景
位於河北省唐山市遵化勝水峪，爲乾隆帝的陵墓。

葬於東陵，棺上書有阿拉伯文的《可蘭經》。

乾隆六十年（1795）底，乾隆決定將皇位禪讓給皇太子。他下詔說：「我25歲時繼位，當時曾經對天起誓，如果能夠在位60年，就一定自行傳位給皇太子，不敢與皇祖（指康熙）的在位年數一樣。現在我在位已經滿60年，不敢食言，決定禪位與皇十五子顒琰。他如一時難以處理朝

「乾隆敕命之寶」
乾隆繼位後，仿代表皇權的「敕命之寶」，製作了「乾隆敕命之寶」。

政，由我訓政。」和珅等大臣極力勸阻，乾隆不聽，於嘉慶元年（1796）正月初一在太極殿舉行禪位大典，自稱太上皇，但仍掌握著朝廷實權。嘉慶四年（1799）正月，乾隆得病，雖經過不少名醫醫治，都不見起色，初三駕崩於養心殿。

乾隆駕崩後的廟號爲高宗純皇帝，史稱乾隆帝。

文治

1、大力革新

其一，是處理政治積案。

其二，對於各級官吏、紳衿生監和廣大農民，乾隆皇帝也實行了比較寬厚的政策。即位之初，即將雍正朝因虧空錢

《欽定四庫全書》內頁
乾隆年間抄本，現藏於台灣故宮博物院。

糧而被革職的兩千來名官員悉數寬免。

其三，對於雍正朝的其他明顯敗政和一些累民措施，乾隆皇帝上臺以後，也都用力加以革除。

2、編修文化典籍

北京內城南面東爲「崇文門」，標榜皇帝「崇文」。明清28位皇帝，眞正稱得上「崇文」的，只有兩位，就是康熙和乾隆。乾隆是一位文化型

皇帝，乾隆在文治方面的活動內容很多，主要是主持纂修《四庫全書》。《四庫全書》第一份告成，共收書3461種、79309卷。隨後繼續進行，到五十二年（1787）六月，又告成6份，已歷時15年。後再查核、校誤和補遺，直到五十八年（1793）才告結束，參與者前後4186人，時間長達20年。乾隆主持編纂《四庫全書》，是對中國文化的一大貢獻。

璽文乾隆敕命之寶

3、維護、興建皇家園林

乾隆在北京及京畿保護、維修、興建的皇家宮殿園林，如皇宮的甯壽宮及其花園、天壇祈年殿（換成藍色琉璃瓦）、清漪園（頤和園）、圓明園三園、靜宜園（香山）、靜明園（玉泉山）、避暑山莊暨外八廟和木蘭圍場

須彌福壽之廟
乾隆為迎接前來祝壽的六世班禪一行，於乾隆四十五年（1780）修建。

等，其中清漪園改甕山為萬壽山，上建大報恩延壽寺（排雲殿），又建佛香閣。這些皇家園林，無不彰顯著清代園林文化的輝煌，是園林藝術史上的一串串璀璨的明珠。除圓明園被英法聯軍焚毀外，現多成為世界文化遺產。

在乾隆當政期間，他不僅先後改建

《乾隆寫字像》

清宮廷畫家繪，現藏於故宮博物院。

和擴建了康熙、雍正年間耗費巨大財力建於北京西北郊的暢春園、圓明園、靜明園、靜宜園和承德避暑山莊的外八廟，而且就在他表示絕不「重費民力以創建苑囿」之後不久，又決定在北京西北郊四座皇家園林中心位置——甕山（今萬壽山）一帶，營造世界園林史上最大的工程之一——清漪園。

4、貢獻詩文才華

乾隆天資聰穎，勤奮好學，擅書畫，兼長詩文，是一位傑出的文學家、語言學家、書法家、詩人和學者。他不僅精通新滿文，而且熟知老滿文；不僅對漢語漢文十分精通，還懂蒙、藏、維等多種語言文字。乾隆喜愛書法，造詣精深。他長期癡於書法，至老不倦。

大清皇權遊戲

5、蠲免天下錢糧

　　禦史赫泰曾上疏：「國家經費，有備無患，今當無事之時，不應蠲免一年錢糧。」乾隆認為：百姓富足，君孰與不足？朝廷恩澤，不施及於百姓，那將施於何處！所以，乾隆斷然下令蠲免全國錢糧。據統計，乾隆十年、三十五年、四十三年、五十五年和嘉慶元年，先後5次普免全國一年的錢糧，3次免除江南漕糧（其中一次為400萬石公尺），累計蠲免賦銀2萬萬兩，約相當於5年全國財賦的總收入。蠲免全國錢糧，收到社會效益：「詔下之日，萬方忭舞。」這話雖有誇飾，但說明此舉確實受到歡迎。乾隆蠲免全國錢糧，其次數之多，地域之廣，數量之大，效果之好，時間之長，在封建王朝中，空前絕後。

《乾隆南巡圖卷・觀戲觀景》
清代徐楊繪，現藏於故宮博物院。

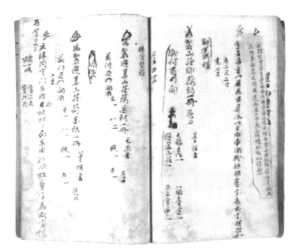

《太上皇日記》
是時人對乾隆做太上皇期間原始活動的記錄。

6、南巡

乾隆帝一生多次外出巡遊。他曾4次東巡，到達盛京（今瀋陽），兩次到曲阜祭孔，並巡遊泰山，還曾遊了嵩山和洛水，但最著名的還是他6次下江南。自乾隆十六年（1751）首次南巡後，他感到北國風光到底不如江南秀麗。這樣，以後或因鬱悶，或因閒暇，又5次南巡。這種巡遊既達到了遊玩散心的目的，也瞭解了南方的民風民俗、政治情勢，因而也利於加強對南方的統治。

7、禪位嘉慶

乾隆皇帝在86歲高齡之際，舉行了傳位大典，並向全國頒布了歸政詔書。

乾隆六十年九月初三，在繼位60周年之際，乾隆皇帝召集皇子、皇孫、王公大臣於勤政殿，當眾取出當年藏在乾清宮「正大光明」匾額後面的建儲密旨，宣布立皇十五子顒琰為皇太子，並決定於次年新正舉行傳位大典。十月朔日，頒嘉慶元年時憲書於全國並普免明年全國地丁錢糧。嘉慶元年正月

六日，內外王公以下文武百官與朝鮮、安南、暹羅、廓爾喀等國使臣鹹集太和殿，按班序列。而後，禮部堂官首先至毓慶宮啓請皇太子朝服出宮，恭候乾隆皇帝乘輿至太和殿升坐，乾隆皇帝開始了歷時4年的太上皇生活。

武功

1、統一整個新疆
北京內城南面西為「宣武門」，標榜皇帝「宣武」。明清28位皇帝，真正稱得上「宣武」的，明朝有洪武、永樂，清朝則有太祖、太宗、聖祖、

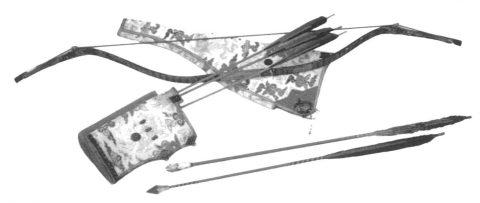

乾隆御用弓箭

高宗。乾隆不僅「崇文」，而且「宣武」。他的武功之一是用兵西陲，鞏固新疆。在北疆，兩次平準噶爾，使土爾扈特部回歸，基本上解決了北疆的問題。

南疆，主要指天山以南的維吾爾族地域，清代稱「回部」。準噶爾部強大時，回部受準噶爾貴族的欺凌與侵略。但是，清軍平定北疆後，回部貴族試圖擺脫清朝，自長一方。為此，清軍同回部軍在庫車、葉爾羌（莎車）等幾座南疆重鎮發生了激戰，最終大獲全勝，重新統一南疆，粉碎了圖謀分裂。乾隆在南疆實行因俗而治，設立阿奇木伯克制，由清廷任命。並設參贊

大臣（駐葉爾羌）等官，分駐各城，加強統轄。制定《回部善後事宜》，對南疆管理體制做出改革。乾隆在新疆設伊犁將軍，實行軍府制，修築城堡，駐紮軍隊，設置卡倫，移民實邊，進行屯墾，加強了對新疆地區的管轄。乾隆平准定回諸役，統一了准、回各部，加強了中央政府對西域的統轄，剷除了準噶爾東犯喀爾喀、威脅京師及大西北的禍根，保持了西北、漠北及青海、西藏的社會安定。

《皇清職貢圖卷》之《伊犁等處合吉》

2、完善治理西藏

　　乾隆兩次派兵打敗廓爾喀（今尼泊爾）的侵犯，制定《欽定西藏章程》。規定：設駐藏大臣督辦藏內事務；在西藏駐軍，分駐前藏、後藏；達賴喇嘛、班禪額爾德尼等圓寂後，在駐藏大臣親監下，靈童轉世設立金奔巴瓶制，用金奔巴瓶掣籤決定繼承人，這是乾隆的一個創造；西藏對鄰國貿易必須進行登記；西藏貨幣一律用白銀鑄造，正面鑄「乾隆寶藏」四個字，等等。《欽定西藏章程》是西藏歷史上重要的文獻，象徵著清朝對西藏進行全面有效的管轄。在雍和宮的「金奔巴瓶」已成歷史文物，在大昭寺內的「金奔巴瓶」制沿襲至今。

　　中華各族一統。清朝已經歷「三祖三宗」──太祖努爾哈赤、世祖順治、聖祖康熙和太宗皇太極、世宗雍正、高宗乾隆六代，乾隆則是集大成

者。乾隆在其祖宗既有成就的基礎上，進一步鞏固並開拓了中國的疆域版圖，維護並加強了中華的多民族統一。乾隆時的中國疆域，東起大海，西達蔥嶺，南抵曾母暗沙，北跨外興安嶺，西北到巴爾喀什湖，東北到庫頁島。清乾隆時的人口達3億。清朝「三祖三宗」對中國歷史最大的貢獻是維護了中國的邊疆版圖，鞏固了多民族國家的統一。

3、平叛苗疆

在貴州「苗疆」地區，雍正年間進行了大規模的「改土歸流」，將許多世襲的土司改為流官。雍正末年，貴州「苗疆」又發生叛亂，清廷派刑部尚書張照赴貴州平叛。張照反對鄂爾泰所推行的「改土歸流」的政策，密奏

《馬術圖》
圖為乾隆十九年（1754）乾隆在避暑山莊招待主動降清的阿睦爾撒納。

「改流非策」，甚至提出要將大片苗疆土地放棄。他不懂軍事，混亂日甚，故雖大兵雲集，卻曠日無功，苗疆叛亂的規模越來越大。此時乾隆帝剛即位不久，聽到戰局不利的消息，頗為震怒，要對苗疆大舉用兵。他初次調兵遣將，自不免要稍示威嚴。他斷然下令將張照逮治下獄，改派張廣泗經略苗疆。

張廣泗是治苗的老手，經過深思熟慮後，制定了「督撫熟苗，力剿生苗」的策略。乾隆帝很讚賞他的計劃，命他照計劃行事。張廣泗號令嚴明，所向克捷。

三路兵馬齊頭並進，步步緊逼，層層封鎖，對苗寨群眾大殺大燒，清軍

攻破苗民據點牛皮大箐，殺死一萬多人。清軍又回頭對熟苗大肆殺戮，分首惡、次惡、協從三等懲治，先後毀掉苗寨1224寨，赦免388寨，殺死117萬人，黔東的苗區淹沒在清軍大屠殺的血泊之中。

張廣泗的捷報傳來，乾隆帝笑逐顏開，立命張廣泗為貴州總督，兼管巡撫事。苗民訴訟，仍按苗俗審理，不拘律例。初次用兵即獲大勝，這使得乾隆帝對用兵增強了信心。他在位期間，多次對邊疆用兵，雖損失慘重，但總算都取得了勝利。他在晚年自詡「十全武功」，就表現了他對用兵勝利的沾沾自喜的心情。

4、平息大金川首領莎羅奔的叛亂

乾隆十二年（1747），大金川首領莎羅奔公開叛亂。乾隆帝命張廣泗為四川總督，全力進剿。莎羅奔負隅頑抗，清軍多次失利。乾隆帝又派大學士訥親前往督師。訥親剛愎自

用，趾高氣揚，一到前線，就嚴令3天攻下刮耳崖，否則以軍法從事。結果是損兵折將，訥親自感失誤，故負氣推諉。過了半年，銀餉花費不計其數，而戰功全無。乾隆帝大怒，立命將張廣泗逮治來京，說他「負恩忘國」，按律斬首。接著傳旨，命訥親回奏。訥親盡把責任推給張廣泗。乾隆帝將訥親

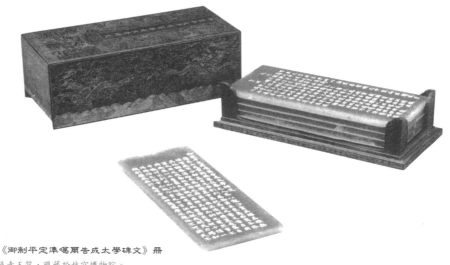

《御製平定準噶爾告成太學碑文》冊
為青玉質，現藏於故宮博物院。

的奏摺擲到地下，命侍衛到訥親家，取出訥親祖父遏必隆的遺劍，派人送往軍前，令訥親自裁，實際上就是賜死。訥親自知不免一死，遂用這只祖劍自刎。乾隆帝另派大學士傅恒為經略，增派軍隊，和岳鍾琪分兩路進剿。莎羅奔乞降，大小金川遂告平定。乾隆帝十分高興，對傅恒盛讚褒獎，把他比作平蠻的諸葛武侯，封他為一等忠勇公，岳鍾琪封為三等威信公。在凱旋時，乾隆帝命皇長子和諸王大臣郊迎，他親自在紫光閣行飲致禮，並在豐澤園賜宴犒賞隨征將士。

乾隆帝三十一年（1766），大小金川再次叛亂。

乾隆帝命四川總督阿爾泰率軍進剿，多年無功。乾隆帝下令殺了阿爾泰，另派大學士溫福督師，以尚書桂林為總督再征大小金川。用兵數年，勞師靡餉，清兵接連受挫。乾隆三十八年（1773），乾隆帝因溫福已戰死，桂

大清皇權遊戲

96

林無功，遂以阿桂爲定西將軍，嚴令剿滅叛匪。乾隆四十一年（1776），阿桂攻克了大金川的最後據點噶爾崖，叛亂被平息。叛亂頭目索諾木和莎羅奔率家族二十餘人出降。阿桂獻俘京師，乾隆帝禦午門受俘。索諾木和莎羅奔被凌遲處死，其他族人等有的被殺，有的被監禁，有的被發邊爲奴。乾隆帝封阿桂爲一等誠謀英勇公，並畫像入紫光閣。此役後，改大金川爲阿爾古廳，小金川爲美諾廳。

5、平定準噶爾部的叛亂

乾隆二十年（1755），乾隆帝派兵平定準噶爾部的叛亂。康熙帝和雍正帝對準部多次用兵，但未從根本上解決問題，准部時服時叛，成了清廷一塊很大的心病。在厄魯特蒙古內附後，乾隆帝感到形勢有利，遂命班弟爲定邊將軍，以歸附的阿睦爾撒納爲定邊左副將軍，分兩路向準噶爾部進攻。準噶爾軍紛紛倒戈，接應清軍。清軍兵不血刃地進入伊犁。叛亂頭目達瓦齊見

避暑山莊方樹園
位於河北承德避暑山莊，爲乾隆所訂定山莊36景之一。

勢不妙，率數十人往南疆逃竄。南疆維吾爾族各部紛紛回應清軍，反抗準噶爾的統治。達瓦齊逃到烏什，被維吾爾人民擒獲，押送清營，繼而被解送北京。

乾隆皇帝痛斥了達瓦齊叛國的罪行，但考慮到民族關係和邊疆安寧，赦免了他的罪過，還封他爲親王，讓他住在北京，受到最好的待遇。

《皇清職貢圖卷・土爾扈特人》
清代丁觀鵬繪，，現藏於故宮博物院。

乾隆帝在平定了達瓦齊的割據勢力後，爲了削弱準噶爾部的其他割據勢力，把厄魯特四部封爲四汗，使各管所屬。但是，阿睦爾撒納自恃平叛有功，日益驕橫，一心想當四部的總汗。乾隆未滿足他的這種要求，但給了他特殊的恩寵，晉封他爲雙親王，食雙俸。他仍不滿足，分裂的野心惡性膨脹起來。他不穿清朝官服，不用清朝官印，行文各部「以總汗自處」，積極準備叛亂。乾隆二十年（1755）九月，乾隆帝命他到避暑山莊入覲，想調虎離山，防患於未然。阿睦爾撒納看出了朝廷的用意，半路逃回，公然打出了叛

亂的旗號。

叛亂迅速擴大,駐守伊犁的班弟兵敗被殺。乾隆二十二年(1757),乾隆帝命袞箚布為定邊將軍,出北路;命兆惠為伊犁將軍,出西路。清軍長驅直入,銳不可當。阿睦爾撒納倉皇逃入俄國。後來,他因患天花病死,俄國把他的屍體送還給清廷。

6、接受土爾扈特異域來歸

蒙古族土爾扈特部原是蒙古四部之一。17世紀20年代以前,該部一直居於準噶爾地區。明朝崇禎初年,該部因和鄰近蒙古各部發生矛盾,在其首領和鄂爾勒克的率領下,離開近代居住的塔爾巴哈台一帶地方,幾經輾轉以後,定居在伏爾加河下游一帶。

對於沙俄當局的壓迫,他們實在忍無可忍,乾隆三十五年十一月,居住在伏爾加河南岸的17萬土爾扈特人同時發動了反抗沙俄的大起義,徹底擺脫沙俄政府的控制,浩浩蕩蕩地走上了重返祖國的艱難征程。在回國途中,他們擊退了沙俄軍隊的圍追堵截,戰勝了哈薩克、布魯特等部的騷擾,克服了糧食缺乏、疾疫流行等許多難以想像的困難,終於在次年六月進入中國境內,實現了他們長期以來要求返回祖國的願望。

針對土爾扈特人眾長途跋涉,各種生活用品奇缺的情況,根據乾隆皇帝「口給以食,人授之衣」的指示,大批清朝官員投入了賑濟來歸人眾的具體工作。為了救急,乾隆皇帝除指令土爾扈特人眾所至之地官員動用庫存衣物、茶葉、布匹、糧食和官中牛羊之外,還專撥庫帑20萬兩,於西北各地購置牛羊衣物,「驅往供饋」、「均勻分給」。

對外政策

1、和英國的關係

乾隆帝時期,英國等西歐國家已經發展到了資本主義社會,迫切需要在東方尋找商品市場,古老而龐大的中國自然成為歐洲國家輸出商品的重要

目標。歐洲國家的對外貿易急劇增長，其中以英國增長最快。當時清政府允許外商在澳門居住，並在那裡設立商館，到廣州進行貿易。對於在廣州進行正當貿易的外商，乾隆根據中國體制和法律，保護他們的經商活動的合法權益；對於中國人和外商之間的爭端糾紛和刑事案件，乾隆堅決採取依據中國法律秉公處斷，既不包庇又不侵害外商利益而採取維護中國法律，依據法律公正判刑的嚴正態度。

當時最大的貿易物件是英國。但是在中英貿易中，英國輸入中國的呢絨、棉紗、鐘錶、玻璃、銅、鉛等，在以自給自足的自然經濟為基礎的中國，市場非常疲軟；而中國出口的茶葉、生絲、土布、藥材、陶瓷製品等，都受到歐洲國家的熱烈歡迎。因而，在當時中英貿易中，中國保持了大量出超的地位。為了扭轉中英貿易中的不平衡狀態，向中國推銷更多的英國商品，英國派出以馬嘎爾尼、斯當東率領的700人使團，帶了600箱禮物，以向乾隆「祝壽」為名，來到中國，妄圖以外交欺詐手段、侵害中國主權的辦法，把中國變為英國的商品市場。

《平定安南戰圖冊・富良江之戰》
此戰勇奪敵船三十餘艘，生擒一百餘人，殺死三四百人。

馬嘎爾尼書面提出六項要求，其主要內容是要擴大貿易，增加通商港口，允許英國人在廣州居住，請占用一小島貯存貨物，允許傳教士到各省傳教。乾隆帝回復了英王來書，先後頒予英使三道敕諭，斷然拒絕了英人要求。

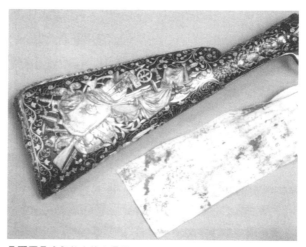

馬戛爾尼進獻的火槍之局部
上可見精美的雕刻紋飾

英國除想通過外交途徑打開中國的市場外，還企圖通過支援中國少數民族中的分裂勢力，支援中國的鄰國如廓爾喀的統治者對中國的入侵等手段，來達到侵略我國的目的。由於乾隆皇帝堅決實行平定叛亂、抵抗外國侵略的政策，導致英國的這些陰謀也一一失敗了。

2、與沙俄的關係

沙俄殖民勢力在乾隆時期繼續對我國邊疆進行分裂、顛覆和侵略活動。準噶爾部噶爾丹策零、阿睦爾撒納的長期叛亂就得到了沙俄勢力的唆使和慫恿。1756年，正在清軍平定阿睦爾撒納叛亂之際，沙俄政府決定派布拉吉謝夫出使中國。第二年布拉吉謝夫來到北京，帶了俄國樞密院給中國的信件，要求在「流經中國大皇帝陛下領域之內」的黑龍江上，給俄國以自由航行權，還準備談判不成就用武力解決。乾隆指出：根據中俄簽訂的《恰克圖條約》，「並無逾界遣人運送什物一項」，斷然拒絕了沙俄強要在當時屬於中國內河的黑龍江上航行的無理要求。為了防止沙俄軍隊的挑釁，他指令江防官兵加強戒備，「倘不聽阻止恃強前行」，即「照私越邊境辦理」。與此同時，沙俄還在我國西北邊境不斷進行侵略滲透活動。平定準噶爾叛亂後，1763年，沙俄軍隊入侵我國衛滿河源、庫克烏蘇河、布克圖爾瑪河與色畢

101

河一帶，「造屋樹柵」；1771年，沙俄殖民者又潛入我國境內哈屯河一帶耕作。乾隆得知消息後命令官兵將俄羅斯木柵、屋宇盡行拆毀，並指出：「以上地區均系中國準噶爾地方，與俄羅斯無干，伊等豈可擅自造屋樹柵？」

以後，乾隆決定從1771年起，將每三年查邊一次改爲每年查邊一次。這些措施，捍衛了我國西北邊疆領土的主權。

3、和亞洲國家的關係

乾隆時期，中國和四周的鄰國朝鮮、日本、緬甸、越南和東南亞各國，保持著友好的關係。朝鮮當時是中國的藩屬國，和中國的關係極爲友好密切。朝鮮遣使定期前來北京朝貢，每次都受到乾隆的熱情接待；日本在乾隆年間和中國的商業文化交流非常頻繁，當時兩國是平等的友好相處的關係；中國同緬甸在乾隆年間發生過戰爭，但兩國關係的主流是友好的，1769年中緬戰爭結束後，兩國往來更加頻繁，彼此的使節往來不斷。當時緬甸和暹羅（泰國）之間的關係緊張，幾乎要爆發戰爭，乾隆從中調停，使兩國的關係有所緩和。乾隆晚期，由於英國的煽動慫恿，廓爾喀（尼泊爾）入侵我國西藏，中、廓之間一度發生戰爭。當中國軍隊迅速擊敗入侵的廓爾喀軍以後，乾隆只要求其歸還被掠奪去的中國西藏的財產，保證永遠不侵犯中國，並沒有提過分的侮辱性的要求。從此，廓爾喀國王相信中國而不相信殖民主義的英國。越南在乾隆時是中國的藩屬國之一，兩國當時的關係也是友好親睦的。乾隆晚期，越南黎朝國王黎維祁「因無能失國，棄印潛逃」，乾隆讓他定居中國桂林，給以養贍。根據奪取了黎朝統治權的阮光平的懇求，乾隆冊封阮光平爲安南國王。1790年，阮光平來到承德朝見乾隆，受到乾隆和中國官員的熱情接待。中越間的經濟文化往來也不斷發展。

大　清　皇　帝　檔　案					
姓名	愛新覺羅・顒琰	職務	嘉慶帝	在位時間	25年
生年	1760	卒年	1820	享年	61歲
謚號	睿皇帝	廟號	仁宗	陵寢	昌陵
家庭關係	(父親) 高宗　(母親) 孝儀純皇后　(子女) 5子9女				
婚姻狀況	初婚：15歲，喜塔拉氏　配偶：15人，皇后喜塔拉氏				
人生最得意	懲治和珅		人生最失意		大內遇刺
人生最不幸	暴死		人生最痛苦		教民攻入紫禁城

命運多劫—清仁宗嘉慶

生平小傳

　　嘉慶帝顒琰（永琰），清高宗弘曆的第十五子。生於乾隆二十五年（1760），五十四年被封爲嘉親王，乾隆六十年登基，改元嘉慶，在位25年。卒於嘉慶二十五年（1820），終年61歲。廟號「仁宗」。

　　嘉慶帝是一位勤政圖治的守成君主。他親政後採取的一系列政策、措施，對於改正乾隆後期的種種弊政起了一定的作用，但沒有也不可能從根本上扭轉清代中衰之勢。從嘉慶帝個人來說，他始終開不出一個根治日趨嚴重的腐化和怠惰的藥方，對一大批「屍祿保位」的官僚只能警告、恫嚇，最終徒呼奈何而已。他對西方殖民主義者的侵略有一定的認識，但對於一個日趨

衰弱的古老的封建國家，不可能真正有效地對付外來侵略者，此後只能沿著衰敗的道路淪落下去。

乾隆皇帝晚年一直被立儲的問題困擾著，他的諸皇子中，有的已經死去，有的對當皇帝根本不感興趣，還有的生怕招來殺身之禍，因此敬而遠之。就這樣，才具並不突出的顒琰被推上了前臺。嘉慶皇帝的即位看似是一帆風順的，但細細體會也有起伏跌宕之處。雍正皇帝在位期間，乾隆皇帝的第二子出生了，這個嬰兒是乾隆帝嫡福晉所生。由於清代以前的皇帝沒有一位是嫡長子，所以雍正皇帝非常重視這個孫子，並親自賜名永璉，暗示在乾隆之後立他為皇帝。乾隆皇帝即位後，馬上將傳位永璉的詔書放

嘉慶帝朝服像》
清宮廷畫家繪，現藏於故宮博物院。

在了正大光明匾後，誰知永璉並不是當皇帝的命，只活了9年就離開了人世。這是老天爺幫嘉慶皇帝掃除的第一個障礙。

其後不久，皇后又生下了皇七子永琮，一心完成祖先遺願的乾隆皇帝，馬上決定立這位嫡子為太子。誰知傳位永琮的詔書剛放到正大光明匾後，兩歲的永琮也離開了人間。連喪兩子的乾隆皇帝，再也不敢立嫡子為太子，更不敢將傳位詔書放在正大光明匾後邊了。老天爺又為嘉慶皇帝的即位掃除了一個障礙。就這樣，乾隆皇帝只得在庶出的皇子中選擇了忠厚老實的顒琰，而且，為了不讓老天奪走他這個兒子，乾隆帝一直沒敢宣布立他為太子。直到即將禪位前一年，才正式公諸於眾。

大清皇權遊戲

嘉慶皇帝的即位和康熙皇帝一樣，可以說是老天爺的安排，但這次上天的選擇並不像上一次那麼準確，忠厚老實的嘉慶皇帝顯然挑不起這副擔子，由於他的過分寬容，官場中的腐敗現象越來越嚴重，大清王朝也開始進入暮年。

嘉慶繼位後，政事仍由太上皇乾隆決定。嘉慶四年（1799）乾隆病死後，他親政。親政後的第六天，他就逮捕了和珅，抄出家財約值白銀10億兩，相當於政府20年的財政總收入，不久和珅被處死。

嘉慶是一位勤政圖治的守成君主。他親政後採取的一系列政策、措施，對於改正乾隆後期的種種弊政起了一定的作用。但他沒有也不可能從根本上扭轉清代中衰之勢。他在位期間，土地高度集中於大官僚、大地主手中，農民大量破產，流亡、政治腐敗，社會矛盾日益加深，川、楚白蓮教和魯、豫天理教等大規模的農民起義紛紛爆發。清王朝由興盛轉向衰落。

從嘉慶帝個人來說，他始終開不出一個根治日趨嚴重的腐化和怠惰的藥方，對一大批「屍祿保位」的官僚只能警告、恫嚇，最終徒呼奈何而已。他對西方殖民主義者的侵略有一定的認識，但對於一個日趨衰弱的封建的古老國家，不可能真正有效地對付外來侵略者，此後只能沿著衰敗的道路滑下去。

嘉慶一生命運多劫，曾經遭逢兩次宮變。嘉慶八年（1803）閏二月二十日，嘉慶從圓明園返回大內，將進順貞門，突然有一漢子衝出行刺，嘉慶的隨從一百多人一時被驚呆，虧得在場的幾個親王賣命格鬥，才將刺客擒住。原來，他叫陳德，是個平民，因貧困無告，憤恨統治階級的壓榨，才捨身潛入皇宮，準備刺殺皇帝。事後，陳德一家被殘殺。

嘉慶十八年（1813）九月，嘉慶離宮北去木蘭狩獵。這時京郊林清領導的一支天理教農民起義軍，決定乘清朝的王公大臣外出迎接嘉慶回宮，宮中空虛之日，攻占皇宮，推翻清王朝。9月14日，起義軍扮成商販，暗藏武器，混進京城，和皇宮內的部分太監取得聯繫後，於15日中午發動起義，衝入西華門，沿皇道直撲隆宗門。皇宮護衛軍忙關閉大門。起義軍轉而從養心門

對面南牆外，攀援樹木，爬上牆頭。被皇次子綿甯率領清軍用火槍擊退。事後，嘉慶心有餘悸，下令將宮內樹木全部伐掉。後代皇帝從祖訓，也不重新種植樹木，致使今日故宮古樹罕見。

嘉慶二十五年（1820）七月，嘉慶再次去木蘭遊獵，往於避暑山莊。其間頭痛發熱，之後病情日益嚴重，嘉慶自知來日不多，連忙宣召大臣賽沖阿、托津等入室，宣布立即傳位於皇次子綿甯，25日死於避暑山莊。

嘉慶死後廟號為仁宗睿皇帝，史稱嘉慶皇帝。

文治

1、從即位到親政

嘉慶帝雖已即位，實際上不過是一個終日侍太上皇、「上皇喜則喜，上皇笑亦笑」的傀儡。

昌陵碑樓

昌陵為嘉慶陵墓，位於河北易縣西陵區。

《御制全史詩》

此書為嘉慶帝讀史感事詩的匯編。

　　嘉慶四年（1799）正月初三日，太上皇乾隆帝駕崩，從此，嘉慶帝作為一個真正的皇帝開始行使權力。他在親政上諭中表示：「嗣後一切政務，悉應仰體皇考聖意。」後來的事實證明，這只不過是官樣文章，親政後的嘉慶帝並不想一切都按既定方針辦。

　　嘉慶帝在位凡25年，實際當政22年。在此期間，他一方面大力整飭內政，力圖通過對朝政的整肅來遏制走向衰敗的頹勢，恢復乾隆中期的鼎盛局面，同時又不遺餘力地殘酷鎮壓此起彼伏的農民起義。

　　嘉慶帝對內政的整飭，是從誅和珅開始的。和珅是乾隆帝的寵臣，權傾朝野滿門顯貴，黨羽眾多，當政20年，攬權納賄，「蠹國病民」，使全國吏治更加腐敗，賄賂公行。太上皇病故次日，嘉慶帝即革去和珅軍機大臣、九門提督銜。不久，又下和珅於獄，查抄家產，賜令自盡，並懲辦了和珅的幾個重要黨羽，開始了所謂的「咸與維新」局面。

2、平庸天子，鮮有建樹

　　嘉慶元年（1796）正月初一日，在太和殿舉行乾隆禪位、嘉慶登極大典。乾隆皇帝歸政之後，以太上皇名義訓政。當時有兩個年號：宮內皇曆仍用「乾隆」年號，各省改用「嘉慶」年號。

　　乾隆帝退位後，本應住在甯壽宮，讓新皇帝住在養心殿，但他不願遷出，於是讓嘉慶居毓慶宮，賜名「繼德堂」。乾隆經常禦殿，受百官朝賀，嘉慶則實以兒皇帝的身分處於陪侍的地位。朝鮮使臣到北京，目擊記載說：嘉慶「侍坐太上皇，上喜則亦喜，笑則亦笑」。又記載：賜宴之時，嘉慶「侍坐上皇之側，只視上皇之動靜，而一不轉矚」。《清史稿·仁宗本紀》

也記道：「初逢訓政，恭謹無違。」

　　與他的父、祖相比，嘉慶皇帝是一位既沒有政治膽略又缺乏革新精神，
既沒有理政才能又缺乏勇於作為品格的平庸天子。「平庸」兩個字，是嘉
慶皇帝的主要性格特點。嘉慶朝是清朝由盛轉衰的時代：上承「勵精圖治、
開拓疆宇、四征不庭、揆文奮武」的「康乾盛世」，下啓鴉片戰爭、南京簽
約、聯軍入京、帝後出逃的「道咸衰世」。清朝社會的固有矛盾已經積累了
180年，嘉慶皇帝扮演了大清帝國由極盛而轉為衰敗的歷史角色。

3、「咸與維新」，頹勢難抑

　　嘉慶帝親政後，以清除和珅為契機，打出「咸與維新」的旗幟，同時立
即從以下幾個方面對內政加以整頓。

　　首先是詔求直言，開通言路；

　　其次，戒除欺隱粉飾之風；

　　再次，罷貢獻，黜奢崇儉；

　　又次，力戒怠惰偷安的官風。

皇極殿
皇極殿是寧壽宮的前殿，仿照乾清宮而建。

嘉慶帝御筆「合撰延祺」
現藏於瀋陽故宮博物院。

武功

1、鎮壓川楚陝白蓮教起義

　　嘉慶元年（1796），爆發了震撼全國的川、楚、陝農民大起義。已經退位仍手握重權的太上皇乾隆帝，立即調兵遣將，圍追堵截，然而，勞師數年，靡餉數千萬，結果是「良民不得已從賊，日以浸多，奔驅三載，不能自拔者數逾十萬」。起義由湖北發展到河南、陝西、四川三省地區。嘉慶帝親政後，毫不遲疑地把鎮壓方興未艾的農民起義作為最緊迫的政務，擺到了議事日程的首位。

　　嘉慶四年正月初四，即他親政第二天，便命軍機大臣傳諭四川、湖北、陝西督撫、帶兵大臣將領等，指斥他們「奏報粉飾，掩敗為功」。嚴令他們「戮力同心，刻期滅賊」，警告他們：「有仍欺玩者，朕惟以軍法從事。」

　　此後，嘉慶帝實行一系列新政策，採取各種措施，加強了對農民起義的鎮壓。

　　但嘉慶一朝，人民的反抗鬥爭幾乎沒有停止過。嘉慶帝雖然把農民起義血腥鎮壓下去了，但是在農民起義的不斷的沈重打擊下，嘉慶帝統治的皇朝變得外強中乾、精疲力盡。

2、抑制英國入侵嚴禁鴉片輸入

對於從乾隆朝以來已逐漸成為社會公害的鴉片流毒，嘉慶帝是主張嚴加禁止的。他對鴉片流毒造成的危害有清醒的認識。嘉慶十五年（1810），廣寧門巡役查獲身藏鴉片煙6盒入城的楊姓煙販。嘉慶帝在諭令中指出：「鴉片煙性最酷烈，食此者能驟長精神，恣其所欲，久之遂致戕賊軀命，大為風俗人心之害。」他根據當時「嗜食者頗多，奸商牟利販賣接踵而來」的嚴重情況，採取一系列嚴厲措施加以禁止。嘉慶十五年三月，為嚴禁鴉片流入京城，除令崇文門稅務機構於所屬口岸稽察外，他又令「步軍統領五城禦史於各門禁嚴密訪查，一有緝獲，即當按律懲治，並將其煙物毀棄」。為杜弊清源，他命閩、粵督撫「關差查禁」，「毋得視為具文，任其偷漏」。

四管玉爐

清代中期製作，此種器物在乾隆時期的瓷器中也曾出現。

嘉慶十六年，錢楷在上書中提出：「外洋鴉片煙入中國，奸商巧為夾帶」，「請飭閩粵各關監督並近海督撫，嚴督關員盤檢，按律加等究辦。內地貨賣一經發覺，窮究買自何人，來從何處，不得含糊搪塞，將失察偷漏監督、委員及地方官一體參處，務使來源盡絕，流弊自除」。嘉慶帝採納了錢楷的建議，諭令沿海督撫認真察辦。十八年七月，他「申禁私販鴉片煙，定官民服食者罪」。二十年，粵督蔣攸銛等「請於西洋貨船到澳門時先行查驗，並明立賞罰」，嘉慶帝立即准其實行。他在批復中指出：「鴉片煙一項流毒甚熾，多由夷船夾帶而來，嗣後西洋貨船至澳門時，自應按船查驗，杜

絕來源。」此外，嘉慶對外商偷運白銀出洋問題亦高度重視。十九年，蘇勒額奏稱：洋商每年將內地足色銀兩私運出洋，複將低潮洋錢運進中國，任意欺蒙商賈，以致內地銀兩漸形短絀，請嚴加禁止白銀出洋。嘉慶帝體認到，若將內地銀兩每年偷運出洋百數十萬，歲積月累，於國計民生均有關係，命令粵督立即查明每年洋商偷運白銀出洋的實數，訂立章程，嚴厲禁止。嘉慶帝對鴉片的嚴厲禁止，在當時是具有積極意義的，它對道光朝的禁煙運動也產生了深遠的影響。

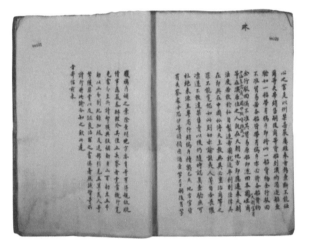

《審諭兩廣況督蔣攸——禁止鴉片》
此諭發於嘉慶二十年（1815）三月。

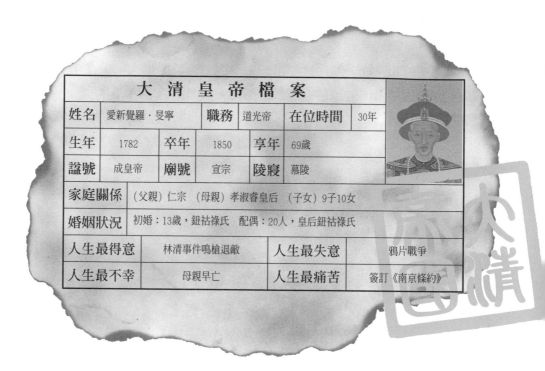

大 清 皇 帝 檔 案						
姓名	愛新覺羅·旻寧		職務	道光帝	在位時間	30年
生年	1782	卒年	1850	享年	69歲	
諡號	成皇帝	廟號	宣宗	陵寢	慕陵	
家庭關係	(父親) 仁宗　(母親) 孝淑睿皇后　(子女) 9子10女					
婚姻狀況	初婚：13歲，鈕祜祿氏　配偶：20人，皇后鈕祜祿氏					
人生最得意	林清事件鳴槍退敵		人生最失意	鴉片戰爭		
人生最不幸	母親早亡		人生最痛苦	簽訂《南京條約》		

志高才疏—清宣宗道光

生平小傳

　　道光帝旻寧是清朝入關後的第六代皇帝，生於乾隆四十七年（1782），卒於道光三十年（1850）。在位30年，終年69歲。廟號宣宗，葬慕陵。

　　道光帝柄政30年。朝綱獨斷，事必躬親，但內政事物，如吏治、河工、漕運、禁煙等均無起色。勤政圖治而鮮有作為，正是他一生的悲劇所在。

　　道光皇帝是清代唯一一位以嫡長子身分即位的皇帝。雖然嘉慶皇帝很早就決定傳位給綿寧（即位後改旻寧），但嘉慶十八年發生的一件事，更堅定了他的決心。當時反清復明的組織天理教在京畿非常活躍，一部分義軍準備趁嘉慶皇帝出宮之際，拿下北京，他們的主攻目標是紫禁城，而且已經

買通了幾個太監做內應，義軍按計劃混入城中，準備從東、西華門衝入紫禁城。但東華門的義軍過早暴露了身分，不得已總攻提前開始。義軍在太監的帶領下迅速衝進了宮中，此時嘉慶皇帝正在避暑山莊，宮內一切由綿寧掌管，正在乾清宮上書房讀書的綿寧得到報告後，帶著另兩位親王衝了出去，當時內宮的大門已經關上，但還是有幾個義軍爬上了牆頭。綿寧臨危不亂，當場擊斃了兩個義軍，這時援兵到了，衝進紫禁城的義軍被全部殺死。由於綿寧的機智勇敢，保住了內宮女眷沒有受到傷害。事後，得到了嘉慶皇帝的高度評價，並封他為智親王，綿寧嗣皇帝的位子也就更加穩固了。

《道光帝朝服像》
清宮廷畫家繪，現藏於故宮博物院。

　　道光即位之初，中國正面臨最重的內外危機。在內，清王朝經「康乾盛世」後已經走下坡，史稱「嘉道中衰」，其突出表現在吏治腐敗，武備鬆弛，國庫空虛，民眾反清鬥爭頻頻；在外，西方列強勢力東侵，鴉片荼毒國民。道光頗想有一番作為，也採取了一系列措施，企圖中興。他雖然朝綱獨斷，事必躬親，以儉德著稱。但內政事物，如吏治、河工、漕運、禁煙等均無起色。勤政圖治而鮮有作為。

　　道光處於歷史轉折的關鍵時刻，「守其常而不知其變」。來自東南海上的鴉片流毒使他寢食不安。最後下決心嚴厲禁煙，道光十九年（1839）初，道光任命林則徐為欽差大臣，到廣東禁煙。林則徐將收繳的鴉片，共19179箱

2119 袋，總計2376254斤，在虎門當眾銷毀。是歷史上規模最大、銷毒數量最多的一次。

虎門銷煙也引發了中英之間的緊張關係。道光二十年（1840）六月，英國遠征軍到達中國海面，鴉片戰爭爆發。戰爭爆發，道光帝認為英軍不堪一擊，但隨著戰事的發展，英軍圍困珠江口、攻占浙江定海、直逼天津大沽，使得道光帝大為震驚，忙派琦善等人與英軍談判。最後對外妥協，道光二十二年（1842）八月二十九日清政府與英國簽下了中國近代史上的第一個不平等條約--《南京條約》。此後，清政府又與法美等國簽訂了中法《黃埔條約》和中美《望夏條約》，使中國淪為半殖民地社會。

西元1849年正月，道光在內外交迫中憂愁成疾。開始還勉強支撐著臨朝辦理政事。到第二年正月丙午日，病情加重。他知道沒有康復希望，忙宣召宗人府宗令載銓、大臣載恒、端華、僧格林沁，軍機大臣穆彰阿、賽尚阿、何汝霖，內務府大臣文慶等進宮，命令他們隨同總管太監從正大光明匾額後取下錦盒，宣讀詔書，詔書上只有皇四子奕詝五字。中午，道光死於圓明園慎德堂內。

道光死後廟號為宣宗成皇帝，史稱道光皇帝。

文治

1、改革漕運、鹽政，開禁採礦

道光四年（1824），江南高堰漫口，清水宣洩過多，高寶至清江浦一帶，河道節節淺阻，船隻不能暢行，漕運再度緊張。有人奏請引黃入運，添築閘壩，終因黃河水夾帶大量泥沙淤積於河床，漕船仍不能通行。道光帝決計革除漕政積弊，有效地解決漕運問題。自元至明，海運之法，行之有效。清代嘉慶時，也曾試行。後來由於部分廷臣及主持漕運的胥吏以風濤、「海賊」等理由加以反對而一直不能實行。道光帝在廷臣「有謂可以試行者，亦有謂斷不可行者，迄無定見」時，提出了自己的看法。他認為，江蘇的松、

慕陵碑樓

慕陵為道光陵墓，位於河北易縣。

常、鎮，浙江的杭、嘉、湖等府屬，瀕臨大海，商船裝載貨物駛至北洋，在山東、直隸、奉天各口岸卸運售賣，一歲中乘風開放，每每往來數次，「似海道尚非必不可行，令兩江總督魏元浩、漕運總督嚴檢、江蘇巡撫張師誠、浙江巡撫黃鳴傑等各就所屬地方情形，「廣諮博采，通盤經劃，悉心計議，勿存成見」，將海運之事「一一熟籌」。但是，這些官員不願承擔海運風險，均以為海運窒礙難行，仍主張採用「引黃濟運」，盤壩接運的辦法。這種辦法實行的結果，不僅無法從根本上解決漕運問題，還虛耗了大量資金。道光五年六月，道光帝分別給阻撓海運、又拿不出漕運辦法的大學士孫玉庭及江浙有關地方官員以革職、降級、調用等處分，改派琦善為兩江總督，並任命富有改革精神、政績卓著的安徽布政使陶澍為江蘇巡撫，命他們切實籌措海運事宜。

　　後來陶澍上奏，主張海運漕糧。道光帝同意試行，並於上海設立海運總

局，由江蘇派遣官員管理，在天津設立分局，由朝廷派遣官員驗收。海運計劃確定以後，陶澍再次親赴上海督辦。道光六年二月初一日，第一批海運船隻，裝載漕公尺123.3萬餘石揚帆出海了。海船自吳淞口出駛，東向大洋至佘山，北向鐵槎山，歷成山，西轉芝罘島，稍北抵天津，總計水程四千餘里。道光帝派遣朝廷重臣赴津驗公尺，公尺色瀅潔，且時間縮短，運費低廉。此後，繼續由海路運送漕糧。至六月初，江南漕公尺全部運完。道光帝實行海運漕糧，當時不失爲明智之舉，但後來，由於各種保守勢力的反對，他並沒有能堅持實行下去。

　　清代鹽法，大率因明制，各省行鹽循用綱法，招商認窩（產鹽地），領引辦課，引從部發，遂使鹽業之利盡歸鹽商。各鹽商層層盤剝，兼之各省官紳皆視鹽務爲有利可圖，或藉口辦公巧爲侵蝕，私取規費。積習成弊，積弊成例，致使私鹽充斥，官鹽滯銷，國與民交受其困。道光時，鹽業困頓凋蔽，愈益嚴重，而當時兩淮之鹽，銷區最廣，商疲課絀，積弊亦最深。道光

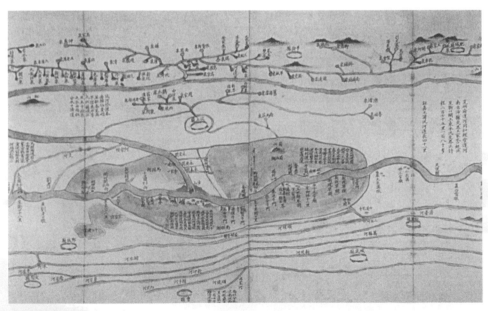

《運河全圖・南旺分水口》
此圖所繪爲運河南旺分水口漕運的可行性。

十年，兩江總督陶澍以淮鹽疲蔽已極，屢陳積弊情形，並請刪減浮費，停緩攤補。不久，道光帝批准實施了革新鹽政的措施，將兩淮鹽政裁撤，其鹽務改歸兩江總督管理，以一事權。進而在道光十三年，推廣實行票鹽制。

《南河成案續編》
道光年工部刻本，現藏於故宮博物院。

所謂票鹽制，即於場區適中地點，設局收稅。無論什麼人，只要照章繳納稅課，即可領票運鹽，在限定的地域範圍及規定的期限內自行販賣。票鹽制革除了專商專岸之弊，改變了過去鹽商壟斷鹽利的局面，國家則可收化私證為官之益。由於票鹽制手續簡單，官吏無由侵擾，成本降低，商人因而爭相經營。票鹽法於道光十二年首先在淮北地區31個州縣實行，效果十分顯著，不到四個月，三十餘萬引（一引為四百斤）場鹽運銷一空。票鹽制廣為推行後，私鹽不禁自絕，官鹽暢銷無阻，鹽課成為國家財政一大收入。由於票鹽法行之有效，時論皆以改引行票為救弊良策。

票鹽法行之有效，實為利國利民之舉，但此舉受到和過去行鹽之法利害相關的各種勢力的反對，導致道光帝推行票鹽法阻力重重，最後不得不使鹽政的改革半途而廢。

道光六年，他曾以畿輔重地，有礙地脈風水為由，禁止商人於宛平等五州縣開採銀礦。道光二十四年（1844），他對開礦有了些新認識，在一道上諭中明確地指出：「自古足國之道，首在足民，未有民足而國不足者，天地自然之利，原以供萬民之用。」

道光二十八年，他又在另一道上諭中稱：「開礦之舉，以天地自然之利，還之天下，仍是藏富於民。「足國之道，首在足民」，「藏富於民」。這種觀點的提出，表明道光帝在治國之道上的一種真知灼見。道光帝同時以實際措施鼓勵開礦。他對藉口辦礦「累民擾民」，「人眾易聚難散」而反對

117

開放礦禁的官員進行勸導，告誡他們不能「因噎廢食」。他嚴飭地方官員不得「畏難苟安，託詞觀望，遊移不辦」。他又根據過去官辦礦政，「官吏因緣爲奸，久之而國與民俱受其累」的弊病，提出「官爲經理，不如任民自爲開採」。由此可見，道光帝對開礦一事，提倡頗力，措施亦得當，這對當時礦政建設大有裨益，百姓生活亦稱方便。

2、矯正奢靡風尚

爲了挽救清朝統治危機，道光帝在即位之後，力圖遏止奢靡之風，使整個社會能黜華崇實。

他一即位，便頒發聲色貨利論，力圖說明聲色「常人惑之害及一身，人君惑之害及天下」的嚴重危害，表示要謹遵嘉慶帝不邇聲色之諭，力崇節儉，返樸還淳，告誡皇室子孫身體力行，概從樸實，勿尙虛文，竭力倡導在皇族、滿族貴族中恢復滿洲淳樸舊俗。

3、整頓吏治

道光帝即位後，深知吏治腐敗所帶來的嚴重後果，感到有必要加以整飭。道光二年（1822），他下達諭旨：「嗣後現任官員不准加捐職銜，著爲例。」這表明道光帝起初是打算廢除捐納弊政的。然而，後來由於國勢的衰弱，尤其是國家財政的匱乏，他又無法擺脫財政困境，不得不仍舊求助於捐納制度。自道光七年始，捐例大開，二十二年後，各省遍開捐例。至末年，兩粵用兵，軍需浩繁，於是，各省又遍設捐局，紳民凡納銀者，本人皆可補官銓選，而國家也得到一點財政補貼。從此捐納泛濫成災。道光帝雖迫於財源緊張大開捐例，但他對通過捐納取得官職的人，內心深爲厭惡，對其戒備尤深。

清代京官和地方府廳州縣各級官員各有生財之道。京官依賴外官之饋贈，外官則以俸廉不敷辦公爲辭，依賴種種陋規，浮收勒折，科斂民財。一些膏腴之地，每歲陋規多至二十萬。各級官員「箕斂溢取之風日甚一日，而閭閻之蓋藏概耗於官司之剝削，民生困蔽」。道光帝希冀對各地陋規加以整頓，首先從直隸開始。道光元年，他命令直隸督撫督率藩司，「將所屬陋規

虎門硝煙池紀念碑

逐一清查，應存者存，應革者革」，「奏定之後，通行飭諭，如再有以賠累為辭，於此外多取於民者，一經發覺，即行從重治罪，不稍寬貸」。但是，此諭下達不久，即「朝有諍臣」，「連章入告」，道光帝只好明降諭旨，停止清查直隸陋規，使得這一措施半途而廢。

為了整頓吏治，道光帝還對那些年邁體弱、諸疾纏身而又戀棧不肯退位者加以罷斥。雲貴總督伯麟，年逾七旬，素患骨疾。道光帝將其調離總督任所，授以協辦大學士銜，供職京師。回京不久，伯麟即要求外放，隨即遭到道光帝嚴厲申斥：「知總督之養尊處優，而不知任大責重。以伊衰暮之年，使加以簡任，尚安望其稱職？」他認為伯麟「欲以要君之舉，堅其戀棧之心」，故毫不留情地勒令伯麟退休。

119

4、禁止鴉片走私與貿易

清中葉以後，到19世紀30年代，鴉片躉船攬儲於外洋，快蟹、扒龍等艇飛棹走私，吸食大小窯口潛藏於內地，吸食者遍布城鄉各地，上自官府縉紳，下至工商優隸，以及婦女、僧尼、道士，在鄉吸食。鴉片煙毒，危害生靈，「勢將胥天下之編氓丁壯，盡為萎靡不振之徒」，野有遊民，國無勁旅，這是多麼令人可怕的情景！為此，道光帝即位之初，連連發布嚴禁鴉片的命令，查拿煙販，禁民吸食，對地方官查拿鴉片不力者，訂立議處失察條例，嚴飭地方官曉諭居民，不准私種罌粟，防止鴉片蔓延。

道光十一年，他又命兩廣總督李鴻賓等「確加查核，如何使煙土不能私入，洋面不能私售　務將來源杜絕，以盡根株，勿令流入內地，以除後患」。十二年八月，又諭令各省督撫提鎮嚴禁陸路水師將弁兵丁吸食鴉片。但是，這些禁煙措施並未能遏止鴉片流毒的洶湧泛濫。清統治集團內部禁煙、反禁煙的鬥爭日益激化。

道光帝採納嚴禁主張之後所採取的最具決定性的步驟，是於十二月

廣州外國商館舊照
康熙三十八年（1699），英國東印度公司在廣州設立商館，急切擴大對華貿易。

120

三十一日，任命林則徐為欽差大臣，令他「馳赴粵省，查辦海口事件，所有該省水師兼歸節制」。他申明派遣林則徐馳赴廣東的目的，是為了「積習永除，根株斷絕　為中國袪此一大患」。為了實現這一目標，林則徐在次年即道光十九年三月至六月禁煙期間的一切行為，都得到道光帝的首肯和支援。他對於林則徐向外商宣示的「若鴉片一日未絕，本大臣一日不回，誓與此事相始終」的決心尤為讚賞，稱譽林則徐「忠君愛國，皎然於域中化外矣」。道光帝屢次指示林則徐，應於各國船隻出入經由要道的廣東海口水陸嚴查，「務使外海夷船，不得駛進口門，妄生覬覦，內地匪船，不敢潛赴外洋，私行勾結……要期除惡淨盡」。林則徐不負皇上重託，採取果斷措施，終於迫使外國鴉片煙商繳出鴉片二百多萬斤。道光帝對此十分滿意，將林則徐、鄧廷楨等交部從優議敘。並諭令林則徐等查明實在箱數，派委明幹員弁解京以憑核驗。一些官員認為不值以國家有利之財，糜之於無用之物，同時廣州至北京行程幾千里，最易被人偷換。道光帝接受了正確的建議，改變了主意，令林則徐等「毋庸解送來京……即於收繳完竣後，即在該處督率文武員弁，公同查核，目擊銷毀。俾沿海居民及在粵夷人，共見共聞，咸知震懾」。林則徐遵照諭令，於六月三日開始，把繳獲的鴉片於虎門太平鎮當眾銷毀，至二十五日才徹底銷完，共銷毀鴉片二百三十七萬餘斤。

　　道光帝接到林則徐虎門銷煙的奏報，攬奏興奮之極，提筆批曰：「大快人心一事！」從道光十八年年末開始，在道光皇帝的督促下，一場轟轟烈烈的禁煙運動在全國展開。在廣州，二百多萬斤鴉片煙渣隨海浪沖入大海，傾刻間無影無蹤。在沿海各省，鴉片走私船被緝獲，走私煙販被緝拿；在內地各省，罌粟的種植被嚴令禁止，鴉片煙、煙槍、煙具被收繳、銷毀，各種戒煙藥丸被分發，吸食者被處以刑法。誠然，在全國各地，禁煙措施在貫徹的程度上有很大差異，有的省份因弛禁派遷延觀望、敷衍塞責而使禁煙成效大打折扣。但道光帝是決心在全國切實實行禁煙的，其效果也是顯著的，於國於民都有利。英國人衛三畏在《中國總論》一書中，對道光帝的禁煙、銷煙給予了這樣的評價：「鴉片是在最徹底的手段下被銷毀了。在世界史中，一

個非基督教的君主寧願銷毀損害他的臣民的東西，而不願出售它來裝滿自己的腰包，這是唯一的一個實例。全部事務的處理，在人類歷史上也必將永遠是一個最為卓越的事件。」這種評論並非過分。

《林則徐看劍引杯圖》卷（局部）
清代法坤厚繪，現藏於故宮博物院。

武功

1、鴉片烽火

道光皇帝開始決定支援林則徐嚴禁鴉片的主張，派他為欽差大臣、兩廣總督，到廣州禁煙。林則徐堅稱：「若鴉片一日未絕，本大臣一日不回！」林則徐嚴禁鴉片，必然損害一些人的不法利益，也必然損害英國殖民者的不法利益，因而必會遭到他們的反抗。道光皇帝作為一朝君主、一代政治家，他應該看到或預見到這一點。對英國殖民者可能由此而產生的反應--政治的、軍事的、外交的、貿易的，應該預先採取防範措施。可惜，他沒有做到。結果，鴉片戰爭兵敗，簽訂了喪權辱國的《南京條約》。

清朝失敗，以下兩點，值得思考：

首先，鴉片戰爭中清朝的失敗是必然還是偶然？

誠然，當時英國的確比較先進，處於資本主義上升時期，而清朝經濟落後、君主專制、吏治腐敗、軍備廢弛。「落後就要挨打」，這是事物的普遍性。但事物還有特殊性，要對具體歷史事件進行具體歷史分析。中英鴉片戰爭，從戰略和戰術兩個方面，可做如下思考。

從戰略來說：

一來，國力─道光時清朝人口4億，儼然是東方一個大國，英國當時還

沒有成為「日不落國」；且英國遠涉重洋，長途奔襲，以動對靜，以勞對逸。清朝有可能打敗英國的侵略。

《林則徐畫像》舊照

二來，軍事—英國進攻，而清朝防禦；英國兵少，而清軍兵多；英軍後方太遠，而清軍在本土作戰。

三來，民心—英國是侵略的一方，清朝是反侵略的一方，並得到國民的支援。林則徐、鄧廷楨發出告示：「如果英夷兵船進入內河，許以人人持刀痛殺。」

從戰術來說：

一來，兵力—1840年6月，由英國全權代表懿律統帶的侵略軍4000人，乘艦船40餘艘到達澳門。這支軍隊，數量有限，只要認真抵抗，完全有把握取得勝利。

二來，後方—當時歐亞交通極為不便，英軍戰線太長。7月初，侵略軍進犯廈門，遭到鄧廷楨率福建軍民英勇抗擊，就北駛浙江定海，定海總兵葛雲飛等壯烈犧牲，定海失陷。這時，清朝也只是小的失利。8月，英國派船到白河口投書，向清政府直接威脅恫嚇。清軍在總體上完全占有優勢。

三來，武器—當時英軍使用的武器裝備，海軍雖用蒸汽機裝備，但很多還是帆船；陸軍雖使用後膛裝彈的火槍和火炮，比清軍稍先進一些，但並不像後來差距拉得那麼大。

以弱勝強，以少勝多的例子，歷史上不勝枚舉。道光皇帝的祖先，當年薩爾滸之戰、松錦之戰，八旗軍都是以弱勝強、以少勝多的。

《鄧廷楨畫像》

閒居時的鄧廷楨面相慈和，一副書生之氣。

因而，從戰略、戰術分析，清朝有可能打勝這一仗，但清朝卻打敗了。

其次，鴉片戰爭失敗的主要歷史責任是在大臣穆彰阿還是在道光帝？

認識鴉片戰爭失敗原因有一個過程。開始一些人認為責任在嚴禁派與主戰派，其代表是林則徐。道光皇帝罷了林則徐的官，並將他遣戍新疆伊犁。後來一些人認為責任在弛禁派和主和派，其代表是穆彰阿、琦善等。應當說，後者的認識比前者進了一步，但還有深入探討的空間。下面對朝廷軍機大臣和大學士的構成做一個分析：

道光二十年（1840），朝廷的軍機大臣有：穆彰阿、潘世恩、王鼎、隆文、何汝霖5人，大學士有穆彰阿、潘世恩、琦善、王鼎、伊裡布（差往浙江）、湯金釗6人。在京的軍機大臣和大學士共8人，其中軍機大臣兼大學士的有：穆彰阿、潘世恩、王鼎3人。其中潘世恩狀元出身，遇事觀望退讓，僅為「伴食」而已。這3個人，穆彰阿為領班軍機大臣、首輔大學士，潘世恩是穆彰阿的依附者，琦善是大學士兼直隸總督，後署兩廣總督。所以，朝廷實際分為兩派：以穆彰阿等為一派，王鼎等為另一派。因此，主和派的代表是穆彰阿，主戰派的代表是王鼎。

　　《清史稿‧穆彰阿傳》記載：穆彰阿，滿洲鑲藍旗人，嘉慶進士，任內務府大臣、直上書房、翰林院掌院學士、大學士、軍機大臣。「穆彰阿當國，主和議，爲海內所叢詬。上既厭兵，從其策，終道光朝，恩眷不衰」。穆彰阿是揣摩道光皇帝的心理，觀察道光皇帝的意向，才主張和議的。《清史稿‧穆彰阿傳》明確記載：「穆彰阿窺帝意移，乃贊和議，罷則徐，以琦善代之。」

　　以上就是說：第一，穆彰阿主和是窺伺道光皇帝旨意而秉承的；第二，因爲道光主和，穆彰阿乃跟著贊成主和，這裡的主從關係不能顛倒；第三，罷免林則徐是穆彰阿根據道光皇帝意圖行事的。像林則徐這樣的封疆大吏、欽差大臣，沒有道光的「諭旨」，穆彰阿再專權也是搬不倒的；第四，琦善身任文淵閣大學士、直隸總督，其替代林則徐，沒有道光皇帝諭准同樣也是不能的。在大敵當前之時，林則徐被斥責、革職並謫戍伊犁，這和當年崇禎皇帝在皇太極兵臨北京城下逮捕並事後凌遲袁崇煥一樣，都是「自毀長城」！歷史的悲劇又一次重演。

　　總之，穆彰阿窺出道光之所思，說出道光之所欲言，做出道光之所欲爲，所以穆彰阿始終得到道光的支援與信任。因此，鴉片戰爭的責任主要應

《吏治箴言碑》拓片

道光四年（1834）十月刻，今在陝西西安碑林。

125

由道光皇帝來負。

此外，道光過於無知。道光皇帝曾問道：「英吉利至新疆各部，有旱路可通？」這是早在康熙時候已經明確的常識問題。道光皇帝對西方的政治、經濟、軍事、地理一無所知，卻無知者無畏，對英國的堅船利炮，依然不屑一顧！

還有，道光過於無勇。他如有當年努爾哈赤親自指揮薩爾滸大戰的精神，有皇太極抱病親自指揮松錦大戰的意志，有康熙三次親征噶爾丹的氣魄，率軍鑾駕親征，調動天下「勤王」，等侵略軍在天津大沽登岸後聚而殲之，這場戰爭是絕對不會打輸的，當然也不會有《南京條約》之恥。

由上可見，穆彰阿、琦善是體會道光的旨意、按照道光意旨行事的。穆彰阿賣國、誤國，最終主因還是出在道光皇帝的身上。

在鴉片戰爭期間，大學士、軍機大臣王鼎，演出了一場「屍諫」的悲壯史劇。「王鼎屍諫」與穆彰阿得勢，這是道光皇帝的兩面鏡子，它反映出：「君子消沈，小人猖獗！」道光皇帝在位時期，清朝的危機更加嚴重。道光雖有「恭儉之德，寬仁之量」，卻不能採納忠言，不能在重大時刻做出正確決策，所以，「國步之瀕，肇端於此」。孟森先生認為：「宣宗之庸暗，亦為清朝入關以來所未有。」

從此，西方侵略者用武力打破了中國閉關鎖國的國策。道光是中國兩千年帝制史上，第一個同西方殖民者簽訂喪權辱國條約的皇帝。鴉片戰爭的失敗，喪權辱國的《南京條約》的簽訂，道光皇帝應負主要歷史責任。

2、平定張格爾叛亂

清嘉慶二十五年（1820）至道光七年（1827），清軍在新疆發起了殲滅張格爾叛亂集團的作戰。

乾隆年間，清軍平定大、小和卓叛亂，統一天山南北後，大和卓博羅尼都之子薩木克逃至浩罕（新疆西浩罕國，今屬吉爾吉斯）。其次子張格爾，在英國侵略勢力策動支援下，企圖恢復和卓家族昔日在南疆（新疆南部）的統治。

御賜陳孚恩「清正良臣」匾
陳孚恩，江西新城人，深得道光帝賞識，賜匾嘉獎。

　　嘉慶二十五年，張格爾利用南疆維吾爾族人民對清參贊大臣靜斌殘暴壓迫的不滿情緒，於八月間率數百人潛入南疆，煽動當地民眾叛亂。清領隊大臣色普徵額率兵進擊，將其全殲，張格爾僅率殘部二三十人逃往浩罕。張格爾在浩罕，由英國殖民主義者提供裝備，組織訓練軍隊，積極準備再次進入南疆。道光五年，張格爾叛軍屢以小股襲擾邊境，作試探性進攻。六年六月，張格爾與其英國教官乘機率叛軍300人，由開齊山進至喀什噶爾（今喀什）城北約60里之阿爾圖什（今阿圖什），以禮拜祖墓為名，煽動當地群眾反清。新任喀什噶爾參贊大臣慶祥，命協辦大臣舒爾哈善、領隊大臣烏凌阿率兵1000人進擊。叛軍大部被殲，張格爾率百餘人突圍後，裹脅大批群眾叛亂。因恐北疆清軍來援，竟以出賣祖國權益為條件向浩罕求兵。七月，浩罕穆罕默德·阿裡汗親率萬人入侵南疆，攻打喀什噶爾城。後因與張格爾發生矛盾，恐腹背受敵，引兵退走。但有3000人被張格爾誘留，助其攻城。經七十餘日激戰，清守軍力竭，八月二十日城破，慶祥自殺。張格爾自稱賽亦德·張格爾蘇丹，宣布為南疆統治者。英吉沙爾（今英吉沙）、葉爾羌（今莎車）、和闐（今和田）三城，相繼為叛軍攻占。張格爾控制南疆後，「殘害生靈，淫虐婦女，搜索財物，其暴虐甚於前和卓千倍萬倍」，與其入疆之宣傳完全背離。廣大維吾爾族人民強烈反對，轉而支援清軍。占領葉爾羌之叛軍五六千人，進攻阿克蘇（今屬新疆）。阿克蘇辦事大臣長清，派參將王鴻儀率兵600人阻擊，在都爾特（今阿瓦提北）被殲，王鴻儀戰死。當叛軍進

127

至距阿克蘇僅80里處，企圖強渡渾巴什河時，由庫車及喀喇沙爾（今焉耆）來援之達淩河、巴哈布兩部清軍到達。在當地維吾爾族人民自發組織的數百抗叛部隊協助下，擊退渡河叛軍，並進至南岸立營。叛軍多次進攻，均被擊退，被俘斬千餘人。叛軍不敢東進，東部局勢趨於穩定。道光帝命伊犁將軍長齡為揚威將軍，署陝甘總督楊遇春、山東巡撫武隆阿為參贊大臣，調集吉林、黑龍江、陝西、甘肅、四川5省兵3萬會攻叛軍。十月間，陝西等地清軍

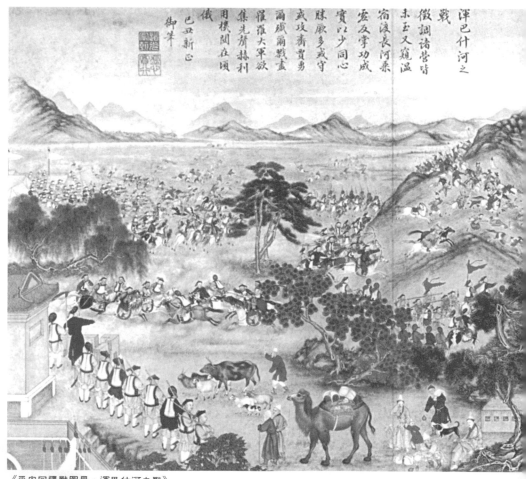

《平安回疆戰圖冊·渾巴什河之戰》
此戰清軍收復阿克蘇，又稱阿克蘇保衛戰。

萬餘到達阿克蘇，開始轉為攻勢作戰。時叛軍3000人據守阿克蘇西南約250里之柯爾坪（今柯坪），該地西南通巴爾楚克（今巴楚）、喀什噶爾，為清軍進軍必經之路。長齡派陝西提督楊芳，以突襲攻占該地，打開了西進的通道。此時，和闐伯克伊敏亦率當地群眾2000餘人擊敗叛軍，收復和闐。但因大雪封路，清軍不能馳援，又為叛軍奪占。

嘉慶七年二月六日，清軍主力開始西進。二十二日在大河拐擊敗叛軍3000人後，次日又擊敗叛軍2萬於渾阿巴特（今伽師東），二十五日再殲叛軍萬人於沙布都爾，二十八日進至渾河（又稱洋達瑪河，今博羅和碩河）北岸，距喀什噶爾城僅10里。叛軍10餘萬阻河列陣，亙20里。清軍用聲東擊西戰術，先以一部騎兵在下游渡河，將敵軍注意力引向下游，爾後以主力乘夜暗由上游急渡，突襲敵陣地，叛軍潰逃。清軍乘勝急進，於三月初一日收復喀什噶爾城，初五日收復英吉沙爾，十六日收複葉爾羌，五月收復和闐。前後殲滅叛軍近3萬。但張格爾已先期由木吉（今布倫庫勒西北）逃往達爾瓦斯山之藏堪。道光帝以叛亂主犯未獲，奪長齡、楊遇春、武凌阿銜，仍勒限擒獲。十二月二十七日，張格爾率500餘人潛入阿爾瑚（今阿圖什西北），當其退走時，在喀爾鐵蓋山（今喀拉鐵克山）被清軍全殲。張格爾逃布魯特，被縛送清軍。至此，張格爾叛亂被平定。

3、渾河之戰

是指清道光七年（1827）二至五月，清政府平定張格爾叛亂中，清軍收復喀什噶爾（今喀什）等南疆西四城的作戰。

道光六年六月，張格爾叛軍占據喀什噶爾英吉

沙爾（今英吉沙）、葉爾羌（今莎車）、和闐（今和田）等西四城。伊犁將軍長齡於六年八月間上奏，請「發大兵四萬，以五千人護糧台，以二萬五千進戰」。道光帝授長齡為揚威將軍，署陝甘總督楊遇春、山東巡撫武隆河為參贊大臣，率陝西、甘肅、吉林、黑龍江、四川5省清軍會攻叛軍，並調烏裡雅蘇台及伊犁牛、駝數千、戰馬2萬軍用。六年十月，陝西清軍先至阿克蘇。提督楊芳攻占阿克蘇西南約250里之戰略要地柯爾坪（今柯坪），既掩護主力在阿克蘇集中，又打開了西進的通路。七年二月六日，清軍主力由阿克蘇西進，十四日至巴爾楚（今巴楚），留兵3000人，防叛軍迂回後方。

楊遇春畫像

二十二日至大河拐，叛軍3000夜襲清營，被擊敗。次日午抵渾阿巴特（今伽師東），叛軍2萬據山崗防守，陣地長五六里。長齡和楊遇春率主力由正面，楊芳由右翼、武隆阿由左翼三路進攻。叛軍多次由山崗上向下反擊，均被擊退，終於不支潰退，輜重牲畜盡為清軍所獲。二十五日至沙布都爾（今伽師西），叛軍數萬據河渠堤壩防守，利用葦湖決水淤地製造水障，以阻止清軍騎兵衝擊；陣地後方並部署有預備隊。

清軍以步兵由正面越水障強攻，而以騎兵由兩翼迂回，實施側擊。適叛軍帶的火藥爆炸，清軍乘機猛攻，殲敵萬餘，叛軍潰逃。二十七日，清軍至河瓦巴特，叛軍數萬又據崗阻擊。清軍當夜派吉林勁騎一千，分兩路由左右間道秘密迂回至叛軍陣後埋伏。次日拂曉，部署步兵由正面，騎兵由兩翼進

攻。叛軍佯退，企圖誘清軍登崗，俟登至半坡時實施合擊。清軍步兵使用疊
射、相互以火力掩護逐次接敵，至半坡時，跟隨於火器手後，身著虎皮彩衣
的藤牌兵躍出衝鋒，叛軍戰馬受驚混亂，據崗力戰。埋伏於陣後的騎兵，由
背後發起突襲，叛軍大敗，被殲過半。

　　清軍乘勝追擊，於二十八日進抵渾河（今博羅和碩河）北岸。張格爾叛
軍10萬沿北岸築壘防守，綿亙20餘里。清軍整夜以小分隊進行襲擾，疲憊
叛軍。次夜大風，飛沙障目。長齡以敵眾我寡，懼叛軍乘機反擊，欲退軍
10里，俟風停再攻。楊遇春認為天氣昏暗，叛軍難辨我兵力多少，更有利我
軍渡河，正宜出其不意，攻其無備，機不可失，乃遣黑龍江索倫騎兵千騎在
下游渡河牽制，而以主力乘昏暗由上游急渡，占據上風。天拂曉時，全軍皆
渡，集中炮火轟擊叛軍營壘。叛軍遭突襲大亂潰逃。清軍乘勝追擊至喀什噶
爾城下。張格爾率少數殘部由木吉（今布倫庫勒西北）經烏孜別裡山口逃布
魯特達爾瓦斯山（今塔吉克斯坦國境內）地區。清軍於三月一日收復喀什噶

《平安回疆戰圖冊·生擒張格爾》

爾城，生俘安集叛軍首領推立汗及薩木汗以下叛軍4000人。三月五日，楊遇春收復英吉沙爾，十六日收復葉爾羌；五月，楊芳在昆拉（今和田西）擊敗叛軍五千，擒斬其首領玉努斯，收復和闐。至此，被張格爾叛軍占據一年的南疆西四城，全部為清軍收復。

4、鎮壓瑤民起義

道光十一年（1831）十一月，湖南永州江華縣錦田鄉瑤民聯合廣東瑤民六七百人，在趙金龍領導下，於兩河口起義，迅速攻克兩河口地區。道光十二年正月，江華知縣林先梁、永州鎮左營遊擊王俊「帶兵往捕」，為起義軍所敗。王俊濫殺無辜以洩憤，激起瑤民更激烈的反抗。起義軍迅速發展，各寨回應起義的達一千多人，聚集於長塘夾衝，皆以紅布裹首為號。永州鎮總兵鮑友智調兵七百，永州知府李銘紳、桂陽知州王元鳳各募鄉勇數百合力進剿。趙金龍率軍突圍而出，至藍山之王水瑤。起義軍發展到二三千人，乘勝進至寧遠地區。道光帝調遣總督盧坤、湖北提督羅思舉赴剿，並令兩廣總督李鴻賓、廣西提督蘇兆熊各防邊界。

李鴻賓遣提督海凌阿率軍進剿，海凌阿率寶慶協副將王韜以兵五百餘由寧遠之下灌進攻。義軍早有準備，一部分人裝扮成清軍模樣，混入軍中，「偽充夫役，為官兵舁槍械」，大批義軍則設伏於山溝陡狹之「池塘墟」。海凌阿率軍至，義軍四處衝殺，「乘高下突」，清軍立即陷於混亂，王韜「披槍陣亡」，海凌阿亦被當場擊斃。起義軍聲威大振。道光帝增調「久歷戎行，身經百戰」的貴州提督余步雲至湖南，又布置各地實行「堅壁清野」，並令各瑤寨「自相團練」，使起義軍「無食可掠，無人可裹」。經過官兵殘酷征剿，到四月才鎮壓了趙金龍起義。但廣西賀縣、連州瑤民又分別起義，連敗官軍，清廷費了很大力氣，才將義軍鎮壓下去。

道光帝當政30年，在改革內政方面，不無建樹，絕非昏饋、貪鄙、淫暴之君，而是一個企圖有所作為的皇帝，但是，他並未能夠成為一個除弊去衰的中興之君。

大 清 皇 帝 檔 案					
姓名	愛新覺羅·奕詝	職務	咸豐帝	在位時間	11年
生年	1831	卒年	1861	享年	31歲
諡號	顯皇帝	廟號	文宗	陵寢	定陵
家庭關係	(父親) 宣宗 (母親) 孝全成皇后 (子女) 2子1女				
婚姻狀況	初婚：16歲，薩克達氏 配偶：16人，皇后薩克達氏				
人生最得意	登上皇位		人生最失意	英法聯軍入北京	
人生最不幸	簽訂《北京條約》		人生最痛苦	圓明園遭焚掠	

勤政無為--清文宗咸豐

生平小傳

　　清文宗，名愛新覺羅·奕詝（1831～1861），道光皇帝第四子。道光病死後繼位。在位11年，病死，終年31歲。葬於河北定陵（今河北遵化縣西北）。

　　咸豐帝奕詝，道光十一年（1831）生於北京圓明園。道光於1850年正月丙午日病死後，他於同月己未日繼位。第二年改年號為「咸豐」。

　　咸豐的繼位並非一帆風順。道光晚年時，傳位的問題日趨臨近，第四子奕詝（咸豐）和第六子奕訢成為了皇位最有實力的爭奪者，而且奕訢天資聰明，深得道光的喜愛。因當時內外多事，道光一直沒有下決心。

　　咸豐的老師，侍讀學士杜受田，一心希望咸豐繼位。杜受田清楚地分析了兩位皇子的長處，認為咸豐的優勢在於仁厚孝順；奕訢的優勢則是聰明伶俐。而此時已步入晚年的道光皇帝更需要的則是一位元孝順的兒子，要想爭奪皇位成功，就要牢牢地抓住這一點。

　　機會終於來啦！一次，皇帝令諸皇子伴駕去南苑打獵。這可是在父皇面前的一次很好的表現機會，但論射獵騎術咸豐顯然不是六弟的對手，因此，杜受田告訴咸豐：「你到了南苑，只要坐著看兄弟們驅馬打獵，自己千萬不要射殺任何動物，並且約束你的隨從也別去打獵。」並教他怎樣對父皇解釋。打獵當天，大家都

《咸豐帝朝服像》
清宮廷畫家繪。絹本，設色，現藏於故宮博物院。

有所收穫，皇子中奕訢的獵物最多，而咸豐卻一無所獲。當老皇帝責問時，咸豐答道：「兒臣雖然無能，但是只要動手，決不會一無所獲的，只是想到此時正值春季，萬物繁衍，不忍射殺，也不願和兄弟們爭個高低。」他的回答深深感動了道光皇帝，道光皇帝一心想為天下百姓選擇一位仁厚的皇帝。咸豐自然比飛揚跋扈的奕訢更合老皇帝的胃口。道光就密寫了咸豐的名字，放在錦匣之中。

　　咸豐剛剛即位，就咸豐元年（1851）元月爆發了太平天國農民起義。洪秀全以「拜上帝會」為名，在廣西桂平縣金田村發動起義。在兩年的時間

裡，太平軍先後攻取了漢陽、嶽州、漢口、南京等南方重鎮，於1853年定都南京，頒布《天朝田畝制度》，制定官制，建立了太平天國。由於太平軍沒有集中力量全力進行北伐，加之咸豐六年（1856）太平天國內部的「天京事變」，使清王朝獲得了喘息的機會。咸豐依靠漢族地主曾國藩、左宗棠等人和外國侵略者的援助，鎮壓了太平天國運動。

正在咸豐鎮壓太平天國之際，英、法兩國於咸豐六年（1856）再次對華宣戰，發動了「第二次鴉片戰爭」。而俄國卻乘火打劫，蠶食中國領土。對於英法俄等國侵略軍，咸豐又妥協求和，被迫分別同各侵略國簽訂了《天津條約》、《北京條約》、《瑷琿條約》等不平等條約，迫使清政府進一步對外開放國門，並割讓了大片領土，使中國進一步淪為半殖民地社會。

大清皇權遊戲

《圓明園萬方安和圖》
清人繪，紙本，設色。現藏於故宮博物院。

咸豐面對國庫空虛，軍伍廢弛，吏治腐敗，天災不斷，民眾起義此起彼落，西方列強又虎視眈眈這樣的一個爛攤子一籌莫展，於是沈湎於聲色，縱欲自戕。他即位的第二年，就下令挑選秀女入宮。他尤其寵愛其中一個名葉赫那拉·玉蘭的姑娘（就是日後的慈禧）。以後，他又幾次從滿、蒙兩族的官宦人家挑選秀女，並破除祖宗規制，選漢族秀女入宮。其中最受寵愛的是牡丹春、杏花春、武林春、海棠春四人，時人稱之爲「四春娘娘」，居於圓明園。

咸豐十年（1860）九月，英法聯軍由天津登陸，進逼北京，咸豐慌忙攜帶皇后和那拉氏、四春娘娘等宮眷一百多人，逃往熱河避暑山莊。不久，英法聯軍攻入北京，並縱火燒毀了有「萬園之園」之稱的圓明園。事後，咸豐派恭親王奕訢和侵略軍談判，以割地賠款的代價求得議和。但是他仍然不敢回京，遲遲不肯動身。咸豐十一年（1861）七月，咸豐開始生病。而且病情日益嚴重。他宣召載垣、端華、肅順、景壽等八位大臣進寢宮接受顧命，下令立長子載淳爲皇太子。因皇太子年幼，咸豐要他們盡心輔佐。第二天咸豐在內憂外患中病死在熱河避暑山莊的行殿寢宮內。

咸豐死後的廟號爲文宗顯皇帝，史稱咸豐皇帝。

文治

1、錯登大寶

道光二十六年（1846），道光帝已是65歲的老人，這年奕詝16歲，奕訢15歲，其餘的兒子都是5歲以下的孩子。這就意味著有條件、有能力競爭帝位者，只有奕詝和奕訢兩兄弟。

奕詝的生母爲孝全成皇后鈕祜祿氏，二等侍衛頤齡之女，家境寒素。她入宮之初，封爲嬪。但她聰慧漂亮，嫵媚動人，很討道光皇帝的喜歡，晉封爲貴妃。道光十一年（1831）六月，她在紫禁城承乾宮生下奕詝（咸豐），這年她22歲，正是花樣年華。鈕祜祿貴妃生子奕詝兩年後，皇后佟佳氏病

位於北京什剎海的昔日恭親王，王府遺址。

死。她時來運轉，晉封爲皇貴妃，統攝六宮之事。又過了一年，被冊爲皇后。月盈則虧，寵極則衰。鈕祜祿氏雖身爲皇后，但漸因色衰而愛弛，鬱鬱寡歡，得了大病。道光二十年（1840）正月病死，終年33歲。奕詝當時只有10歲。

　　奕詝生母過世後，受靜貴妃撫育。靜貴妃，姓博爾濟吉特氏，刑部員外郎花郎阿之女。她初爲靜貴人，後晉爲貴妃。靜貴妃生有3個兒子：皇二子奕綱、皇三子奕繼和皇六子奕訢。前面說過，奕綱和奕繼已死，靜貴妃膝下只有皇六子奕訢。奕訢比奕詝小一歲。靜貴妃便將失去生母的奕詝收在膝下撫育。奕詝孝敬靜貴妃如同生母，視奕訢如同胞弟。而同奕爭奪皇儲最有力者，就是他視作同胞的皇六弟奕訢。

　　奕詝與奕訢，他們倆都受靜貴妃撫養。道光在連喪三位皇后——孝穆成皇后、孝愼成皇后、孝全成皇后的悲傷之餘，沒有再冊立皇后。便冊靜貴妃爲皇貴妃，攝六宮事。奕詝與奕訢小兄弟倆，都在上書房讀書，年齡相近，

137

關係密切，並無嫌隙。不過，奕詝讀書比奕訢早一年。奕詝6歲開始讀書，師傅爲杜受田。奕訢也在上書房讀書，但較奕詝聰明，師傅是卓秉恬。

道光帝秘密立儲的故事，野史筆記和民間傳說多樣，繪聲繪色。

一說：追思亡後而施恩其子。奕詝的生母孝全成皇后，由貴妃晉升爲皇后不久，就突然死去。有一首《清宮詞》寫她暴死，事多隱秘。傳說道光帝十分悲痛，決定不立其他妃嬪的兒子，而立皇后生的兒子奕詝，以此告慰孝全成皇后的亡靈。

二說：欲立奕訢而改立奕詝。傳說道光皇帝寵愛奕訢的生母孝靜皇貴妃，所以曾寫好諭旨，要立奕訢。但書寫時被太監窺見，最後一筆特別長，猜想寫的是「訢」字，而不是「詝」字。這件事傳了出去，道光帝很不高興，便改立爲奕詝。

道光應該立奕訢，而不該立奕詝，咸豐錯坐了皇帝的寶座。

據野史記載：道光晚年，身體衰病。一日，召皇四子與皇六子入對，將藉以決定儲位。兩位皇子都請教自己的師傅，問詢如何應對。奕訢師傅卓秉

清廷畫家所繪的《圓明園的牌面·海晏堂西面》
現藏於故宮博物院。

恬說：「皇父如有垂詢，當知無不言，言無不盡。」師傅杜受田則對奕訢
說：「阿哥如條陳時政，知識不敵六阿哥。唯有一策：皇上若自言老病，將
不久於此位，阿哥就伏地流涕，以表孺慕之誠而已。」他們兩兄弟都照著自
己師傅說的做了。道光對皇四子奕詝的話很高興，謂皇四子仁孝，儲位遂
定。

　　《清史稿‧杜受田傳》記載了同上面類似的故事：

　　至宣宗晚年，以文宗長且賢，欲付大業，猶未決。會校獵南苑，諸皇子
皆從，恭親王奕訢獲禽最多，文宗未發一矢。問之，對曰：「時方春，鳥獸
孳育，不忍傷生，以干天和。」宣宗大悅，曰：「此真帝者之言！」立儲遂
密定，受田輔導之力也。

　　上文中的宣宗指的是道光帝，文宗指的就是後來的咸豐帝。這就是《清
史稿‧杜受田傳》所載「藏拙示仁」的故事。

　　以上故事，說明奕詝突出「仁」與「孝」。這是道光立奕詝為皇太子的
重要原因。由此可以看出：道光帝選擇皇太子的主要標準是所謂的「德」。
本來皇太子的選擇，應當是「德才兼備」，道光選擇皇太子的時候，沒有
「德」、「才」兼顧，而重「德」輕「才」。後來的事實證明，咸豐帝奕詝
遇到大事時缺乏遠略、膽識，而是退縮、逃避，證明他在「德」的方面也是
有欠缺的。

2、錯定輔臣

　　咸豐十一年（1861）七月十五日，咸豐帝在熱河行宮病重。十六日，咸
豐在煙波致爽殿寢宮，召見怡親王載垣，鄭親王端華，禦前大臣景壽，協
辦大學士肅順，軍機大臣穆蔭、匡源、杜翰（杜受田之子）、焦祐瀛等。咸豐
諭：「立皇長子載淳為皇太子。」又諭：「皇長子載淳現為皇太子，著派載
垣、端華、景壽、肅順、穆蔭、匡源、杜翰、焦祐瀛，盡心輔弼，贊襄一切政
務。」以上就是歷史上著名的「顧命八大臣」或「贊襄政務八大臣」。載垣
等請咸豐帝朱筆親寫，以昭鄭重。而咸豐帝此時已經病重，不能握管，遂命
廷臣承寫朱諭。咸豐在病逝前，授予皇后鈕祜祿氏「禦賞」印章，授予皇子

139

載淳「同道堂」印章（由懿貴妃掌管）。十七日清晨，咸豐帝病逝。

當時，朝廷的主要政治勢力，主要分爲三股：

第一，朝臣勢力。其集中代表是顧命「贊襄政務」八大臣——載垣、端華、景壽、肅順、穆蔭、匡源、杜翰、焦瀛。

第二，帝胤勢力。在咸豐死時恭親王奕訢30歲、醇郡王奕譞20歲，都年富力強。大敵當前，咸豐皇帝和軍機大臣、禦前大臣、內務府大臣等，多逃到避暑山莊，幾乎沒有一個人身臨前線。恭親王奕訢、醇郡王奕譞都是空有爵位的閒散親王、郡王，既不是大學士，也不是軍機大臣，更不是禦前大臣，

任議政王時期的奕訢舊照

卻要挺身在第一線，處理那麼一個亂攤子。奕訢等本來就對咸豐登上皇位心懷不滿，且被罷掉軍機大臣、宗人府宗令、八旗都統，要往承德奔喪又遭到拒絕，特別是他作爲咸豐皇帝的血親而未列入「禦賞」、「同道堂」印章、顧命大臣，於情於理，都不妥當。舊怨新恨，匯聚一起。況且，恭親王奕訢不是孤立的一個人，他同諸位兄弟——沒有官職的醇郡王奕譞等聯合起來，同帝後勢力聯合起來，同朝中顧命大臣以外的勢力聯合起來，形成朝中一股強大的政治勢力。

第三，帝後勢力。就是6歲的同治皇帝和兩宮太后——東太后慈安和西太后慈禧。他們雖是孤兒寡母，在帝制時代卻是皇權的核心。帝後勢力是朝廷中最爲重要的政治勢力。在對待顧命大臣的態度上，帝後一方同帝胤一方的

大清皇權遊戲

利益是共同的，因此聯合起來共同對付顧命八大臣。在朝臣、帝胤、帝後三個政治集團的政治力量對比上，顯然帝胤勢力與帝後勢力占有優勢。

咸豐皇帝臨終前沒能正確平衡主要政治力量之間的關係，導致「辛酉政變」的發生，從而出現慈禧太后「垂簾聽政」的局面，影響中國歷史近五十年！這就鑄成了咸豐皇帝的第三個大錯！

太平天國天王金璽璽文
現藏於中國第一歷史檔案管。

武功

1、太平天國起義

在清政府簽訂《南京條約》後9年，太平天國起義。在太平天國建都天京後4年，英、法資本主義國家發動第二次鴉片戰爭，第二年清政府簽訂《天津條約》。再過兩年，英、法又發動新的戰爭，清政府再簽訂《北京條約》。由於太平天國堅決捍衛中國的主權，維護中國人民的利益，而清政府卻屈服於外國侵略者，訂了一連串的賣國條約，因此，外國侵略者最終扶植反動的清政府，干涉太平天國革命。

太平天國就在這一個特殊的歷史時代，與外國資本主義國家進行外交，最後展開了反侵略戰爭。所以太平天國的外交史，實際就是一部反侵略歷史的紀錄。

太平天國反封建反侵略有一個先後的步驟。根據當時的革命形勢，制定對外的方針政策。對外國資本主義侵略者進行戒備，也不求外國資本主義侵

略者幫助，但卻不想輕易失和以樹大敵。它預定在把清朝打倒之後，第二步就把外國資本主義侵略者驅逐出中國。

在外國資本主義侵略者方面，與清朝正在打和拉的階段，還不曾找到其侵略中國的走狗，而太平天國革命方興未艾，也不得不採取等待一些時候的政策，偽裝中立，以與太平天國周旋。

外國資本主義侵略者用偽中立對付太平天國。而太平天國所希望於外國資本義侵略者的正是

太平天國戰士所用之交帽

要使其不與清朝統治者結合在一起，也就需要隨機相應地去對付它。當時太平天國所進行的外交，正是侵略與反侵略之間針鋒相對的外交戰。

太平天國堅持反對外國資本主義者的侵略的對外方針政策是正確的，但由於對內方面，在軍事上、政治上犯下了一個又一個大錯，還在與封建階級作生死的搏鬥中，外國資本主義侵略者對清朝統治者已經通過打和拉的階段，進入了軍事合作。而同時，狡猾的英國侵略者還到天京來，與太平天國進行利誘和威脅的秘密外交，提出以平分中國為條件，願幫太平天國打倒清朝，否則把太平天國打倒。太平天國斷然予以拒絕，立刻向上海進軍，與外國資本主義侵略者斷絕外交關係，以干戈相見。

太平天國的失敗在於對內，而不是對外。雖然太平天國的領導者由於歷史條件的限制，缺乏近代民族國家的觀念，曾經漫不經心地把內河航行權和領事裁判權讓給外國侵略者。但這是由於無知，我們不能苛求古人。太平天國初期以天朝上國自居，把外國視為屬國，這固然是不對的，洪仁玕也曾對此向天王提過意見。但那時候，外國侵略者並不曾敢動過太平天國的一根毫

髮。而到洪仁玕來天京執政，庚申十年夏李秀成進軍上海之役，一切都遵守國際法，外國侵略者卻敢抗拒太平天國。可知這種態度，在太平天國的對外關係上，並無關重點。至於為著維護國家主權和民族尊嚴到了忍無可忍的時候，不顧安慶失守後形勢的緊急，而斷然進擊外國侵略者，論者指為失策，又加之天王的錯亂調度，使進軍上海功敗垂成，並招致兩面受敵的後果，以致敗亡。然而太平天國這種反抗侵略的偉大精神，給百年來中國人民前仆後繼進行打倒帝國主義的鬥爭以最光輝的榜樣，那是錯誤嗎？應待後人的評說。

正因為太平天國對外方針政策堅持原則，在展開反侵略戰爭之前，就針對著外國資本主義侵略者，使其不敢有所異動，不能得逞其陰謀，這才粉碎了侵略者想把中國變成為殖民地的狂妄企圖，太平天國的外交史，正記錄下了偉大的中國人民光輝的反侵略史跡。

2、第二次鴉片戰爭

第二次鴉片戰爭是英、法資產階級對清朝發動的一次侵略戰爭。這次戰爭是第一次鴉片戰爭的繼續和擴大，因此稱為第二次鴉片戰爭。

咸豐四年（1854），英國藉口《望廈條約》中有12年可以修約的規定，援引片面最惠國條款，要求全面修改《南京條約》，以進一步擴大鴉片戰爭中所得到的權益，得到法國、美國的支援。清政府拒絕了「修約」的要求。英、法、美未達目的，叫嚷要訴諸武力。但當時英、法正與俄國進行克里米亞戰爭，無力在中國開闢新的戰場，美國也因國內局勢不穩，不可能發動侵華戰爭，「修約」問題便暫時擱置起來。咸豐六年（1856），美國藉口《望廈條約》屆滿12年，要求全面修改條約，得到英法的支援。清政府再次拒絕了這一要求。英國認為，只有採取強大的軍事壓力，才能從中國取得更多的權益。於是，英、法兩國各自尋找發動對華戰爭的藉口。

1856年，英國終於製造了一個「亞羅船事件」。在此之前，法國藉口「馬神甫事件」正在向中國交涉，進行敲詐勒索，於是接受英國建議，派葛羅為全權專使，率軍參加對中國的戰爭。

　　1857年10月，額爾金和葛羅率艦先後到達香港。11月，美國公使列衛廉、俄國公使普提雅廷也趕到香港與英法公使會晤，支援英法的行動。12月，英法聯軍5000多人編組集結完畢。額爾金、葛羅在27日向葉名琛發出通牒，限48小時內讓城。葉名琛以為英法是虛張聲勢，不作防禦準備。12月28日，聯軍炮轟廣州，並登陸攻城。29日，廣州失陷，葉名琛被俘，解往印度加爾各達，1859年病死於囚所。

　　英、法聯軍占領廣州後，四國公使糾結北上。1858年4月，四國公使在白河口外會齊，24日即分別照會清政府，要求派全權大臣在北京或天津舉行談判。英、法公使限定　6天內答覆其要求，否則將採取軍事行動。美、俄公使佯裝調解，勸清政府趕快談判。清政府不能正確判斷英、法下一步的行動，又指望美、俄調停，既不作認真地戰爭準備，又沒有同侵略軍作戰的決心。

　　1858年5月20日上午8時，額爾金、葛羅在聯軍進攻準備完成之後向清政府發出最後通牒，要求讓四國公使前往天津，並限令清軍在2小時內交出大沽炮臺。上午10時，聯軍轟擊南北兩岸炮臺，各台守兵奮起還擊，打死敵軍一百餘人。但是由於清朝官吏臨陣逃跑，後路清軍沒有及時增援，致使炮臺守軍孤軍奮戰，最後各炮臺全部失守。聯軍隨即溯白河上駛，到達天津，還揚言要進攻北京。清朝統治者感到戰守兩難，立即派出大學士桂良、吏部尚

英法聯軍佔領大沽砲台舊照

書花沙納前往天津議和。

6月26日和27日，分別簽訂中英《天津條約》和中法《天津條約》。美、俄兩國則在此之前就分別與清政府簽訂了《天津條約》。這些條約規定了公使駐京、增開商埠以及賠款等內容。此外，俄國還趁火打劫，在5月底迫使黑龍江將軍奕山簽訂了《中俄璦琿條約》，割去了黑龍江以北60多萬平方公里的領土。

圓明園單孔橋殘跡
如今此處空餘蕭然

《天津條約》簽訂後，英法聯軍退出天津，準備來年進京換約。1859年，英國派普魯斯為公使到中國赴任和換約。普魯斯和法國公使布林布隆於6月中旬帶領艦隊和海軍陸戰隊開到大沽口外。清政府安排英、法公使由北塘登陸進京換約，普魯斯斷然拒絕，提出堅持要清政府拆除白河防禦，並乘艦帶兵入京的無理要求。

1859年6月24日晚，侵略軍炸斷攔河大鐵鏈兩根。25日，英國艦隊司令率十餘艘戰艦、炮艇突襲大沽炮臺。此時大沽炮臺經蒙古科爾沁親王僧格林沁整頓，加強了兵力，改善了武器裝備。面對侵略軍的野蠻進攻，守軍奮起反擊，激戰一晝夜，擊沈、擊傷英法軍艦十餘艘，斃傷侵略軍六百餘人，英國艦隊司令何伯也受重傷。聯軍受此挫敗，狼狽逃出大沽口。

英法聯軍在大沽戰敗，使英、法政府大為惱怒。額爾金、葛羅再次成為全權代表，分率英軍一萬八千人和法軍七千人，氣勢洶洶地殺向中國。1860年4月，侵略軍占領舟山，5月、6月占領青泥窪（大連）和煙臺，封鎖渤海灣，完成了進攻天津、北京的部署。

1860年8月1日，英法軍艦三十多艘，集結於北塘附近海面。清軍在北塘沒有設防。8月12日，聯軍在北塘登陸，迅速占領北塘西南的新河、軍糧城和塘沽，切斷了大沽與天津之間的主要交通線。8月21日，聯軍占領大沽炮臺。僧格林沁所部退至北京東南的張家灣、通州（今通縣）一帶。聯軍乘勝占領天津。

清政府立即派人至天津乞和，英、法聯軍不予理睬，進逼通州。清政府又派怡親王載垣、兵部尚書穆蔭爲欽差大臣，到通州求和，英、法聯軍提出極爲苛刻的條件。9月18日，聯軍攻陷張家灣和通州，

《中英天津條約》的補充條款：《中英通商善後條約》

21日陷京郊八裡橋。僧格林沁等撤往北京城。咸豐帝令其弟恭親王奕訢留守北京，負責求和事宜，自己從圓明園倉皇逃往熱河（今河北承德）。

英、法聯軍略經整備，即於10月6日進攻北京，同日，闖入圓明園，在大肆搶劫之後，將圓明園燒毀。大火連燒3天，煙霧籠罩北京全城。接著，侵略軍還搶劫了萬壽山、玉泉山、香山等處許多著名建築中所藏的大量文物珍寶。

10月13日，聯軍占據安定門，北京淪陷。10月24日，中英《北京條約》簽訂；25日，中法《北京條約》簽訂；11月14日，中俄《北京條約》簽訂，割占中國領土40萬平方公里。至此，第二次鴉片戰爭結束。中國再次損失了大量主權和領土，向半殖民地道路又前進了一步。其中，鴉片貿易合法化、華工出國及允許外國人前往內地傳教，都使中國的社會矛盾更趨激化。

大　清　皇　帝　檔　案						
姓名	愛新覺羅・載淳	職務	同治帝	在位時間	13年	
生年	1856	卒年	1874	享年	19歲	
諡號	毅皇帝	廟號	穆宗	陵寢	惠陵	
家庭關係	（父親）文宗 （母親）孝欽顯皇后 （子女）無					
婚姻狀況	初婚：16歲，阿魯特氏 配偶：5人，皇后阿魯特氏					
人生最得意	舉辦洋務		人生最失意		父親早故	
人生最不幸	病亡成謎		人生最痛苦		無子女	

荒淫無度——清穆宗同治

生平小傳

　　清穆宗，名愛新覺羅・載淳（1856～1874），咸豐病死後繼位。在位13年，患天花而死（另一說為患梅毒而死），終年19歲。葬於惠陵（今河北省易遵化縣西北）。

　　同治帝載淳，生於咸豐六年（1856）三月二十三日。其母為葉赫那拉氏（即慈禧）。西元1861年7月咸豐病死後，他於同日在靈柩前繼位，改年號為「祺祥」。

　　同治皇帝的即位是清代帝王中最順理成章，最沒有爭議的一個，咸豐皇帝共有兩個兒子，同治是他的長子，次子3歲就夭折了，所以同治成了皇位的

唯一合法繼承人。

同治即位時，只有6歲，由載垣、端華、肅順等八位顧命大臣輔政。這一年的十月，載淳的生母慈禧太后不滿八位大臣專權，和恭親王奕訢合謀發動「辛酉政變」，乘皇室從熱河回北京之機，將載垣、端華、肅順處死，其他5人革職或遣戌，實行兩太后「垂簾聽政」，自己掌握實權，改年號為「同治」，以第二年為同治元年。

慈禧任奕訢為議政王、軍機大臣，管理總理各國事務衙門；依靠曾國藩、李鴻章、左宗棠等漢族地主武裝，勾結外國侵略勢力，實行借洋兵剿逆的政策，先後鎮壓了太平天國、撚軍、苗民、回民起義，延緩了清王朝的統治危機，使清王朝得到暫時穩定。她一方面採用

《同治帝朝服像》
清代宮廷畫家繪，現藏於故宮博物院。

洋務派「自強」和「求富」的方針，開辦一些新式工業，訓練海軍和陸軍以加強政權實力，另一方面，又支援頑固派對洋務派進行牽制，以加強深宮集權。被清朝統治階級稱為「同治中興」。

同治幼年是一個少不更事的頑童，親政以後，作為一個青年皇帝，確實是辜負了朝野上下對他的殷切期望。同治的荒淫程度比他父親咸豐還要厲害。他有許多后妃，卻還要常常帶了兩個心腹太監，換上平民服裝，偷偷溜出皇宮，到京師的南城娼妓區去尋花問柳，夜間不回皇宮。據說，時間一長，染上了梅毒，病倒了。起初只覺得渾身發燒，口渴，腰疼，小便不暢。

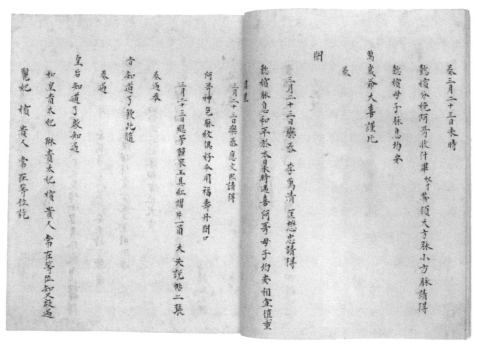

《懿妃遇喜檔》內頁
本頁記載了同治帝出生的情況

太醫摸不透是什麼病，只當普通的感冒來治。一連幾天，燒熱不退。又便秘，頸項、後背、腰部等處發出紫紅斑塊。

到西元1874年11月，頭部、臉面上都出現紫色發亮的斑塊，左邊臉頰上的斑塊被抓破，滲出血水，右頰腫得厲害，上下嘴唇都朝外鼓著，腰部化膿，很遠就能聞到一股令人作嘔的惡臭。慈禧太后怕同治從鏡子裡見自己的尊容會受驚，便命太監將養心殿內所有的鏡子都收藏起來，不便挪動的穿衣鏡等，用紅緞蒙上。同治命人拿鏡子，皇后等人也以病人不宜照鏡子為理由勸阻。

為了維護皇帝的尊言，宮中對於同治患梅毒之事多方掩飾，只說是出天花。一天，同治的皇后去養心殿探病，並向他訴說慈禧太后又為細微小事責罵她，還失聲哭泣起來。慈禧本來就不喜歡這個兒媳婦，並設下了監視的

耳目。這天，慈禧聽說皇后去探視皇帝，便親自到養心殿東暖閣外偷聽他倆的談話。她聽到皇后在訴說她的不是，就怒氣衝衝地闖了進去，一把抓住皇后的頭髮，舉手就打，並且叫內廷太監準備棍杖，要嚴厲責罰皇后。同治見狀，被嚇得昏厥了過去，慈禧這才沒有對皇后用刑。同治的病勢卻從此越來越重，於同治十三年（1874）十二月初五死於養心殿東暖閣。

同治死後的廟號爲穆宗毅皇帝，史稱同治皇帝。

文治

1、辛酉政變

咸豐在熱河病死後，朝廷主要分爲三股政治勢力：其一是顧命大臣勢力，其二是帝胤勢力，其三是帝後勢力。三股政治勢力的核心是同治皇帝，哪股政治勢力能夠同帝後勢力相結合，它就會增加勝利的可能性。

18日，宣布咸豐靈柩於9月23起靈駕，29日到京。

九月初一日，同治上母后皇太后爲慈安皇太后、聖母皇太后爲慈禧皇太后徽號。

初四日，鄭親王端華署理行在步軍統領，醇郡王奕譞任步軍統領。先是，兩宮太后召見顧命大臣時，提出端華兼職太多，端華說我只做行在步軍統領；慈禧說那就讓奕譞做步軍統領。奕譞做步軍統領就掌握了京師衛戍的軍權。不久，奕譞又兼管善捕營事。

23日，大行皇帝梓宮由避暑山莊啓駕。同治與兩宮皇太后，奉大行皇帝梓宮，從承德啓程返京師。兩宮太后和同治只陪了靈駕一天，就以皇帝年齡小、兩太后爲年輕婦道人家爲藉口，從小道趕回北京。

29日，同治奉兩宮太后回到北京皇宮。因爲下雨，道路泥濘，靈駕行進遲緩。同治奉兩宮皇太后間道疾行，比靈駕提前4天到京。兩宮皇太后到京後，即在大內召見恭親王奕訢等。

30日，發動政變。

同治御筆之寶及其紫檀木匣
現藏於故宮博物院

　　這次政變，因載淳登極後擬定年號爲祺祥，故史稱「祺祥政變」；這年爲辛酉年，又稱「辛酉政變」；因政變發生在北京，又稱爲「北京政變」。其時，「辛酉政變」的三個主要人物——慈安皇太后25歲，慈禧皇太后27歲，恭親王奕訢30歲。

　　同治皇帝在辛酉政變後，內有兩宮皇太后垂簾聽政，外有議政王奕訢主政，從而開始了同治新政。

2、同治新政

　　同治朝遇上了難得的歷史機遇：在國內處於「太平天國」與「義和團」兩次重大社會動蕩之間，在國際處於英法聯軍與八國聯軍兩次入侵之間，如同處在兩次大風暴中間的緩衝期。同治之前的道光、咸豐，之後的光緒、宣統，都沒有這樣的有利條件。這就給同治朝實行新政提供了難得的機遇。日本明治維新也正在此時。兩宮太后垂簾聽政、議政王奕訢主持政務，互相配合，推行新政。在奕訢集團的主持下，新政的主要措施是：成立總理衙門、設立同文館、辦新式學校、派人出洋、開工廠開礦、修築鐵路等，實行學習西方近代化舉措，開始走向開放、進步。

(1) 設立總理衙門

　　全稱爲總理各國通商事務衙門，一般稱作「總理各國事務衙門」，於咸

總理各國事務衙門舊照

豐十年（1861）十二月初十日正式批准成立。它的實際職能是總攬新政的中央政府機構，是面對世界局勢、完全創新的機構。它不僅掌管清廷與各國間的外交事務，而且包括對外貿易、海關稅務、邊疆防務、海軍建設、新式工礦業，以及建新式學校、興修鐵路、礦務等，實際上它相當於清廷的內閣兼外交部。這是兩千年來我國第一個專門處理外事的中央機構。

(2) 出洋考察

西方國家兩次破門而入，清朝才被迫開門而出。中國走向世界，世界也走向中國。清朝向西洋考察，開始於同治五年（1866）。這年的春天，總稅務司赫德要回國結婚，向奕訢請6個月假，順便建議清政府派人到西方去考察。這正合奕訢的心意，於是上奏請派員出國考察並獲准，從而有了清政府派斌椿等人走出國門的破天荒事件。

(3) 培養洋務人才

開辦外國語學校、實業學堂、近代軍事學校、派遣留學生等。同治朝新式學校最早者是京師同文館。該校在光緒二十八年（1902）並入京師大學堂。它培養了一大批通「西學」的人才，其中僅駐外公使就培養出28人。

同治朝開設的新式學校，還有江南製造局附設的機械學堂、福州船政局附設的船政學堂等。福州船政學堂又稱「求是堂藝局」，是同治五年（1866）由左宗棠主持福州船政局時附設。這所學校是近代較早開設的一所以學習自然科學爲主的新式學校，同時又有軍事學校的性質，以培養海軍和造船人才爲目的之一。

北京同文館
爲培養翻譯人才，同治元年（1862）設立的中國最早的外國語學校。

153

(4) 派留學生出國

同治十一年（1872），首批30名「幼童」奔赴美國留學，史稱「幼童出洋」。同治年間留學之風興起，與容閎分不開。從同治十一年到光緒元年（1875），每年出國一批，每批30人，共有四批120人赴美國留學。幼童們到了美國，成爲美國新聞中的轟動事件，美國總統還接見了他們。中國留學生給美國人留下「聰明能幹，彬彬有禮」的印象，並說他們是「中國的榮譽」。容閎提出並把他們分別安排在美國平民家庭中生活。美國的教師、醫生、紳士們紛紛把中國幼童領到自己家中，每個家庭對幼童都關懷備至，爲他們提供較好的吃住條件，關心他們的學習和生活。他們成爲中西文化交流的橋梁。

武功

1、鎮壓撚軍起義

撚軍起義是1851年（清咸豐元年）至1868（清同治七年）爆發於黃河、淮河流域，由撚黨轉化而來的農民起義軍的反清戰爭。

2、雲南回民起義

1856年（清咸豐六年）6月至1873年（清同治十二年）5月，雲南回族人民反抗清朝封建統治的武裝起義。1873年5月，雲南回民起義軍據守的最後一座城市騰越淪陷，堅持18年之久的雲南回民起義最後失敗。

大 清 皇 帝 檔 案					
姓名	愛新覺羅‧載湉	職務	光緒帝	在位時間	34年
生年	1871	卒年	1908	享年	38歲
諡號	景皇帝	廟號	德宗	陵寢	崇陵
家庭關係	(父親) 奕譞　(母親) 慈禧妹妹　(子女) 無				
婚姻狀況	初婚：18歲，葉赫那拉氏　配偶：3人，葉赫那拉氏				
人生最得意	戊戌變法	人生最失意		甲午戰敗	
人生最不幸	被囚禁	人生最痛苦		簽訂《馬關條約》	

大清皇權遊戲

遺恨千古—清德宗光緒

生平小傳

　　光緒皇帝（1871～1908），即愛新覺羅‧載湉，廟號德宗，年號光緒，醇親王之子。1874年同治皇帝駕崩，無嗣，載湉入繼為帝，當時年僅4歲，由慈禧太后垂簾聽政。光緒十三年（1887）二月七日起親政，1908年11月4日突然猝死。

　　當時同治皇帝的皇后阿魯特氏已有身孕。慈禧擔心阿魯特氏日後如生下個兒子，將會威脅她的地位，便下令斷絕阿魯特氏的飲食。只得依靠母家送來的一些食物維持生命。阿魯特氏暗暗寫了一張紙條傳到母家，問她父親該怎麼辦。她父親寫到「皇后聖明」四個字，意思是別人都沒有辦法救你，只

有你自己決定了。阿魯特氏絕望，於西元1875年2月20日深夜三更時分吞金自殺。

對於慈禧的決定，許多大臣極力反對，禦史吳可讀更實行「屍諫」。他事先吞服了生鴉片，然後去見慈禧。他頭也不磕，大聲說：「你知道載湉並不是嫡派的繼位人，所以選擇他，只不過因爲他是你妹妹的兒子，使你可以繼續聽政，掌握大權。臣下都反對你這樣做。先皇（同治）的同胞兄弟溥倫親王應該是皇位的繼承人！今天我斗膽講了這些話，你一定會用苦刑折磨我。可是我已經吞下了生鴉片，馬上就要死了。我臨死之前，一定要讓你明白，你選擇載湉繼承先皇，實在爲天下人所共恨！」說完，他就跑到同治墓前倒地死去。慈禧不爲所動，於西元1874年12月乙亥日立載湉爲皇帝。第二年改年號爲「光緒」。

《光緒帝朝服像》

清宮廷畫家繪，絹本，設色，現藏於故宮博物院。

愛新覺羅‧載湉出生於顯赫的醇親王家，是父母的心肝寶貝，理所當然地他可以承襲爵位，封妻蔭子，一輩子無憂無慮，但命運卻開了個大大的玩笑，將他推上了政治舞臺的中心，推到了歷史的風尖浪口，並成就了其悲壯而淒苦的人生。

光緒繼位後，由慈禧專權。至光緒16歲，慈禧「歸政」，但仍實掌大權。光緒二十年（1894），歲次甲午，朝鮮發生「東學黨之亂」，日本趁機進占漢城，擊沈中國運兵船，並攻擊駐牙山清軍。七月一日中、日兩國正式

宣戰，後清廷戰敗，簽訂《馬關條約》，史稱為「甲午戰爭」。

年輕的光緒皇帝眼見甲午戰爭給中國帶來了巨大的痛苦和恥辱，「不甘作亡國之君」，一心想有所作為。他接受康有為、梁啓超提出的變法，準備進行資本主義改革，提高中國的國際地位。一度成為維新派心中的「救世主」。光緒二十四年（1898）光緒皇帝下詔變法，以康有為、梁啓超、譚嗣同等人推行新政，變法圖強。光緒發布了一些有利於資本主義發展的詔令，但變法危及封建守舊勢力的利益，遭到以慈禧為主的清室貴族的阻撓。維新派康有為、梁啓超、譚嗣同等人把希

譚嗣同舊照
譚嗣同是戊戌變法的重要人物，變法失敗後慘遭殺害。為「戊戌六君子」之一。

望寄託在統轄新軍的直隸按察使袁世凱身上，派譚嗣同深夜去見袁世凱，要他發動兵諫，協助光緒推行新政。袁世凱也表示堅決忠於皇上，一定照辦。但譚嗣同走後，他便去向榮祿告密。慈禧因頤和園得到榮祿密報，立刻返回紫禁城。光緒料到事情敗露，急忙派人送信要康有為等人趕快逃命，他自己被慈禧帶到議政堂，被迫寫了退位詔書，將政權全部交給了慈禧，然後被關進了南海中的瀛台，也就是荷花池中央一座四開間的平房中，斷絕了和外邊的一切接觸，他最知己的珍妃也被慈禧關押在別處。康有為、梁啓超逃亡日本。譚嗣同等人被殺，「戊戌變法」宣告失敗，使清王朝改變舊章的一線生機被扼殺。因變法歷時僅103天，又稱為「百日維新」。

光緒被囚於瀛台，由慈禧的4名親信太監監視著。他或者坐在露臺，雙手抱膝，愁思哀傷，或者睡在木床上沉思苦想。在太監的監視比較鬆懈時，就偷偷地記日記。這樣差不多被關押了整整兩年。光緒二十六年（1900），中國北方爆發了以「扶清滅洋」為口號的義和團運動，引起英、俄、法、

德、美、日、義、奧等八國聯軍入侵。在八國聯軍逼近北京時，光緒被慈禧帶著逃亡西安。臨走前，慈禧命總管太監李蓮英硬將珍妃推入東華門內的一口井內。在逃亡中慈禧下令剿殺義和團運動。光緒二十七年（1901），歲次辛丑，9月7日，清政府在北京與各國所訂立的條約，共十二款，以賠款一項為最重，數目高達白銀4.5億兩，為不平等條約中最苛刻的。光緒二十八年（1902）一月，光緒又被慈禧帶回北京，仍然被囚禁在瀛台。光緒帝沒有勇氣衝破封建倫理思想的束縛，「天顏戚戚，常若不悅」，心境悲愴，終其一生是屈辱和哀怨的悲劇命運。

　　光緒三十四年（1908）十月，光緒生病臥床。這時慈禧也生病了。光緒在日記中寫道：「我現在病得很重，但是我心覺得老佛爺（指慈禧）一定會死在我之前。如果這樣，我要下令斬殺袁世凱和李蓮英。」不料這段日記被李蓮英獲悉，他立即報告了慈禧，說：「皇上想死在老佛爺之後呢！」慈禧聽了，恨恨地說：「我不能死在他之前！」當天（癸酉日），即21日就命令

囚禁光緒帝的瀛台舊照
「戊戌政變」後，光緒帝就被慈禧太后囚禁於此，從此失去自由。

光緒的飲食、醫藥之事統統由李蓮英服侍。這天下午，光緒的病情突然轉危，不久死去。

《明定國是詔》
現藏於中國第一歷史檔案館

據說是慈禧令太監將他毒死的。有的學者認為，由於袁世凱的叛賣告密，使慈禧鎮壓了維新運動。袁世凱擔心慈禧死後光緒重新執政，將會問罪於他，於是就與慶親王勾結，打算廢黜光緒，立慶親王之子為帝，事不成，就下手毒殺了光緒。

又有學者認為光緒是病死的。光緒自幼身體孱弱，一直有脾胃虛弱的毛病。成年後又有滑精症狀，而且一天比一天厲害。他又長期咳嗽，似乎患有肺結核。政治上的失意，長期的精神抑鬱，更使他患有嚴重的精神官能症，心悸、失眠、食欲不振等症狀相繼出現，逝世前一年已病入膏肓，直接死亡的原因，可能是心肺功能的慢性衰竭，並發急性感染。這一說法為多數學者接受。

光緒病死後的廟號為德宗景皇帝，史稱光緒皇帝。

文治

在維新人士和帝黨官員的積極推動下，1898年6月11日，光緒皇帝頒布「明定國是」詔書，宣布變法。新政從此日開始，到9月21日慈禧太后發動政變為止，歷時103天，史稱「百日維新」。

在此期間，光緒皇帝根據康有為等人的建議，頒布了一系列變法詔書和諭令。

新政措施雖未觸及封建統治的基礎，但是，這些措施代表了新興資產階級的利益，爲封建頑固勢力所不容。清政府中的一些權貴顯宦、守舊官僚對新政措施陽奉陰違，托詞抗命。慈禧太后在光緒皇帝宣布變法的第五天，就迫使光緒連下三諭，控制了人事任免和京津地區的軍政大權，準備發動政變。

《實行「新政」諭旨》（局部）
現藏於中國第一歷史檔案館。

1898年9月21日淩晨，慈禧太后突然從頤和園趕回紫禁城，直入光緒皇帝寢宮，將光緒皇帝囚禁於中南海瀛台；然後發布訓政詔書，再次臨朝「訓政」，「戊戌政變」成功。戊戌政變後，慈禧太后下令捕殺在逃的康有爲、梁啓超；逮捕譚嗣同、楊深秀、林旭、楊銳、劉光第、康廣仁、徐致靖、張蔭桓等人。9月28日，在北京菜市口將譚嗣同等6人殺害；徐致靖處以永遠監禁；張蔭桓被遣戍新疆。所有新政措施，除7月開辦的京師大學堂外，全部都被廢止。從6月11日至9月21日，進行了103天的變法維新，以戊戌政變宣告失敗。

武功

1、中法戰爭

1883（清光緒九年）至1885年，中國軍民進行了抗擊法軍侵略越南和中國的戰爭。

1884年8月上旬，法艦3艘進犯台灣基隆，被守軍擊退。23日，以「遊歷」為名事先闖入福建馬尾軍港的法國遠東艦隊突然向港內的福建水師實施猛烈攻擊，挑起馬尾海戰。福建水師倉促應戰，11艘艦艇除兩艘駛向上游擱淺外，餘被擊沈，傷亡七百餘人。其後，法艦又炮擊馬尾福州船政局，並轟毀閩江下游兩岸炮臺，揚長而去。26日，清政府被迫正式對法國宣戰。

至1885年4月上旬，中法簽訂停戰協定，前線清軍奉命克期停戰撤回。6月上旬，中法簽訂《中法新約》。時人認為「法國不勝而勝，吾國不敗而敗」，對戰爭結局表示不滿。儘管清政府一再妥協，但由於前敵軍民的浴血拚戰，終使中法戰爭成為中國近代戰爭史上唯一一次沒有向西方侵略者割地賠款的戰爭。中法戰爭後，中國人民挽救民族命運的意識進一步增強，清政府也從軍事上全面記取教訓，立即組建總理海軍事務衙門，決意大力加強海軍建設，以抵禦外來侵略。

2、中日甲午戰爭

1894年（清光緒二十年）至1895年，中國軍民進行了抗擊日本侵略的戰爭。因戰爭爆發於舊曆甲午年，故稱甲午戰爭。

早在日軍占領遼東半島後，清廷便開始通過外交途徑向日本請和。威海衛失陷後，清廷求和之心更切，遂派李鴻章為全權大臣，赴日議和。1895年4月17日，中日兩國的和談代表在日本馬關簽訂《中日馬關條約》及《議訂專條》三款、《另約》三款、《停戰展期專條》兩款。處於戰敗地位的清政府向日本賠償軍費白銀2.3億兩，割讓台灣、澎湖列島等，喪失了大量國家主權。此後，台灣愛國軍民進行了反抗日本占領的艱苦武裝鬥爭。

大清皇權遊戲

此後，中國人民為反對《中日馬關條約》進行了堅決的鬥爭。台灣軍民在劉永福等領導下自發組織起來抵抗日軍割占臺灣，使日本侵略者付出了重大的代價。

日本旅順大屠殺舊照

3、八國聯軍侵華戰爭

1900年（清光緒二十六年），中國軍民抗擊英、法、德、俄、美、日、義、奧等國侵略軍聯合入侵的戰爭。19世紀末，帝國主義列強不僅在政治、經濟、文化上加緊侵華，而且不斷策劃瓜分中國。在民族危機日益加深的情況下，中國北方興起了義和團反帝愛國運動。1900年夏，京、津地區義和團的聲勢尤為浩大，引起列強恐懼。4月6日，英、法、德、美等國公使聯合照會清政府，限令於短期內將義和團「剿除淨滅」。5月底6月初，英、法、德、俄、美、日、義、奧八國又藉口保護使館和租界，陸續派軍隊進入北京、天津，各國軍艦則集結於大沽口外，伺機進犯。帝國主義的侵略行徑，使得以慈禧太后為首的後黨集團對義和團的態度發生轉變，企圖「用拳滅洋」，以維護其統治地位。慈禧任命支援義和團的端王載漪總理各國事務衙門，並調董福祥部武衛後軍入京，配合義和團行動。6月10日，駐天津租界的八國聯軍兩千餘人在英國海軍中將西摩率領下，分批乘火車向北京進犯，揭開了八國聯軍侵華戰爭的序幕。至1901年9月7日，清政府被迫同英、法、德、俄、美、日、義、奧及荷、比、西等11國在北京簽訂了喪權辱國的《辛丑和約》。從此，中國半殖民地化程度進一步加深，民族危機更加嚴重。

大清皇權遊戲

大 清 皇 帝 檔 案					
姓名	愛新覺羅·溥儀	職務	宣統帝	在位時間	4年
生年	1906	卒年	1967	享年	62歲
諡號	遜皇帝	廟號	無	陵寢	無
家庭關係	(父親) 載灃 (母親) 蘇完瓜爾佳式 (子女) 無				
婚姻狀況	初婚：18歲，婉容　配偶：5人				
人生最得意	政治公民	人生最失意		復清無望	
人生最不幸	日本傀儡	人生最痛苦		婉容移情	

末世悲歌—清遜帝宣統

生平小傳

　　清遜帝，名愛新覺羅·溥儀（1906～1967），道光皇帝曾孫，醇親王載灃長子。光緒死後繼位，是清朝和中國歷史上的末代皇帝。中華人民共和國成立後，經過改造成爲新人，患腎癌而死，終年62歲。火葬，骨灰安放於北京八寶山革命公墓。

　　宣統帝溥儀，光緒三十二年（1906）正月十四日生於北京什刹海邊的醇王府。是道光皇帝的曾孫，光緒皇帝弟載灃的長子。

　　光緒三十四年（1908）十月，慈禧太后和光緒同時生了重病。不久，在兩天中相繼死去。半個月後，溥儀在太和殿即位，由光緒皇后隆裕和載灃攝

163

政。第二年改年號爲「宣統」。就這樣，溥儀登上了大清王朝末代皇帝的寶座。

宣統三年（1911），「辛亥革命」爆發。次年2月12日，隆裕太后被迫代溥儀頒布了《退位詔書》，溥儀退居紫禁城中的養心殿，宣告了清王朝的滅亡和延續了兩千多年的封建帝制的結束。

1917年6月，張勳帶領辮子軍入京，和康有爲等保皇黨一起，在7月1日宣布溥儀復辟。12月，在全國一片聲討中，溥儀再次宣告退位。1924年11月5日，馮玉祥派鹿鍾麟帶兵入紫禁城，逼溥儀離宮，歷史上稱這爲「逼宮事件」。溥儀搬進北府（載灃王爺的居處），繼而又逃進日本公使館。不久，被日本人護送到天津。1932年3月1日，日本扶持溥儀爲日本傀儡政權「滿洲國」的執政，建年號爲「大同」。1934年改國號爲「滿洲帝國」，改稱皇帝，改年號爲「康得」。

1945年8月15日，日本戰敗投降。8月17日，溥儀在瀋陽準備逃亡時被蘇聯紅軍俘虜，被帶到蘇聯。1950年8月初被押解回國，在撫順戰犯管理所學習、改造。1959年12月4日接到毛澤東的特赦令說：「該犯關押已經滿十年。在關押期間，經過勞動改造和思想教育，已經有確實改過向善的表現，

幼年溥儀舊照
愛新覺羅·溥儀，醇親王載灃之子，爲清代末帝。

符合特赦令第一條的規定，予以釋
放。」從此，溥儀成爲中華人民共
和國公民。1960年3月，溥儀被分
配到北京植物院工作。1964年被調
到全國政協文史資料研究委員會任
資料專員，並擔任人民政協第四屆
全國委員會委員。著有自傳《我的
前半生》。

1967年，溥儀因患尿毒症病
倒。周恩來聞訊，親自打電話指示
政協工作人員，一定要把溥儀的病
治好。後指示將他安排到首都醫
院進行中西醫會診。在病情最危急
時，周恩來又指派著名老中醫蒲輔
周去給他看病，並轉達周恩來對他

攝政王載灃舊照

載灃，爲醇親王，其子溥儀繼位，他以監國攝政王身分理
政。

的問侯。後因醫治無效，於1967年10月16日逝世，骨灰安放於八寶山革命公
墓。溥儀史稱遜帝，也稱宣統皇帝。是中國歷史上的最後一位皇帝。

溥儀經歷的戰爭

1、白朗農民起義

1911年（清宣統三年）10月至1914年（民國三年）8月，白朗在河南寶豐
領導河南農民起義。

1913年5月底6月初，起義軍在資產階級革命黨人的鼓動和影響下，分兵
兩路向外發展。

孫中山發動的「二次革命」失敗後，袁世凱積極復辟帝制，加緊對起義
軍進行鎮壓。北洋政府調集軍隊3萬多人，企圖把白朗起義軍圍殲於豫西南地

區。白朗起義歷時3年，轉戰5省，攻破40個州縣，沈重打擊了袁世凱的反動統治，配合和鼓舞了南方革命黨人的反袁鬥爭。

2、南京之戰

1911年（清宣統三年）11月至12月，江蘇、浙江革命軍聯合攻占南京（時稱江寧）的作戰。

是役，蘇浙聯軍團結一致，統一指揮，密切協同，集中兵力，攻占要點，終於以少勝多，力克堅城南京，給清王朝以沈重打擊，為南京臨時政府的成立奠定了基礎。

溥儀與生父醇親王載澧舊照
溥儀繼位後，其父載澧為攝政王。

袁世凱舊照
袁世凱（1856—1916），河南項城人。

3、武昌起義

1911年10月10日（清宣統三年八月十九日），湖北革命黨人在武昌發動的反清武裝起義。

武昌起義是資產階級革命黨人發動和領導的一次成功的武裝起義。湖北地區的革命黨人經過長期堅持不懈的努力，在新軍中發展革命力量，為起義的爆發和成功準備了雄厚的物質基礎。而起義之所以能如此快地取得成功，主要有四個方面的原因：1、湖北地區的兩個革命團體文學社和共進會在革命大目標一致的前提下，消除門戶之見，成功地實現了聯合，使武漢地

區的革命力量得以統一，從而奠定了起義成功的組織基礎；2、資產階級革命黨人成功地選擇了起義的時機和關鍵點。1911年9、10月間，全國革命形勢趨於成熟，資產階級革命黨人利用部分湖北新軍調往四川鎮壓保路運動之機，果斷決定選擇革命力量雄厚的華中重鎮武昌作為關鍵，堅決發動起義。3、起義發動後，革命黨人把握時機地向督署和鎮司令部等敵之關鍵部位發動進攻，使敵人沒有喘息的機會。

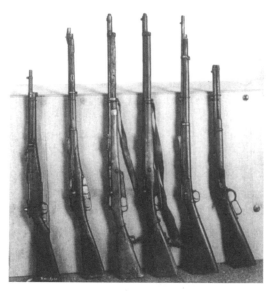

清軍後膛槍
上圖為清末清軍裝備使用的各種制式的後膛槍。

4、革命黨人和廣大參加起義的士兵的英勇奮鬥精神，保證了起義的勝利。

溥儀一生中的數個「第一次」

　　末代皇帝溥儀的事跡，很多已為人所周知的事情，本文記敘的只是溥儀一生中所經歷過的「第一次」事情。

1、偽滿皇帝第一次訪日

　　1935年4月2日晨溥儀離開長春，乘專車赴大連，並於當晚登上專程前來迎接的日本軍艦「比睿號」，4月6日在橫濱登陸。

　　溥儀在日本期間，在東京待了4天，又先後訪問了京都、奈良和大阪等地，除了應酬就是遊覽觀光，對於一個地位尊貴而又沒有實權的人，自然只有禮儀方面的作用。

　　後來，溥儀在撫順改造期間回憶這段歷史時，用這樣一段話揭露了這次訪日的實質和目的：「不問可知，還不是日本帝國主義積極地要利用我這

漢奸頭子當時的地位，好使我這個傀儡更能發揮出偶像的作用來，藉以轉移一下東北人民對於日寇的疑慮和憎恨的眼光，同時還可以更進一步地把這個既是傀儡又被偶像化了的我，用來麻痺人心，讓他們暫時在『日滿一家』和『一心同德』的騙人煙幕下，迷失民族應走的方向。這樣便可以逐步把敵偽的罪惡統治基礎鞏固下來，等到相當鞏固以後，日寇便可以放心大膽地摘下偽善的假面具，露出侵略者本來的兇狠面貌，來作他那『鯨吞虎噬』的如意打算。」（引自溥儀：《我的前半生》）

2、共和國公民第一次見總理

1959年12月14日下午2時20分。一輛黑色的國產轎車，戛然停在前井胡同六號黑漆大門階前，一位幹部模樣的人從車上下來，直奔院內的北房。

「我是國務院派來接溥儀先生的，時間不多了，請先生這就上車吧！」

「好！好！」

溥儀答應著，隨手帶上一本粉色硬殼的《北京日記》，又在上衣小兜上別了一支鋼筆，就隨著來人上車去了。直到這時，溥儀仍然不知道將被哪位首長接見。汽車駛入中南海，又沿著穿越樓閣亭台的汽車路，把溥儀送到西花廳前。

當他被引進西花廳內接見室時嚇呆了！迎面走來的這位劍眉凝重而高聳的首長是多麼熟悉啊！他曾千百次從刊登於報紙的照片上，從懸掛於會議室或禮堂的領袖肖像中，從新聞影片的形象裡見過。這時，首長早已伸過手來，並和溥儀的手緊緊握在一起了，溥儀似乎恍然大悟：「呀！周總理！」這幾天他就惦記著見見總理，現在突然見到……嗣

宋教仁舊照
宋教仁（1882—1913），湖南桃源人華興會創始人之一，後被袁世凱派人刺殺。

後，溥儀在一封私人通信中記述當時的心情說：「我心裡是如何的感激、激動，我緊握總理的手有滿肚子想說的話，激動得反而說不出來了。」

周恩來親自向溥儀一一介紹了參加這次接見的副總理兼外交部長陳毅、副總理習仲勳、全國人大暨全國政協常委張治中和邵力子、中共中央統戰部副部長徐冰、國務院水利電力部部長傅作義和全國政協常委屈武等。陪見人員中還有兩位是溥儀很熟悉的，一位是他的七叔載濤，還有一位就是當時擔任全國政協常委的民主人士章士釗。

3、自由平民的第一次戀愛

1961年農曆正月初七下午3點鐘，男方「媒人」—全國政協文史資料研究委員會專員周振強陪著溥儀，女方「媒人」—人民出版社編輯沙曾熙陪同李淑賢，在政協文化俱樂部初次見面。如果說他們是一見傾心，也許有點誇張，但雙方一見就產生了好感，確是事實。

周、沙二人為溥儀介紹的物件是當時在北京市朝陽區關廂醫院當護士的李淑賢，一個性格溫柔、心地善良而遭際不幸的女性。那年，李淑賢才37歲，但卻嘗盡了人間的辛酸冷暖。她是杭州人，自幼喪母，在上海生活的9年中，受盡了繼母的虐待和役使。當她14歲那年，在中國銀行當職員的父親去世了。之後三年的日子，過得就更加悲慘。1941年她忍受不了繼母的欺凌，隻身到北京投奔一個守寡的遠房表姐。寄人籬下的日子自然也是不好過的。好不容易熬到了北平和平解放，李淑賢先進了一家文化補習學校，隨後又到護士專修班學習護理業務，就這樣她終於走上了獨立生活的道路。

溥儀對李淑賢早年的不幸遭遇，深表同情。

當李淑賢在和溥儀的接觸中間，發現眼前的這位末代皇帝和原來想象中的「萬歲爺」大不相同的時候，就產生一種進一步瞭解、探索對方心靈的要求。李淑賢通過觀察，認為這個「皇上」除去和氣、熱情以外，還是個誠實、樸素的好心人。對於溥儀的天真，李淑賢尤有好感。更何況，在兩人心靈之間還有著同病相憐的情感因素拉扯：溥儀認為李淑賢經歷很苦，讓人同情；李淑賢則覺得溥儀背負著那麼沈重的歷史包袱，怪可憐的。於是由思想

大清玉璽

上的共鳴開始，兩人的愛慕之情就油然而生，並且迅猛發展起來了。也正是在一種平等諒解、互敬互愛的感情基礎上，溥儀和李淑賢結成了生活旅途上的忠實伴侶，從而補償了他們過去婚姻生活上的遺憾。

4、第一次行使共和國的公民權

北京市的滿族公民愛新覺羅·溥儀，第一次行使公民的選舉權是在1960年11月26日。那時距離溥儀獲得特赦回到北京，只不過11個月又17天。

溥儀從未接觸選舉，更不知道自己有沒有資格在工作單位所在地——香山人民公社當選民。他希望擁有這一份光榮，又擔心把他漏掉，遂預先向植物園領導請示詢問。然而，面對當過皇帝的特殊身分，他們誰都說不清溥儀是否可以當選民。溥儀那顆心則因此而被懸了起來，他又生活在焦灼不安之中了。

植物園領導馬上請示中國科學院院部，院部領導又請示國務院，層層報告，直到把問題擺在總理面前。周恩來當即指示工作人員打電話答覆說：溥儀特赦後就是公民了，怎麼能沒有公民權呢？有選舉權，也有被選舉權，這是不言而喻的嘛！不久，溥儀就在張貼於南辛村大牆上的選民名單中，高興地看見了自己的名字。

後來溥儀在《我的前半生》一書中，記述了1960年11月26日作為公民參加選舉人民代表的投票那一時刻的喜悅心情。在他看來，那張得來非易的選民證，比自己見過的一切珍寶都貴重，一張每位公民都擁有的小紙片，竟使他成了「世界上最富有的人」。

歷史的智慧

清風明月見證幾多帝王術
史官外傳記載多少詭詐篇

皇太極運籌江山

精心謀劃，繼承汗位

　　滿族先人女真像許多遊牧民族一樣，汗位繼承沒有實行嫡長子繼承制。努爾哈赤身後的大位由誰來繼承？當時沒有一個穩定的制度。努爾哈赤生前為著鞏固權位，先幽死胞弟舒爾哈齊，又殺死長子褚英。努爾哈赤晚年在汗位繼承問題上非常苦惱，他沒有指定繼承人，而是宣布《汗諭》：實行八和碩貝勒共議推舉新汗和廢黜大汗的制度。因此，他死之後，屍骨未寒，汗位之爭，非常慘烈。當時在諸貝勒中，以四大貝勒的權勢最大，地位最高；另外，還有多爾袞、多鐸。四大貝勒是：大貝勒代善、二貝勒阿敏、三貝勒莽古爾泰、四貝勒皇太極。皇太極在四大貝勒中，座次和年齡均列第四，為什麼卻能登上後金國汗的寶座，繼而成為大清皇帝呢？因為皇太極在汗位爭奪中，長期而巧妙地運用了計謀策略。

　　當時皇太極面臨的形勢是：二貝勒阿敏是皇太極的堂兄，其父舒爾哈齊獲罪被圈禁至死。阿敏自己也犯下大過，自然沒有資格也沒有條件爭奪汗位繼承權。三貝勒莽古爾泰是皇太極的五兄，有勇無謀，生性魯莽，軍力較弱。他的生母富察氏曾因過失獲罪，莽古爾泰竟親手殺死母親。他聲名狼藉，可做統兵大將，但不能做一國之君，更沒有條件爭奪汗位。大貝勒代善有資格、有條件也有可能繼承汗位。代善性格寬柔、深得眾心，且軍功多、權勢大。努爾哈赤曾預示日後由其襲受汗位，說：「百年之後，我的幼子和大福晉交給大阿哥收養。」大阿哥就是代善。皇太極雖懷大志、藏玄機、有帝王之材，但同乃兄代善爭奪汗位繼承，各方面均處於不利的地位，於是不得不暗設玄機。

　　據清廷秘傳：努爾哈赤小福晉德因澤向天命汗密告大福晉兩次備佳肴送給大貝勒，大貝勒受而食之；又送給四貝勒，四貝勒受而未食。大福晉經

172

永福宮

此宮是清太宗皇太極冊封的西宮莊妃的寢宮。

　　常派人去大貝勒家，還在深夜外出宮院。努爾哈赤派人調查屬實。由於害怕家醜外揚，便藉故懲處大福晉。這件事在滿洲貴族中曝光後，大貝勒代善的威望大降，已無力爭奪汗位。有學者說小福晉德因澤告發是受到皇太極的指使，皇太極借大福晉同大貝勒代善難以說清道明的「隱私」，施一箭雙雕之計：既使大貝勒聲名狼藉，又使大福晉遭到懲處。大福晉在這次事件中受了點「傷」，但沒有「死」，不久又重獲努爾哈赤的寵愛。

　　大福晉就是多爾袞、多鐸的生母大妃烏拉那拉・阿巴亥。阿巴亥12歲嫁給努爾哈赤，共同生活25年。她當時37歲，正值盛年，容貌光豔。阿巴亥生有三個兒子：當時阿濟格22歲、多爾袞15歲、多鐸13歲。多爾袞、多鐸兄弟也有資格同皇太極爭奪皇位。削弱多爾袞、多鐸的力量，最好的辦法就是處死大妃。努爾哈赤死後，皇太極和幾個貝勒謊稱先汗有遺言，讓大福晉殉葬。在皇太極等四大貝勒的威逼下，她自縊而死（一說被用弓弦勒死）。阿巴亥死後，多爾袞、多鐸年幼，失去依靠，沒有力量同皇太極爭奪大位。據

清太宗皇太極馬鞍
鐵質，現藏於故宮博物院。

《清史稿·索尼傳》記載，多鐸曾說：「當立我，我名在太祖遺詔。」由此可見，努爾哈赤生前或有遺詔，可是至今沒有見到。多爾袞死後議罪，一大罪名就是指其曾說：「太宗文皇帝之繼位，原系奪立。」所以，皇太極到底是繼位還是奪位？亦是千古之謎。

代善失勢、多爾袞失母，皇太極在大位爭奪中處於有利地位。新汗的推舉議商，在廟堂之外進行。大貝勒代善的兒子貝勒岳、薩哈到其父代善的住所，說：「四貝勒（皇太極）才德冠世，深契先帝聖心，眾皆悅服，當速繼大位。」代善說：「這是我的夙願！你們所說，天人允協，誰不贊同？」這樣，父子三人嵌寶石蓮瓣紋金帽飾議定。第二天，諸王、貝勒、貝子聚於朝。代善將他們的意見告訴二貝勒阿敏、三貝勒莽古爾泰及諸貝勒。沒有發生爭議就取得共識。皇太極經過長達15年的精心謀劃，終於登上大位。皇太極初登新汗寶座時，四大貝勒並肩而坐，處理軍政大事，四人輪流分值。爾後，皇太極除掉二貝勒阿敏、三貝勒莽古爾泰，脅服大貝勒代善，終於「南面獨坐」，建立了君主專制體制。

皇太極借刀殺袁崇煥

明天啓六年（1626，後金天命十一年）八月，努爾哈赤病死後，他的第八子皇太極，以軍功、謀略及個人威望均在眾兄弟貝勒之上，被推舉為繼承人。同年九月，皇太極祭一盟誓即後金大汗位，並宣布第二年為天聰元年。

努爾哈赤受重傷死去以後，袁崇煥為了探聽後金的動靜，特地派使者到瀋陽去吊喪。皇太極對袁崇煥窩了一肚子的怨恨，但是因為後金剛打敗仗，需要休整，再說也想試探一下明朝的態度，所以，不但接待了袁崇煥的使者，還派使者到甯遠去表示答謝。雙方表面上緩和下來，背地裡都在加緊準備下一步的戰鬥。

皇太極像努爾哈赤一樣驍勇善戰，但在謀略上卻高他父親一籌。先借袁崇煥之劍斬毛文龍，隨後又借明崇禎之刀殺袁崇煥，巧施妙計除敵手，這便是皇太極一手導演的「傑作」。

毛文龍是明末杭州籍的抗金將領，原是明東北邊將李成梁的部下，後在廣甯巡撫王化貞手下擔任軍職。後金努爾哈赤攻占遼東時，毛文龍下海占據了遼東沿海島嶼，從逃散的遼民中選招數萬士兵，多次襲擊後金後方，為明朝立下汗馬功勞，

袁崇煥石像拓片
位於袁崇煥廟內，刻於民國六年（1917）。

大清皇權遊戲

對後金軍的西進、南下，起到了一定的牽制作用。而後金士兵不習海戰，加上渡海船只缺乏，對毛文龍部則無可奈何。因此明朝皇帝很看重毛文龍，一再封賞提職，官居總兵卻掛將軍印。對這些皇太極一一看在眼裡，憂在心頭。至於袁崇煥，皇太極當然記得父親興兵以來，首次受重創是在袁崇煥堅守的寧遠城；自己即汗位後，率大軍進軍遼西，寧遠、錦州之戰，後金軍威受挫，就是因為面前屹立著一個袁崇煥。皇太極心中對毛文龍和袁崇煥的痛恨，達到了咬牙切齒的地步，經過反復思考，一個「借刀殺人」巧除敵手的構想，很快在皇太極頭腦中形成。

原籍是廣東東莞的袁崇煥，明萬曆年間中進士，本來是個文人，但在明東北邊防吃緊之時，心思報國，單騎出山海關考察形勢，自請守遼，築寧遠城（今遼寧興城），並在寧遠、錦州地區，先後取得重挫努爾哈赤和皇太極的兩次勝利。就在他甯錦之戰一周年之際，新登帝位的明思宗朱由檢（崇禎皇帝），於崇禎元年（1628，後金天聰二年）七月十四日在北京召見了他。崇禎問這位新任命為兵部尚書兼右副都禦史，督師薊遼、兼督登、萊、天津軍務的將領說：「女真人作亂已10年，東北大片的疆土陷於敵手，你不辭長途跋涉應朕的召見，有什麼好的建議與打算要講嗎？」袁崇煥回奏道：「如果皇上絕對信任我這個臣子，並給我以全權，我保證在5年之內，平定作亂的女真人，收復整個遼東失地。」崇禎高興地稱讚：「5年內平定女真作亂，到時朕一定不吝封侯重賞！」接見中間，崇禎曾退到別室休息，給事中許譽卿擔心5年收復遼東的保證兌現不了，小聲地請袁崇煥談一下他復遼的具體計劃。袁崇煥頗不耐煩地說：「看到皇上因遼東事焦慮不安，我說5年內能復遼，不過是為了安慰一下皇上罷了，你又何必鑽牛角尖呢？」許譽卿聽後馬上面色嚴肅起來；「當今皇上是很英明的，你怎麼能這樣隨便許願呢？5年到期你兌現不了許下的諾言，你怎麼辦？」直到此時袁崇煥才突然感到失言了，他一言既出，就有如潑出去的水，覆水難收啊！袁崇煥就是帶著「後悔不疊」的心情，匆匆趕回到了山海關寧遠前線。

皇太極對明的情報工作是出色的，崇禎同袁崇煥的那番談話皇太極很快

就知道了。他審時度勢，覺得這將是實施他「借刀殺人」，除掉自己眼中釘、肉中刺的敵對強手的大好機會，於是在明崇禎二年（1629，後金天聰三年）正月，主動給袁崇煥寫信提出明金和談，企圖借袁崇煥之手先除掉毛文龍，以解決日後南下征明，毛文龍在身後牽制之憂。

正如皇太極所料，袁崇煥求和的心理是迫切的，他深知上一年向崇禎許下的「5年復遼」不過是一張空頭支票，幻想通過跟皇太極和談，誘使後金退還已被攻占的遼東。經過皇太極與袁崇煥之間，信使的多次往返，公開或秘密的幾度和談，皇太極「佯許還遼」，「使殺文龍」，終於得到袁崇煥的「答書密允」，袁崇煥萌動了對毛文龍的殺機。明崇禎二年（1629，後金天聰三年）六月，袁崇煥借

皇太極盔甲
此為乾隆朝重製，現藏於故宮博物院。

前往遼陽前線視察之機，親率一支由水手和甲士組成的小分隊，渡海來到毛文龍所在的海島營寨，他以慰問為名向毛文龍的部眾發放了10萬兩餉銀，並在毛文龍的陪同下檢閱軍隊和發表講話。許多聽者都被袁崇煥慷慨激昂的演說感動了，講臺下一片涕泣聲。突然袁崇煥的話鋒一轉，面向站在身旁的毛文龍列舉了12項該問斬的罪狀，隨即對環列自己左右的親兵一聲大喝：「還不給我動手！」一名手捧崇禎所賜尚方寶劍的魁梧甲士，乘毛文龍正驚愕不備，揮劍將他斬於閱兵台前。崇禎帝在接到袁崇煥斬毛文龍的奏報後，十分震驚，但事已至此，又正是要用他抵抗後金的時候，只好對他先斬後奏的行為表示贊同，不過在內心裡卻從此對這位袁大將軍產生了疑忌，因為當時的京師正盛傳一種流言：毛文龍瞭解袁崇煥同皇太極不少和談機密，毛文龍的

被斬和袁崇煥殺人滅口有關係。

皇太極聽到毛文龍被殺，高興得了不得，不僅對袁崇煥隻字不提「歸還遼東」之事，並大膽構思了一個置袁崇煥於死地的反間計。就在毛文龍死後不到4個月，皇太極親統10萬大軍，避開明軍重兵設防的寧、錦一線，向山海關以西繞道內蒙，從喜峰口進入關內，接著攻占遵化，圍攻薊州，這一年的十一月中旬，後金兵的前鋒進抵北京城下。

崇禎帝更是急得心慌意亂，不知該怎麼辦才好，後來聽說袁崇煥帶兵趕到，心才定了一些。他親自召見袁崇煥，慰勞了一番。但是一些魏忠賢的餘黨卻散布謠言，說這次後金兵繞道進京，完全是袁崇煥引進來的，說不定裡面還有什麼陰謀呢。

崇禎帝是個猜疑心極重的人，聽了這些謠言，也有些懷疑起來。正在這

袁崇煥墓

個時候，有一個被金兵俘虜去的太監從金營逃了回來，向崇禎帝密告，說袁崇煥和皇太極已經訂下密約，要出賣北京。這個消息簡直像晴天霹靂，把崇禎帝驚呆了。

原來，明朝有兩個太監被後金軍俘虜去以後，被關在金營裡。有天晚上，一個姓楊的太監半夜醒來，聽見兩個看守他們的金兵在外面輕聲地談話。

一個金兵說：「今天咱們臨陣退兵，完全是皇上（指皇太極）的意思，你可知道？」

另一個說：「你是怎麼知道的？」 一個又說：「剛才我就看到皇上一個人騎著馬朝著明營走，明營裡也有兩個人騎馬過來，跟皇上談了好半天話才回去。聽說那兩人就是袁將軍派來的，他已經跟皇上有密約，眼看大事就要成功啦！」

姓楊的太監偷聽了這番對話，趁看守他的金兵不注意，偷偷地逃了出來，趕快跑回皇宮，向崇禎帝報告。崇禎帝聽了也信以為真。他哪裡知道，這個情報完全是假的。兩個金兵的談話是皇太極預先布置的。

崇禎帝命令袁崇煥馬上進宮。袁崇煥接到命令，也不知道發生了什麼事，匆忙進了宮。崇禎帝拉長了臉，責問說：「袁崇煥，你為什麼要擅自殺死大將毛文龍？為什麼金兵到了北京，你的援兵還遲遲不來？」

袁崇煥不禁怔了一下，這些話都是從哪兒說起？他正想答辯，崇禎帝已經喝令錦衣衛把袁崇煥捆綁起來，押進大牢。

有個大臣知道袁崇煥平日忠心為國，覺得事情蹊蹺，勸崇禎帝說：「請陛下慎重考慮啊！」

崇禎帝說：「什麼慎重不慎重？慎重只會誤事。」

崇禎帝拒絕大臣的勸告，一些魏忠賢餘黨又趁機誣陷。第二年八月，以叛國罪將袁崇煥凌遲處死。據目擊者說，當時刑場圍觀的群眾恨透了賣國賊，袁崇煥處死後人們爭食其肉。其實這是一樁大冤案，直到清乾隆修編國史時，真相才大白於天下。

順治帝的變化無常

瘋狂的「秋後大算帳」

　　清崇德八年八月初九，清太宗皇太極猝然病死於宮中，由於他在此前沒有明確地指定繼承人，滿洲高層立刻陷入一片混亂之中。然而，很快就形成了兩個對立的權力中心。

遏必隆腰刀

　　一個是由兩白旗和鑲紅旗極擁戴的睿親王多爾袞，這個陣營中有多羅豫郡王多鐸，多羅武英郡王阿濟格，順承郡王阿達禮、固山貝勒碩托等。

　　另一個是兩黃旗和正藍旗極力擁戴的肅親王豪格，這個陣營中有額亦都家族（圖爾格、遏必隆兄弟）、費英東家族（圖賴、鼇拜）、揚古利家族（譚泰）、索尼、拜音圖、何洛會、塔瞻等人。遏必隆，鑲黃旗人，位列輔政大臣之三。

　　兩邊的實力幾乎不相上下，而關鍵的是能否爭取到最大的中間利益派禮親王代善（兩紅旗，實際只管正紅旗）、鄭親王濟爾哈朗（鑲藍旗）的支援。

　　依照兩白旗的意見，多鐸和阿濟格都主張立刻滅掉兩黃旗，以他們兩個人的武力來看，完全有這種可能。但是，多爾袞沒有採納這個意見，因為，他發現代善和濟爾哈朗比較傾向擁立皇太極的兒子。這兩個集團人物的背景

都不一般。

多爾袞集團中，多鐸和阿濟格就不用多說了，主要是碩托、阿達禮伯侄兩個人，因為這二人的結局是很能說明問題的。碩托成名很早，然而，他為父親代善所不喜，而且，他和他的兄長岳、弟弟薩哈不同，與皇太極的關係很不好，多次被罰銀、降爵，所以，他積極跟隨多爾袞，也是因為他，代善不敢輕舉妄動地公開表態，因為，碩托在兩紅旗的威信僅次於岳和薩哈，岳和薩哈已經過世，所以，碩托的態度在兩紅旗中起很重要的作用。

另外一個是皇太極生前的頭號親信薩哈的兒子郡王阿達禮，其父健在的時候曾經積極追隨皇太極，但是，兒子卻大反其道，因為，阿達禮曾經在皇太極的寵妃宸妃病故期間，飲酒作樂，險些被削去爵位，阿達禮的生母多次遭到皇太極責罰，所以，阿達禮為此懷恨在心，堅定地追隨多爾袞。

阿達禮本人在當時的家族中地位是很顯赫的，他10歲就襲封郡王，領有薩哈生前的牛錄，和多鐸等人相平。因而，多爾袞如果聽從多鐸的建議，鬥爭的勝負不一定在貌似強大的豪格那邊。

歷代帝王廟
位於今北京阜城門內，始建於明嘉靖十年（1531），奉祀歷代創業皇帝和守成賢君。

大清皇權遊戲

　　因為，豪格的集團中，主力是三個整旗（正黃、鑲黃、正藍），協力是濟爾哈朗的鑲藍旗，而且，皇太極生前厚結深納在努爾哈赤的「五大臣」中實力最雄厚的兩家就是額亦都家族、費英東家族以及開國三英的另一家揚古利家族都堅決地站在豪格這一邊，黃旗的世襲奴僕如索尼等人更是只知有豪格，不知其他。投機分子拜音圖家族（努爾哈赤幼弟的兒子）也投機站在豪格陣營中一邊。另外反復無常的冷僧機也從中混水摸魚。

　　當時，情況非常緊急，以多鐸的看法，豪格的陣營多是烏合之眾，不難擊潰，但是，

《崇禎帝像》墓本

崇禎帝（1611—1644），為明朝末代皇帝。1644年李自成攻入北京，崇禎帝自縊而亡。

多爾袞從大局出發卻不以為然。再有，當時一些將領只擁護皇太極的兒子：索尼、鰲拜、圖賴、圖爾格、譚泰、拜音圖、何洛會、塔瞻等八人在太宗廟前發誓，要全力扶保豪格上臺。索尼和鰲拜等人還調用正黃旗的最精銳部隊——巴牙喇兵（護軍），大喊：「我等但知行帝子孫，不知其他！」誓死保護豪格。多鐸、阿濟格也不示弱，準備調發正白旗精銳，挑戰兩黃旗。雙方劍拔弩張、一觸即發。

　　八月十四日，多爾袞、代善、豪格等召集諸王大臣議定立儲事宜，兩黃旗大臣索尼、鰲拜率領護軍立於大清門之外，索尼公開對諸王表態：「先帝有皇子在，必立其一，他非所知也！」多爾袞讓大家發言，代善主張立豪

格，豪格此時卻害怕起來，他故作謙讓，不料，多爾袞立刻接上他的話，說既然肅親王自己都如此謙讓，那麼，再立他人吧。這時，阿濟格表示要立多爾袞，多鐸和兩白旗大臣拔刀向前，威脅黃旗，竭力擁戴多爾袞，代善和濟爾哈朗耍滑頭，立刻表示可以立多爾袞，代善還說立多爾袞乃國家之福。這時，廊下站著的索尼等六人痛泣不止，發誓說要是不立皇子，寧願跟從太宗從於地下！而且，手握利刃，準備自殺。代善趁機離開。多爾袞打破僵局，說立福臨，他和鄭親王輔政，這樣，大家才退回，這個折中的方案陸續被大家接納。在這場鬥爭中很值得一提濟爾哈朗。

　　濟爾哈朗的父兄舒爾哈齊、阿敏都被努爾哈赤、皇太極迫害而死，但是，濟爾哈朗主持鑲藍旗做主旗貝勒，成爲滿清八個和碩貝勒之一，濟爾哈朗在崇德元年首封鄭親王，是六王之一，也是最沒有軍政才幹的一位。但是，皇太極特別信任濟爾哈朗，濟爾哈朗也緊跟不止，天聰年前，清洗正

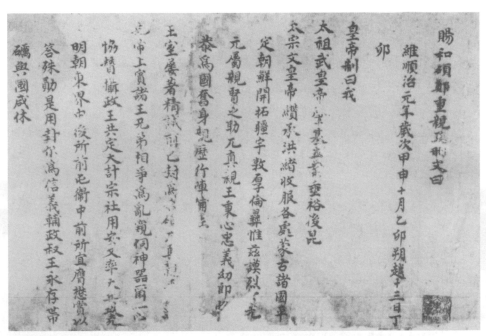

《封濟爾哈朗爲信義輔政叔王冊文》

藍旗的時候，豪格和濟爾哈朗就是急先鋒。皇太極死後，濟爾哈朗本來就是主張立豪格，但是，他發現多爾袞異常敵視豪格，所以，他的態度一直不明朗，多爾袞也就是抓住這一點，拉住他一同扶立福臨。

在討論立儲的會議上，還有一段插曲，多鐸假意說立代善，嚇得代善連連擺手，多鐸看見大家你推我讓，於是，毛遂自薦，主張立他自己，而且，說多鐸的名字也記載在太祖的遺命裡，多爾袞立刻否定。

福臨即位，多爾袞確實是從滿洲大局出發，成功避免了一場內訌。碩托看到多爾袞謙讓大為不滿，準備發動兵諫，被父親代善告發，後來史家對此事一直爭論不休，成為清初又一大疑案。碩托、阿達禮被處死，家產罰沒。從後來的歷史來看，多爾袞對處死碩托二人是很內疚的，阿達禮死後，多爾袞作主讓阿達禮的弟弟勒克德渾承接爵位，仍然世襲，碩托幼子由多爾袞撫養在宮內。可見，多爾袞當時殺掉這兩個人也有不得已的理由。多爾袞掌權以後，順利分化瓦解兩黃旗大臣，當初發誓扶保豪格的八個人多數先後叛變，足見豪格勢力並不強大。

拜音圖家族首先叛變，拜音圖的弟弟鞏阿岱告發濟爾哈朗，說他曾經埋怨睿親王，結果，濟爾哈朗被罰銀5000兩，逐漸被踢出權力中心。

接著，何洛會叛變，告發額亦都的兒子圖賴、圖爾格、遏必隆，這三人都被廢黜。索尼不受多爾袞利誘，堅持不變，鰲拜也是一樣，多爾袞於是多次打擊，只是因為用人之際才沒有將他們處死。

譚泰先是被捕，繼而在監獄中叛變。這樣，當初立盟發誓的人中除了索尼、鰲拜、圖賴、圖爾格這四人之外，其他都叛變，那個告密起家的小人冷僧機再次告密叛變，被提升為大臣。

肢解兩黃旗後，順治元年四月，多爾袞得到何洛會的密告，正式收拾清算豪格，處死豪格的所有親信，隨即召開議政王大臣會議，讓大家議定豪格的罪名，豪格自己表態願意自殺贖罪，代善、濟爾哈朗、多鐸、阿濟格都表態要殺豪格，由於年幼的順治帝涕泣不食，豪格這才得以免死，但是半年的較量，多爾袞終於成為名副其實的大清攝政王。

清軍進入北京後，多爾袞繼續打擊豪格的勢力，豪格雖然征討四川，射殺張獻忠，但是，仍難逃迫害。順治五年，多爾袞藉口豪格亂保非人，將其下獄，囚禁至死。並且把他的福晉納入府中。據史料記載，豪格死得很慘，死前已經患有精神分裂症。

崇禎帝之墓——思陵

崇禎帝未及修陵而亡，李自成將其與周皇后合葬於田貴妃墓中，後命名為思陵。

隨後，貝子吞齊告發濟爾哈朗，多爾袞就此廢掉了這個自從太祖的時候就長立政壇的不倒翁。把弟弟多鐸拉進權力核心，可是，這時的多鐸卻和豪格關係逐步升溫，並且，為豪格辯護，這也是促使多爾袞決定早下手除掉豪格的原因，因為，他知道多鐸一向容易感情用事。告密叛變的拜音圖家族就此發跡，拜音圖的祖母是努爾哈赤的繼母，對待努爾哈赤、舒爾哈齊兄弟異常刻薄，所以，雖身為努爾哈赤的奴僕，但是，拜音圖老謀深算，他傾心結交四貝勒皇太極，對皇太極百依百順、忠心耿耿，因而，受到皇太極的特別關注，屢次提升。在立儲之初，拜音圖是贊成立肅親王的，可是，後來，他發現形勢不利於豪格，立刻通知他的弟弟鞏阿岱、錫翰去告發兩黃旗的大臣們，因此深得多爾袞信任，拜音圖每次告密都不親自出面，都是指使他的弟弟去做，足見其狡詐。

多爾袞掃除對手後，原意準備讓多鐸繼承攝政王位，但是，多鐸早死，多爾袞決定讓多鐸的兒子多爾博接位（多爾博過繼給多爾袞為子），順治七年十二月，在多爾袞圍獵時受傷，誤上藥物，死於喀喇城。終年39歲。

多爾袞活著的時候，把皇帝的玉璽放在王府，這時，順治採取行動，把

《九邊圖‧大同》（明）
現藏於中國國家博物館。

正白旗劃入自己的統轄範圍，和兩黃旗一起稱之為「上三旗」，清一代成為定制。

順治對於索尼、鰲拜的不屈從於多爾袞非常讚賞，提升鰲拜為二等公爵、領內大臣、總管內務府兼議政大臣。

隨後，早就和多爾袞同床異夢的正白旗護軍統領蘇克薩哈告發多爾袞生前有謀逆的行為，順治便順水推舟，決定追奪多爾袞的「成宗義皇帝」的名號，鞭屍。多鐸受到牽連，追降郡王。平反肅親王冤獄，追諡「武」，封豪格子富爾敦為和碩顯親王，世襲罔替。

多爾袞的親信冷僧機原本已經爬到內大臣、一等伯爵的位置，可是，他看錯了形勢，以為多爾博能夠繼承多爾袞的攝政王位，不料順治很快掌握權力，冷僧機在順治九年被凌遲處死，算是罪有應得。當年告密最多的拜音圖家族再度沈淪，拜音圖由於老奸巨猾，始終對待順治比較恭敬，被禁錮在家，免去一死，而他的兩個弟弟全被凌遲處死，籍沒全家。何洛會死得最慘，順治和索尼、鰲拜等人對他恨之入骨，所以，用特別殘酷的明代錦衣衛剝皮的刑罰把他處死，全家抄殺。本來順治是很念舊的，想讓譚泰揭發多爾袞，可是，譚泰沒有這樣做，於是，也被殺掉。

濟爾哈朗趁機攬權，但是，順治只是一時利用他，很快他就被趕走，回家閒居。自此，順治獨掌大權。

康熙帝的剛柔並舉

智擒鰲拜除國害

順治十八年（1661）正月初七日，清順治帝福臨病故，遺詔由8歲的皇三子玄燁即位。因年幼，故由索尼、蘇克薩哈、遏必隆、鰲拜四大臣輔政。康熙六年（1667）七月初七日，康熙正式開始禦門聽政。年僅十四歲的康熙，雖然親政，但畢竟是個孩子，只有虛名而無其實，一切大權仍然掌握在輔政大臣鰲拜手中。

在輔政的四大臣之中，索尼年老多病，於皇上親政不久即死；遏必隆爲人圓滑，不問政事，爲避開鰲拜的瘋狂氣焰，從不發表意見，總是畏首畏尾，隨聲附和，唯鰲拜意見行事；只有蘇克薩哈遇事常與鰲拜分庭抗禮，最後因鬥不過鰲拜，於康熙六年（1667）七月被害致死。從此後，鰲拜更加肆無忌憚，凡是起坐班行，自動列於遏必隆之前。一切政事先在私下議定，然後施行，又將各部院啓奏官員，帶往私家搞陰謀活動，等等劣跡，不一而足。

鰲拜既陰險又狡詐，他在朝廷內廣樹黨羽，結黨營私，糾集大學士班布林善，尙書阿裡哈、噶褚哈、濟世、侍郎泰必圖等人，先後結成死黨，把持朝政，獨斷專行。在他們眼中，根本就沒有這位年輕的康熙皇帝。

據康熙講：鰲拜在我面前辦事，不拘小節，不求事理，稍有不如意的地方，即將辦事官員痛斥一番。又如在接見時，鰲拜在朕前理應該態度溫良恭順，相反大施淫威，在眾官員面前表現自己，高聲喝問。又說，凡是用人行政，鰲拜欺朕專權，恣意妄爲。

不僅如此，康熙八年（1669）初夏的一天，鰲拜還曾託病不朝，撥弄是非，要玄燁親自去問疾。當康熙登門拜訪，進入內室時，禦前侍衛官和托看見鰲拜驚慌失措，就一個箭步走到床前，揭開床席見刀露出來了。年輕皇

188

《康熙皇帝讀書像》

帝見到如此情景，態度從容，若無其事地笑了笑說：刀不離身，是我們滿族人的老習慣，不足爲怪呀！鰲拜緊張的面孔稍有緩和。由此可見，巧計捉鰲拜，爲國除大害，已勢在必行，宜早不宜遲。

以鰲拜爲首的一夥人，是最沒落保守的反動集團，他們是滿洲貴族內部的奴隸主殘餘勢力的代表，他們頑固反對滿族學習漢族的生活習慣和文化典章制度，反對朝廷任用漢官，反對改革滿洲落後的舊制度等。鰲拜不除，天下不安。

但是，鰲拜集團位尊權重，在朝廷內又有不少親信黨羽，又是受世祖委託而輔佐幼帝的。因此，要搞掉這樣一個集團，並不是輕而易舉的事。

有志不在年高，康熙帝年紀雖小，但是智謀突出，一上臺就初露鋒芒，機智果斷地處理了鰲拜一夥。康熙捕捉鰲拜是一次幽默而戲劇性的行動。因爲鰲拜人多勢眾，不能和他硬碰硬，而必須以巧計智取之。

康熙把自己扮演成一個天眞爛漫、不問政事而又貪於玩耍的孩童。每天和一群同自己年齡相近的頑皮子弟，包括其中的衛士們，選擇強壯有力的人，在一起摔跤打拳，久而成習，使鰲拜失去戒意。實際上這是暗中訓練有素的捕捉鰲拜的衛隊營，即善撲營。

一天，康熙以下棋爲名召見索額圖進宮，商量如何擒鰲拜。索額圖是已故首席輔政大臣索尼的次子、康熙叔丈人，威望很高。他原任一等侍衛，康熙七年六月，改任吏部右侍郎，後複任一等侍衛身分重新回到皇帝身邊，這意味著剪除鰲拜的時機已經到來。

行動之前，康熙首先分散其力，將鰲拜的黨羽以各種名義先後派出，使其孤立無援。包括他的胞弟內大臣巴哈、親姪侍衛蘇爾馬、死黨理藩院左侍郎綽克托、工部尚書都統濟世等人，分別差往察哈爾、科爾沁、蘇尼特、福建等地處理公務。一切安排就緒，康熙八年五月十六日，皇帝親自向善撲營做動員，部署具體方案。他面問眾人：你們都是朕的左右老臣，然而你們害怕皇上呢？還是畏懼鰲拜呢？眾人齊聲回答說：我們當然畏敬皇上。乘其不備，出其不意，康熙當眾宣布鰲拜罪過，召鰲拜進宮，四壁早已埋伏好的

武士們、摔打能手一擁而上，鰲拜只有招架之功，無還手之力，立即束手被擒。後人對年輕的皇帝如此機智果斷，表示讚賞。評價說：聲色不動而除巨奸，真是難能可貴呀！同時被捉的還有另一輔政大臣遏必隆和一等侍衛阿南達等。

被捕後的鰲拜等人，交付刑部審判，列其罪狀三十條，軟禁終身，因他是世祖老臣，網開一面，不處死。凡是重要黨羽，全部處死。取得了對守舊勢力鬥爭的初次勝利。

康熙掌握實權後，緊緊依靠宿臣老將，如索額圖、傑書、圖海等人，採取了一系列革新朝政的措施，深得人心。醫治戰爭的創傷，逐步恢復和發展社會經濟，改變了生產倒退、民生凋敝的不安局面，使久困於戰亂和饑荒的人民得以休養生息。

雍正帝的刁鑽狠辣

玩陰謀雍正登基坐殿

清朝的皇位繼承，沒有採取漢族的嫡長子繼承制，就是正妻長子繼承制。努爾哈赤因為曾經立長子褚英失敗，於是決定汗位的繼承由八大和碩貝勒會議推定；皇太極猝死，他的遺位繼承，也是在滿洲貴族會議上推定，由6歲的福臨繼位；順治駕崩前，皇位的繼承沒有經過滿洲貴族會議討論，而是由孝莊皇太后同順治商量，採用遺詔形式決定由年僅8歲的玄燁繼位。這個「遺詔制」打破了清太祖、太宗兩代的皇位繼承由滿洲貴族會議推定的傳統，開了清代皇帝生前用遺詔決定皇位繼承人的先河。

康熙繼承了其皇父順治生前決定繼承人的辦法，採取皇太子制。先立太子的利端是免得皇帝死後引起皇位爭奪的血腥鬥爭，弊端是皇太子同兄弟之間會產生殘酷鬥爭。康熙看到了前者，卻忽視了後者。

康熙共有35個阿哥，排序的有24人，成年且受冊封的只有20人。這20個皇子中，年齡較長者有12人。

康熙十三年（1674），皇二子（實際上是第六子）胤礽生。皇后赫舍裡氏在生育胤礽時難產死亡，年僅22歲。康熙痛心不已，故對胤礽格外偏愛，第二年就冊立他為皇太子。這年康熙22歲，皇太子才兩歲。康熙的這個決定雖然看到他父親未能儘早立儲的教訓，但立儲過早、太子過幼，顯然也是欠妥當的。因為其間的變數太多、太大，兩歲的皇太子胤礽，以後會是什麼樣？尚不得而知。

康熙對皇太子的教育非常用心，生活上特別照顧。康熙十七年（1678），皇太子出痘，時值平定三藩之亂的關鍵時刻，但康熙親自護理太子，竟連續12天沒有批閱奏章。皇太子在康熙帝親征噶爾丹時，留守京師，處理政務。平時他也分擔處理皇父的部分政務和軍務。因而，在皇太子冊立

養心殿西暖閣
亦稱勤政親賢殿

後的33年中，朝廷中自然而然就形成太子黨。

　　皇太子黨。皇太子胤礽的生母皇后赫舍裡氏的祖父是索尼，父親是領侍衛內大臣噶布喇，叔父是當朝大學士、領侍衛內大臣索額圖。索額圖結黨，

193

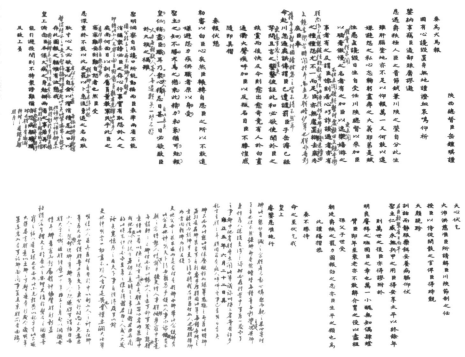

《岳鍾琪為謠言自辯奏摺》

此摺上於1728年，由此引發呂留良案。

大清皇權遊戲

趨奉皇太子，議論國政，密謀大事。康熙曾警告索額圖說：「你們背後謀劃的事，你們勾結一處的所作所為，你們背後說的怨恨之言，都不能擺在桌面兒上說，你心裡很明白！」康熙深感自己的皇位和生命受到威脅，說：「說不定哪天就被鴆殺，或者被謀害，真是日夜惶恐，心神不寧。」後來康熙下令將索額圖處死，同時警告皇太子說：「從前索額圖幫著你謀劃的那些事情，我知道得清清楚楚，所以將索額圖處死。」但皇太子並未因此而收斂，反而更肆無忌憚。康熙四十七年（1708），在木蘭圍場的布林哈蘇台行宮，康熙以皇太子胤礽「不法祖德，不遵朕訓，惟肆惡虐眾，暴戾淫亂」，宣布廢黜皇太子。當時，他且諭且泣，至於仆地。諭畢，悲傷萬分，憤懣不已。甚至六天六夜，不安寢食，涕泣不止。後患中風，只能用左手批閱奏摺。

康熙罷黜皇太子引出一個更為嚴重的後果是：胸懷野心的皇子們，結黨

194

先農壇

在每年仲春吉亥，皇帝親饗先農，以示「重農務耕」，列為中祀。

鑽營，謀貪大位。於是在太子黨之外，又形成皇八子集團和皇四子集團。

皇八子黨。皇八子胤禩，「才德兼備」，聰明能幹，內外經營，頗得人緣。在初廢皇太子之後，胤禩署內務府總管事，黨羽相結，謀為代立。皇長子胤禔為惠妃庶出，外叔公是已免職的大學士明珠，本沒有希望獲取儲位。但胤禔生母惠妃對胤禩有撫養之恩，於是兩人勾聯。其他如皇九子胤禟、皇十子胤䄉、皇十四子胤禵（與胤禛同母）、大臣阿靈阿、鄂倫岱、揆敘、王鴻緒等，都趨奉於胤禩。

皇太子胤礽的密謀洩露，被奪爵位、幽禁。儲位空懸，也不合情理。於是大臣們建議康熙早定儲位。康熙命諸大臣密舉可繼立為太子者，以測驗大臣之意。大學士馬齊等大臣都秘密推舉皇八子胤禩。胤禩覺得自己做皇太子有望，一些兄弟和朝臣也紛紛靠向胤禩。由是，以皇八子胤禩為核心，逐漸形成一個爭奪皇儲的政治團體。後胤禩被鎖拿，革爵位。十四阿哥胤禵求

情，康熙大怒，「出佩刀將誅其，胤祺跪抱勸止」。諸皇子俯地叩頭，懇求皇父息怒。康熙帝怒氣稍解，命諸皇子鞭撻胤禔。

康熙看到廢皇太子後諸子爭奪儲位鬥爭更為複雜，也更為激烈，為息事寧人，康熙四十八年（1709），複立胤礽為皇太子。諸皇子明白：既然皇太子第一次能被廢掉，也可能第二次被廢掉。於是，皇太子集團與皇八子集團之間的鬥爭更加激化。康熙五十一年（1712），康熙決定再廢皇太子，對其黨羽恨之入骨、嚴厲懲罰，力求根除，如將尚書齊世武「以鐵

《雍正帝半身西服像》
清廷畫家所繪，現藏於故宮博物院。

釘釘其五體於壁而死」，將死於獄中的步軍統領托合齊銼屍焚燒。這樣，形勢越發複雜，在皇太子黨和皇八子黨之間的皇四子胤禛，也逐漸形成一個團體。

皇四子黨。皇四子黨包括胤禛的十三弟胤祥、十七弟胤禮，以及隆科多、年羹堯等。胤禛頗有心計，靜觀其變，不露聲色。他對皇太子的廢立，窺測風向，暗藏心機。他對皇八弟胤禩集團，既不附從，也不對抗。他佯聽父言，「安靜守分」，虔心佛法，廣結善緣，巧妙地將自己隱蔽起來。他對父皇表示忠孝，又盡力友善兄弟，並交好朝廷諸臣。對其同母所生的皇十四弟胤禵，卻不去籠絡，聽任其同皇八弟胤禩結黨。當皇太子黨和皇八子黨爭得兩敗俱傷的時候，在父皇、兄弟、王公、大臣們將視線集注於皇太子黨和皇八子黨的時候，他以不爭為爭，坐收漁人之利。

胤禛為著謀取皇位，韜光養晦，費盡心機。他的心腹戴鐸，在康熙五十二年（1713）為他謀劃道：處英明之父子也，不露其長，恐其見棄；過露其長，恐其見疑，此其所以為難。處眾多之手足也，此有好竽，彼有好

瑟，此有所爭，彼有所勝，此其所以為難。其諸王阿哥之中，俱當以大度包容，使有才者不為忌，無才者以為靠。

戴鐸提出的策略是——對皇父要誠孝：適當展露才華。不露才華，英明之父皇瞧不上；鋒芒畢露，同樣會引起皇父疑忌。對兄弟要悌愛：大度包容，和睦相待。對事對人都要平和忍讓：能和則和，能結則結，能忍則忍，能容則容。使有才能的人不忌恨你，才能平庸的人把你當作依靠。雍正帝基本按照上述策略，一步一步地繞過皇位爭奪中的險灘激流，向著皇帝的寶座曲折航進。

「誠孝」皇父。胤禛知道，博得皇父的信賴和喜歡，是自己一生事業中最為關鍵的起點。他抱定一項宗旨，就是誠孝皇父。如在諸皇子爭奪皇位激烈之時，他極力表現出對皇父的「誠」與「孝」，既不公開競爭，且寬慰皇父保重。康熙帝第一次廢太子後，臥床不起。胤禛入內，奏請選擇太醫及皇子中稍知藥性者胤祉、胤祺、胤禩和自己檢視方藥，服侍皇父吃藥治療。康

《雍正帝行書詩》
雍正書法甚得康熙讚賞，現藏於故宮博物院。

197

《雍正帝道裝像》
清宮廷畫家繪，現藏於故宮博物院。

熙帝服藥後，病體逐漸痊癒。於是，康熙帝命內侍梁九功等傳諭：「當初
拘禁胤礽時，並沒有一個人替他說話，只有四阿哥深知大義，多次在我面前
為胤礽保奏，像這樣的心地和處事，才是能做大事的人。」胤禛自己也說：
「四十餘年以來，朕養志承歡，至誠至敬，屢蒙皇考恩諭。諸昆弟中，獨謂

朕誠孝。」對皇父的「誠」與「孝」得到了回應。

　　「悌愛」兄弟。胤禛知道，善於處理兄弟之間的關係，是自己一生事業中僅次於誠孝皇父的重要事情。他在隨駕出京途中，作《早起寄都中諸弟》詩說：「一雁孤鳴驚旅夢，千峰攢立動詩思。鳳城諸弟應相憶，好對黃花泛酒卮。」表明他願做群雁而不做孤雁的心意。他在繼位元之前，處理兄弟關係的主要原則是「不結黨」、「不結怨」。諸兄弟之間，結黨必結怨。胤禛沒有參加皇太子黨，也沒有參加皇八子黨。他表現出既誠孝皇父，也友愛兄弟的態度，使他躲避開皇父與兄弟兩方面的箭靶，而安然無恙。

　　勤慎敬業。胤禛儘量避開皇儲爭奪的矛盾，極力表現自己不僅誠孝皇父、友愛兄弟，而且勤勉敬業。只要是皇父交辦的事情，都竭盡全力去辦好，既使皇父滿意，也使朝臣口碑相傳。自結婚後30年的實際磨練，使他對社會、對人生有了深刻認識與深切體驗，爲後來登上皇位準備了條件，奠定了基礎。

　　戒急用忍。胤禛的性格，有兩個特點：一是喜怒不定，二是遇事急躁。康熙就此曾經批評過他。康熙四十一年（1702），胤禛央求皇父說：「現在我已經三十多歲了，請您開恩將諭旨內『喜怒不定』四字，刪除了吧。」康熙帝同意，因而下諭：「此語不必記載！」胤禛是個性格急躁的皇子。他曾對大臣說：「皇考每訓朕，諸事當少安毋躁。屢降旨，朕敬書於居室之所，觀瞻自警。」胤禛繼位後，定做「戒急用忍」吊牌，爲座右銘，用以警勉。

　　康熙晚年因其諸子皇位繼承鬥爭激烈而大傷元氣，鬱結成疾，悲離人世。他曾說：「日後朕躬考終，必至將朕置乾清宮內，爾等束甲相爭耳！」康熙是以春秋五霸之一的齊桓公晚年的境況自喻：齊桓公晚年，5個兒子樹黨爭位。齊桓公剛死，諸子相攻，箭射在屍體上，也沒有人顧及。其屍體在床上67天沒法入殮下葬，以至於蛆蟲爬出窗外。由此可以透出康熙大帝晚年心境的淒苦之情。

　　康熙帝龍馭上賓，皇四子胤禛登極坐殿，是爲雍正皇帝。一段歷史疑案就此產生。

乾隆帝的黑白手段

乾隆兩條繩索駕馭術

　　乾隆皇帝是在先朝重臣的擁戴下登上皇位的，他並沒有自己的親信。由於雍正接受前朝兄弟爭立的教訓，對自己的兒子，管束嚴格，雖長大成人，封爲親王，仍留住宮中，未分藩建府，所以並無自己的私屬。乾隆即位後，除了用人唯舊之外，別無選擇。用人唯舊避免了新舊臣僚之間的互相傾軋，也避免了因人事更疊所造成的人心浮動，所以當時政局平穩。然而，當乾隆皇帝俯視那些雖堆滿謙恭之色卻是相當陌生的面孔時，心裡總有一種沈甸甸的感覺。的確，對於一個經驗不足的年輕皇帝來說，孤身駕馭那些久經歷練的老臣，不能不小心翼翼、煞費苦心。專制統治，人君高高在上，卻又深居九重，在與外界隔絕的情況下，政事只能委之臣僚。在沒有心腹股肱的情況下，乾隆又如何放心得下呢？正像馭手駕馭馬匹需要鞍轡韁繩一樣，乾隆皇帝進行專制統治也有兩根無形的繩索。其中一條繩索是秘密奏摺制度；另一條繩索就是軍機處。

　　密折制度最早始於康熙時期，本爲當時兩種上行文書題本和奏本的補充和附庸。它最大的特點就是具折人可以直接和皇帝本人秘密聯繫，不必像題本、奏本一樣經通政司轉呈內閣，經內閣票擬之後再和皇帝見面。康熙皇帝雖以寬仁聞名天下，但在加強皇權方面，他絕不比別人手軟。爲了對地方官進行監督，他暗中指定少數親信大臣隨時將所見所聞秘密奏上。又爲了保密起見，這種奏章都必須具折人親自繕寫，不得假手他人，更不得洩露於他人。密折寫好後，由本人或派專人徑送禦前。這樣，奏摺的內容，除皇帝之外，便無人知道了。

　　雍正時期，爲了加強皇權，進一步控制各級官員，對於密折制度更加重視，不但具折言事官員的範圍進一步擴大，而且奏事內容也更多地轉向和

乾隆《御筆三希堂紀》冊
玉質，現藏於故宮博物院。

統治安危直接相關的政治事件上來。這樣，皇帝隨時可以通過各地官員打來的這些秘密報告，瞭解包括各級官員在內的全國軍事、政治、財政、文化等各方面的情況，而各級官吏卻因此被一條無形的繩索緊緊地捆住了手腳，只得服服貼貼，不能有任何越軌行為。乾隆皇帝對密折制度十分讚賞，他認為只有利用這條繩索，才能在變化莫測的官僚政治的風風雨雨中，辨別是是非非。與此同時，他還不顧一些臣下對密折制度的批評，更進一步擴大擁有奏摺言事官員的範圍。對於處理密折，乾隆皇帝也十分認真，從不假手於人，幾乎每一份奏摺，他都要詳細閱覽，遇有錯訛之處，他必指出令其改正。平時如此，巡幸在外也是一樣。不論他走到哪裡，密折就送到哪裡，批閱奏摺幾乎成了他生命中的一部分。

乾隆十三年（1748）以後，隨著奏本文書的廢止，密折成為與題本並行的兩種最重要的上行文書之一。而且，由於當時許多機密政務，中央和地方的官員都是先用奏摺報告皇帝，得到皇帝首肯後，再以題本形式正式向中央

政府有關機構報告，以便完成最後的批准手續。乾隆由此實現了大權獨攬。

除此之外，乾隆皇帝還採取各種措施，完善密摺制度，加強保密程度。一是堅持滿洲官員奏事用滿文具摺而不得使用漢文；二是嚴禁將奏摺上的皇帝批語引入具題本章；三是不准具摺人將具奏內容和乾隆皇帝的批語洩露於同僚或者上司；四是為防奏摺呈送途中發生洩密，對所有具摺言事官員，概行頒發憑匣和鑰匙，只有具摺人和皇帝才能開啟。這樣，由於乾隆皇帝高度重視和制度健全，密摺制度在乾隆皇帝專制統治不斷強化的過程中發揮了十分突出的作用。

乾隆是一個絕對的專制主義者，這一點酷似他的父皇雍正。他醉心於集權制度，並抓住一切機會去實現它。他看中了另一條繩索軍機處，將它作為屬於自己的權力機構。

軍機處是雍正皇帝的傑作，而乾隆皇帝卻使它增色、增輝。軍機處始設於雍正七年，原名軍機房，原是西北用兵期間為了軍事上的保密而設置的一個臨時機構。地點就在乾清門外（後遷隆宗門）。有關西北用兵的一些機宜事務既不經內閣票擬批答，又不經議政王大臣會議討論決定，而是經由軍機處直達御前，由雍正皇帝自行處理。封建國家，皇權至高無上，但專制政治在賦予君主絕對權威的同時，還要照顧官僚群體的權力分配。皇帝在處理國家大事時，不能不受到大臣們的影響，但在軍機處，皇帝對國事的裁決，完全出於自己的考慮，雍正皇帝第一次體驗到了這種不受侷限的快慰。從此軍機處在加強皇權的過程中發揮著越來越重要的作用。

乾隆皇帝即位以後，迫切需要一個既能貫徹自己意旨，又有工作效率的辦事機構，軍機處正好符合乾隆的要求，而且乾隆皇帝時軍機處的編制、規模、選拔軍機大臣、許可權及工作範圍等方面較之雍正時更為自覺，更為主動。首先，在人員編制上，他一改雍正朝軍機大臣不超過3個人的慣例，同時任命6人為軍機大臣，分割了軍機大臣的職事和許可權。其次，他十分注意軍機大臣的遴選，主要是不問資歷，提拔自己的親信，同時，不准宗室擔任，以免大權旁落，而且首席軍機大臣必須是滿人。最後，完善軍機處的各項

制度，加強保密。對於通過各種方式向軍機處刺探情報的各地督撫，嚴加處理。經乾隆這一改革和整飭，軍機處更加適應專制皇權的需要，成了事實上的最高權力機構。

　　儘管軍機處在國家政治生活中發揮著重大的作用，可乾隆皇帝卻始終沒有為之專設衙署，從軍機大臣到軍機章京皆保留原來的官銜和品級，以臨時身分入直軍機處，其工作範圍雖廣，但說到底，不過是負責草擬上諭、「而不能稍有贊畫於其間」的一個皇帝私人的秘書角色而已。因而，軍機處權力的加大，僅僅是皇帝個人權力的加大。難怪清代臣民不客氣地把軍機大臣比作抬轎的轎夫。給官老爺抬轎的4名轎夫，各有4個字形容：前面一個昂首挺胸，叫做「揚眉吐氣」；第二個正在官老爺面前，叫做「不敢放屁」，因為一放屁官老爺首當其衝，吃罪不起；第三個是在轎後，視線被轎子擋住，因而是「不辨東西」；最後一個亦步亦趨，叫做「毫無主意」。軍機大臣的情形就跟這幾名轎夫一樣，首席軍機大臣「揚眉吐氣」，奏對時照例由他一個發言；居後的便「不敢放屁」；新入軍機處的不清底細，所以「不辨東西」；位居最後的，稱作「打簾子軍機」，當然是「毫無主意」了。即使是貴為首席軍機大臣也不能揚眉吐氣，鄂爾泰、張廷玉、傅恒、阿桂等都曾是炙手可熱的大人物，大學士也曾極得乾隆皇帝寵信，但他們都沒有控制朝政大權，他們的主要作用還是根據皇帝的旨意做些票擬承旨的工作。

　　軍機處使專制皇權空前地強化了，它不但把傳統的議政王大臣會議的權力剝奪殆盡，使其名存實亡。而且，也使明朝以來的內閣形同虛設。在利用軍機處這條繩索加強皇權、朝綱獨斷上，乾隆皇帝算得上是得心應手、爐火純青了。

　　乾隆皇帝正是利用這兩根無形的繩索（密折制度和軍機處），把全部的權力牢牢地集中在自己手中，「親攬庶務，大權在握，威福之柄皆不下移」。這是清代政治的一大特色。

乾隆不偏不倚牽制術

　　新皇帝從前一代統治者手中接過權力的那一瞬間，就立即會發現自己置身於變幻莫測的官僚政治的漩渦之中。周圍充滿著歡呼和讚美、欺騙和謊言、搖頭擺尾的獻媚取巧、誠惶誠恐的畏懼戰慄，這一切往往會使一個不夠老練的統治者頭昏眼花。乾隆上臺後，一時還沒有屬於自己班底的人物，孤身陷在盤根錯節的黨派關係中，操縱駕馭煞費心機。當時朝廷上已形成鄂爾泰與張廷玉兩黨的分野。

《乾隆帝秋景寫字圖》
現藏於故宮博物院

鄂爾泰、張廷玉皆爲前朝重臣，又均有擁戴之功，兩人分門立戶，相互攻訐，不僅影響到朝政的統一、統治階級內部的穩定，也爲乾隆儘快熟悉和操縱官僚機器，造成了無形的障礙。

乾隆一時不得不周旋於兩黨之間，既要消除黨爭之害，打擊鄂、張二人的勢力，又要在自己還沒有培植起親信股肱之前，依靠二黨幫助自己處理政務，保證國家機器正常運轉。這就是乾隆皇帝不偏不倚的駕馭術。

鄂爾泰，西林覺羅氏，滿洲鑲藍旗。康熙時舉人，雍正時任雲貴總督、保和殿大學士、軍機大臣。他的弟弟鄂爾奇爲戶部尚書、步軍統領。長子鄂容安，曾在軍機處任行走，後爲河南巡撫、兩江總督、參贊大臣；次子鄂實亦爲參贊大臣；三子鄂弼，任山西巡撫、西安將軍；四子鄂寧亦歷任巡撫；五子鄂忻爲莊親王允祿之婿；鄂爾泰之女嫁寧群王弘蛟；侄子鄂昌任湖北、甘肅巡撫。眞是一個滿門貴胄的家族。鄂爾泰見識遠大，知人善任，頗有古大臣之風。他首倡在西南實行「改土歸流」的政策，爲鞏固統一，卓有貢獻。雍正對他極爲寵信，認爲他的能力實屬大材。而鄂爾泰每每稱雍正爲慈父，雍正亦屢稱鄂爾泰「勝朕頑劣之子」，他們君臣相得，非同尋常。雍正對此並不隱諱，他在給鄂爾泰的朱批中說：「朕與卿一種君臣相得之情，實不比泛泛，乃無量劫善緣之所致。」然而鄂爾泰雖生性豁達，獎掖後人，卻是驕倨有餘。久而久之，就在周圍聚集起一幫趨炎附勢之人。到乾隆即位後，鄂爾泰已在朝廷內外結成了以他爲首的黨派。依附者，不僅有微末之官員，而且還有許多著名人物，如尹繼善、仲永檀等皆投入其門下。

與鄂爾泰同受雍正皇帝器重的是漢大臣張廷玉。張廷玉，安徽桐城人，康熙年間中進士，至雍正朝累遷至保和殿大學士、軍機大臣，兼管吏、戶二部，並任翰林院掌院學士。張廷玉出生於書香世宦之家、一門朱紫，其父張英以文學之才獲寵於康熙皇帝，官至大學士，死後賜諡「文端」，寓以人品、學問端方之意。張廷玉是張英的次子，他的長兄張廷瓚官拜詹事府少詹事，弟弟張廷璐官拜禮部侍郎。張廷玉的三個兒子也都登官仕進，長子張若靄、次子張若澄，均入直南書房，爲內閣學士。堪稱滿門貴盛，天下榮之。

張廷玉長期爲雍正皇帝起草諭旨文書，長於文學之才，且又勤勞謹慎，善於貫徹皇帝的意思，被雍正視爲股肱心腹。一次張廷玉偶患小恙，雍正皇帝命御醫前往診視，又遣內侍詢問寢食，關懷備至。隨後他對近侍說：「朕連日臂痛，汝等知之乎？」眾人不解，驚問其故。雍正笑著說：「大學士張廷玉患病，非朕臂痛又是什麼呢？」皇帝的寵信和倚重，使張廷玉置於權勢顯赫的地位，在他的身邊自然也團結起了一幫勢力。

到乾隆即位時，張廷玉作爲三朝元老，一時大臣皆爲後進，或由知遇之恩，或因提攜之情，投到張廷玉門下的不知多少。

總之，乾隆即位後，無論是鄂爾泰還是張廷玉都各自形成了勢力強大的朋黨集團，雙方各立門戶、廣植黨羽，爭權奪利、勢同水火。正如乾隆所說的那樣：「滿洲則思依附鄂爾泰，漢人則思依附張廷玉。」鄂張兩黨在一定程度上反映了滿漢官僚之間的矛盾。鄂爾泰與張廷玉「同事十餘年，往往竟日不交一語」，但爲爭權奪勢，卻無時不在暗中較量。張廷玉向來以謙沖自居，但對鄂爾泰卻是寸步不讓，鄂爾泰偶有過失，張廷玉必冷嘲熱諷，使其不得自容。且看下面兩人之間的一次玩笑對話：暑日，鄂公嘗脫帽乘涼，其堂宇湫隘，鄂公環視曰：「此帽放在何處？」張廷玉冷笑幾聲，回答道：「此頂還是在自家頭上爲妙。」張廷玉明明是在警告鄂爾泰要老老實實爲官，否則烏紗帽就戴不長了。鄂爾泰雖然十分惱火，卻又找不出發作的理由，只好自家生悶氣了。

其實，張廷玉雖然在咬文嚼字上比鄂爾泰高出一籌，常常以口角獲勝，但由於清廷的大權操縱在滿族上層的手中，乾隆個人袒護滿族官員的傾向較爲明顯，所以上層權力圈內，滿員占多數，漢員占少數，即使滿漢同官，權力也往往掌握在滿員手中。在這種情況下，鄂張兩黨的力量對比，不可能絕對平衡，而總是鄂黨占上風，張黨占下風。兩黨之間第一次大的衝突，就發生在雍乾交替之際。

雍正逝世前夕，因貴州台拱、古州一帶的苗民再度爆發了大規模的反清鬥爭，雍正怒形於色，頗有怪罪鄂爾泰措置不善之意。因爲鄂爾泰曾在雍

正面前誇下海口，聲稱西南改土歸流後，可保百年無事。然而，不過幾年工夫，苗民複反，苗事再起。鄂爾泰雖感意外，但自覺心虛氣短，便上疏請罪，要求罷免官職，削去伯爵，甘願回家養病。雍正皇帝當時正在氣頭上，再加上朝中反對鄂爾泰的呼聲很高，便同意了鄂爾泰的請求，解去他大學士之職，削去伯爵。鄂黨一時失勢，而張黨的勢力卻在上升。

雍正皇帝派往苗疆平叛的大臣是刑部尚書張照，他正是張廷玉的得力黨羽。張照挾門戶之見，一心想給鄂爾泰以致命的一擊，所以一至貴州，便開始搜集鄂爾泰的種種罪狀，向雍正告發，欲全盤推翻「改土歸流」的政策。由於張照一門心思都用在整治鄂爾泰身上了，在軍事上卻是一籌莫展。他這個苗疆大臣用兵不得要領，而且政策上也有失誤之處。他出於對苗民屢撫屢反、反覆無常的憎恨，抓住苗民，不論降拒，一律剿殺。這種野蠻的屠殺政策，把苗民逼上了絕路，反抗益堅，甚至手刃妻女從軍抗清。「苗患」在進一步蔓延，幾成無可收拾的局面。

但雍正的死，改變了一切。

乾隆繼位後，完全贊成「改土歸流」的政策，對張照極為不滿，斥責他持門戶之見存心報復的行徑，並將張照逮京下獄。封建專制政治下，生殺榮辱系於皇帝一身，人臣的命運，往往改變於瞬間，完全取決於皇帝的喜怒哀樂。雍正皇帝在臨終時寬容了鄂爾泰在苗疆的失誤，仍讓他以大學士承受顧命，輔佐新君。而乾隆皇帝又以鮮明的態度，為鄂爾泰翻了案，在逮治張照的同時，將鄂爾泰的得力心腹張廣泗派往苗疆。鄂黨占了上風，以為機會已到，欲窮追猛打，置張照於死地，以達到窮治張黨的目的。

乾隆儘管肯定了鄂爾泰執行的政策，但豈能聽任鄂黨乘機報復、製造大獄、形成一黨壓倒優勢的局面。他置身於兩黨之間，竭力保持平衡，這正是專制君王的統治之術。正是在這種不使一黨得勢，亦不使另一黨失勢的指導思想下，乾隆皇帝赦免了張照，命其在武英殿修書行走，後又授內閣學士，入直南書房，五年後官復原職，仍居刑部尚書之位。乾隆當時尚無自己的班底，只能沿用鄂張二黨中的人才，他小心翼翼地操縱著這架龐大的國家機

器，使它不致因爲自己是個新手而出現什麼故障。一個政治體制下存在兩個以上勢力集團，這在封建社會是常見的政治現象。最高統治者應該憑藉自己的權力，控制對立的雙方，不讓一方消滅另一方，而要使他們在一個體制下共存，共同效忠於自己，這就是乾隆皇帝不偏不倚的統治之術。

　　鄂、張兩黨的長期對立，必將引發嚴重的衝突。乾隆六年，號稱敢言的鄂黨御史仲永檀參劾張廷玉洩密，乾隆起初並不相信，因爲張素以縝密見稱。仲永檀便舉出禦史吳士功彈劾尚書史貽直的密奏曾被宣揚於外。吳士功爲張廷玉的門生，而史貽直則與鄂爾泰交好，乾隆清楚地記得，吳士功上年確有密奏，而且確實被宣揚於外，洩密的責任必在張、吳二人。此事如果追究下去，將成大獄，張黨必然會遭到慘重打擊。於是他決定將此事壓下，對吳士功洩密姑且不究，張廷玉也沒有因相互串通、洩露機密而受到懲處。仲永檀攻訐張黨洩密，其實鄂黨洩密尤甚。乾隆早就指出：「鄂爾泰縝密之處，不如張廷玉。」僅僅過了一年，仲永檀和鄂爾泰長子鄂容安串通洩密、陷害異己之事即行敗露。他們相互交通，在參奏別人之前，先行商謀，參奏之後，又相互照會。仲永檀無非是要巴結討好鄂爾泰，才與鄂容安結爲至交。這種無視法網、朝綱的明知故犯行爲，令乾隆氣得髮指，他指責鄂爾泰既不能「擇門生之賢否」，也不能「訓子以謹飭」，是營私黨庇之過。見乾隆大怒，張黨乘機落井下石，要求刑訊仲永檀、鄂容安，並逮問鄂爾泰。此事如果追究下去，鄂爾泰必將身敗名裂，鄂黨也會隨之崩解，形成張黨得勢的局面。這並不是乾隆皇帝所希望的結果，他必須竭力維持兩黨的均勢，以收牽制之效。於是乾隆同樣從寬發落，除仲永檀下獄、在獄中病死外，僅令鄂容安退出南書房、鄂爾泰交部議處，以示薄懲。

　　乾隆皇帝在操縱駕馭官僚政治這架龐大的機器時，猶如駕馭一艘巨輪航行在大風大浪的海上，他尤其需要保持船身的平衡，只有這樣不偏不倚，才能闖過激流險灘。

咸豐帝的權術計謀

咸豐兄弟間的皇位之爭

　　清朝前期，從太祖努爾哈赤到康熙皇帝的一百多年時間裡，是建立政權、平定叛亂、恢復經濟的關鍵時期。但無論國家大事多麼緊迫，軍機政務

「御賞」「同道堂賞」璽及璽匣。

多麼繁忙，始終未能擺脫激烈的皇權鬥爭，以至康熙這樣堪稱英明的皇帝，也被皇子之間你死我活的競爭弄得心力交瘁。

　　雍正即位後，他從自己爭奪皇位的親身經歷中吸取教訓，創建了「秘密立儲」制度。從此，不再公開立皇太子，而是將立儲諭旨秘藏在匣內，放到乾清宮「正大光明」匾後，直到皇帝駕崩時，才由御前大臣共同拆封，當眾宣布由誰繼位。

　　這種方法很巧妙，令所有心儀皇位的皇子都心存希望，努力用帝王的標準來塑造自己的形象，希望贏得父皇的好感。而且，由於皇子們沒有明確的競爭目標，也不容易形成各種圍繞皇子結成的政治集團。

這個辦法雖然不能徹底消除統治者內部爭奪帝位的鬥爭，但它畢竟削弱了這種鬥爭的激烈程度，避免了血腥殘殺。所以，從雍正以後，爭奪皇權的鬥爭，變得平和隱秘了許多，更多地表現為一種權術和計謀的較量。

雍正之後，經乾隆、嘉慶，皇位傳到了道光。道光是清朝入關後的第6位皇帝，他共有9個兒子。

到了道光二十六年（1846年），道光64歲時九子中3位早逝、一位過繼給親王、3位年紀不到6歲，有能力競爭帝位的只剩下14歲的四皇子奕詝和13歲的六皇子奕訢兩兄弟了。

在諸位皇子中，又唯有這兩兄弟關係最為密切。他們從小在一起讀書習武，兄弟倆不僅成長為熟讀經史、兼通詩文、擅長騎射的少年才俊，還共同研創出槍法二十八式、刀法十八式，使得道光皇帝十分欣慰，特意將槍法賜名為「棣華協力」，刀法賜名為「寶鍔宣威」，暗喻兄弟二人協力同心。

四皇子10歲時，生母孝全成皇后突然去世，他便由六皇子的生母孝靜貴妃撫養。兄弟倆感情更深一層，如同一母同胞。

兄弟倆感情很好，但也可以說是不幸，因為皇位只有一個，究竟誰能成為皇位繼承人呢？

有關道光立儲的故事，民間有多種說法，在野史中記載也很豐富，關於繼位傳說共有四種：

說法一：先立六子，後改四子

因為孝靜貴妃最寵愛六皇子，道光曾預先寫好諭旨立他為儲。書寫時有個太監在階下偷看，這件事漸漸傳了出去，道光知道後很不高興，便改立了四皇子。

說法二：人定六子，天定四子

六皇子特別聰明，道光非常喜歡他，有心立他為皇儲。道光將死時，急忙傳令召見六皇子。不料這時四皇子剛好來請安，聽說這個消息趕

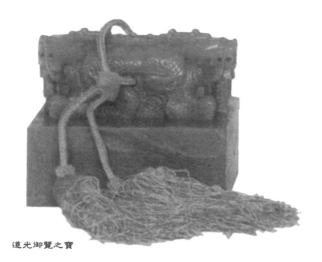

道光御覽之寶

忙跑到父皇身邊。道光嘆息一聲，昏迷過去。等到六皇子趕來，道光已經駕崩，四皇子已經即位了。

說法三：心憐皇后，恩施其後

四皇子生母孝全成皇后生前與皇太后，即道光的母親關係不好，她由貴

《道光帝行樂圖》

211

妃晉升爲皇后不久，就突然死去了。一首《清宮詞》中寫到她的暴死「事多隱秘」，言外之意是被太后害死了。道光十分悲痛，決定立四皇子爲儲，以此告慰皇后亡靈。

說法四：手心手背，左右爲難

道光晚年確實最鍾愛六皇子，想把家國大業交給他。但又因四皇子品德賢良並且年長，所以猶豫不決，最終立了四子。

從傳說可以看出：道光更偏愛六皇子。這從道光爲兩兄弟擇親的情況也可以得到證實。

道光爲四皇子指定的是負責祭祀的太常寺少卿富泰的女兒，爲六皇子指定的是都統桂良的女兒。相比之下，六皇子親家更有權勢。而在封建社會，婚姻是與政治相聯繫的。

不過，繼承皇位事關國家大局，僅有皇帝的偏愛是不夠的。隨著道光日漸衰老，兩兄弟加緊了爭奪父皇歡心、謀取皇位的步伐。

道光晚年時命皇子們隨駕到南苑圍獵，檢驗皇子騎射才幹。

據文獻記載，六皇子武藝超群，在圍獵中獲得獵物最多。而四皇子卻站在一旁，不發一箭。

原來，四皇子知道自己騎射不如六皇子，事前請他的老師杜受田出了個高招。善於揣摩道光心理的杜受田說：阿哥千萬別發一槍一箭，而且要約束手下人不得捕捉動物。皇上如果問及原因，你便說現在正值春天鳥獸萬物孕育的時候，不忍心傷害它們，也不願用這種方式與弟弟們競爭。

四皇子照計而行，果然道光非常高興，讚歎道：這真是具有帝王心胸的人說的話啊！

還有一次，道光召兩皇子問他們對國事政務的看法。二人接旨後分別請教自己的老師。六皇子的老師卓秉恬有才氣，好發議論。他告訴六皇子：「當知無不言，言無不盡。」而杜受田卻告誡四皇子：如果談國事政務，你比不過六爺。只要皇上說自己快死了，不等他問政，你就趴在地上哭。四皇子言聽計從，他的表現使道光深感這個孩子仁孝。

後來兩兄弟對各自老師的不同態度，說明杜受田在爲四皇子爭位中確實立了功，因而得到恩寵。而六皇子爭位失敗，對老師不滿。

道光三十年，道光帝去世，兩皇子的皇位之爭也有了結果。

道光傳位秘檔，是唯一保存至今的一組有關秘密立儲的珍貴實物。匣中共有諭旨四份。立儲諭旨用滿漢文寫道：「皇四子奕詝著立爲皇太子。」又用漢文寫道：「皇六子奕訢封爲親王。」這是道光逝世的前四年寫的。還有兩份交代身後應辦事項的遺旨，並都貼有封條。此外，匣中還有朱諭一份，意思是說，諸位大臣當以國計民生爲重，同心協力輔佐新皇帝。這份朱諭是道光臨死前書寫的，字跡很潦草。

《道光帝立儲密旨》及建儲匣
現藏於中國第一歷史檔案館。

秘密立儲的諭旨應該只有立儲內容，但道光在立四皇子爲太子的同時，又考慮了六皇子。這種一紙兩諭的特例耐人尋味。而道光臨終朱諭給人的感覺是，大臣們對立四皇子爲皇太子好像存在不同看法。

四皇子繼位並非一帆風順。在丁國鈞的《荷香館瑣言》中，記載了這樣一個情節：道光在他病危時，曾召御前大臣八人到寢宮，讓他們一起開啓秘密立儲的錦匣。當時，六皇子生母孝靜皇貴妃叮囑禦前大臣不要馬上接匣，禦前大臣就有點猶豫推諉。道光見此情景，非常憤怒，以手拍床。禦前大臣才不得不去接錦匣，當眾開啓，宣讀四皇子爲皇太子的諭旨。

史學家認爲，這則記載與史實不符，但從中可以看出，兩兄弟爭儲的傳聞，確實是事出有因的。

道光的一紙朱諭，決定了兩兄弟的命運，從此四皇子黃袍加身，成爲咸

大清皇權遊戲

豐帝，而六皇子作為親王俯首稱臣。但兄弟倆的鬥爭卻並未結束。

咸豐元年，恭親王代咸豐前往道光陵祭拜。這位在帝位爭奪中失敗的多才皇子感慨萬端，賦詩一首：

曙色分林表，迷離隱遠村。

泉流溪口合，鳥語陌頭喧。

石勒碑何在，荊卿墓尚存。

當年曾駐蹕，今日淚雙痕。

這首詩情景交融，字裡行間流露出空懷壯志、悲淒哀怨的心情。

咸豐繼位後，恭親王小心謹慎，一度得到咸豐信任，出任領班軍機大臣。但後來兩兄弟嫌隙漸生。

事情是這樣的：孝靜貴妃認為自己撫聖有功，多次託恭親王向咸豐請求為自己加封太后，咸豐沒有同意。《祺祥故事》記載：咸豐五年，皇太妃病重。咸豐前去看望，遇見恭親王。咸豐隨口問：額娘病得怎樣了？恭親王說：很重，看樣子要等晉封皇太后才能閉眼。倉促間咸豐「哦、哦」了兩聲。沒想到恭親王聽後立即到軍機處傳旨，禮部隨後奏請尊封皇貴太妃為康慈皇太后。

為此咸豐非常生氣，但不得已批准了。9天後，康慈皇太后病逝。不久，咸豐便以「辦理喪事有疏忽」的罪名將恭親王趕出軍機處，並罷免了他的其他重要職務。

咸豐還降低了養母康慈皇太后喪禮的等級，在諡號中不加道光的「咸」字，也不在祖廟立牌位，創造了清代皇后喪禮的特例。太后陵墓也沒與皇帝陵在一起，而是與16個妃子的園寢在一起，但中間用牆與妃子墓隔開，並用黃瓦以示區別。

這種既有別於皇后又有別於妃子的處理，隱隱透出咸豐的用心：他要讓弟弟知道，皇帝的親生母親和養母是有區別的。並以此警告弟弟：別再打皇帝寶座的主意。就這樣，咸豐終於戰勝恭親王坐穩了皇位。

歷史的迷霧

悠悠史跡道不明疑團怪影

眾說紛紜理不清撲朔迷離

努爾哈赤究竟姓什麼

　　清朝開國皇帝太祖努爾哈赤姓什麼？據文獻記載，一共有六種說法，佟、童、崔、雀、覺羅、愛新覺羅。

　　據《清太祖實錄》記載，清朝皇帝都認為自己姓愛新覺羅，其中還有一個美麗的傳說，相傳有三個仙女在池中沐浴，一隻神鵲銜來一枚果子，落在三仙女的衣服上，仙女愛不釋手，把果子放入口中，吞進腹中，從而有了身孕，生下一個男孩，男孩相貌奇異，而且剛出生就能說話，仙女告之，他姓愛新覺羅，名叫布庫裡雍順。布庫裡雍順也就是清朝皇帝的祖先。

　　我們知道，剛開始滿洲並沒有滿文，當時明朝、朝鮮的官私書籍裡，關於清朝先世的姓氏又是怎樣記載的呢？

　　明朝和朝鮮的文獻均有記載，清太祖努爾哈赤姓佟和童。努爾哈赤曾作為明朝的建州衛官員，先後八次騎馬到北京向明朝萬曆皇帝朝貢。明人或明清之際的學者，做了大量的記載，都說努爾哈赤姓佟。

　　而且努爾哈赤曾同朝鮮打交道數十年，朝鮮文獻也留下大量記載。申忠一《建州紀程圖記》有如下記載：萬曆二十四年（1596）正月，努爾哈赤向朝鮮國王回帖雲：「女眞國建州衛管束夷人之主佟奴爾哈赤稟」等等。

　　努爾哈赤自稱姓佟。申忠一作為朝鮮南部主簿到達佛阿拉，受到努爾哈赤的接見，並在那裡住了一段時間。他回國後將見聞寫成《申忠一書啟及圖錄》即《建州紀程圖記》，資料珍貴，相當可信；而那篇《回帖》是努爾哈赤本人讓他轉給朝鮮國王的。這是努爾哈赤親自審閱過的正式公文，應當算是第一手資料。但是，朝鮮文獻更多的是把「佟」寫作「童」。

　　「童」和「佟」實際上是女眞人的普遍姓氏，是假借漢人的姓氏。

　　佟姓或童姓，不但是遼東的顯著大姓，也是當時女眞人的普遍姓氏。誰做了部落的酋長，誰與明朝發生關係，這人便以佟或童為姓，通過「四譯館」，轉給明朝政府。

福陵隆恩門

　　章炳麟的《清建國別記》中提到一種說法，佟姓原來是漢人的姓氏，後來常被夷人襲用，以假冒漢人，提高自己的身價。清朝皇室的祖先在名字前面冠以「佟」姓，也是因爲羞於提起自己夷人的身分，於是假借漢人的姓氏。可見女眞酋長，可以隨時姓佟或童，佟姓或童姓，也就成爲他們的公姓。

　　努爾哈赤的姓氏除了佟或童的說法之外，朝鮮人還有記載稱他姓雀或姓崔。

　　有一種解釋是來源於努爾哈赤的母親因爲呑下雀卵才生下了他，不過清朝人並沒有如此記載，《清太祖實錄》的《武錄》、《滿錄》、《高錄》三書，僅記載其母懷孕13月而生努爾哈赤之事，並無呑卵而孕之說。

　　第二種解釋則來源於仙女呑服神鵲留下的果子而生下清朝皇帝祖先的神話，因此傳聞努爾哈赤姓雀。而且滿洲先人曾把烏鵲作爲圖騰，這些都能把清朝皇室姓氏同「鵲」或「雀」相聯繫。當然也有學者提出了新看法，認爲努爾哈赤姓「崔」是由於朝鮮語中，崔的發音介乎於漢語缺和吹之間，與

217

「覺羅」中「覺」字音相近，於是懷疑崔姓是來源於「覺羅」的誤讀。

有學者又認為努爾哈赤的真實姓氏是金，猛哥帖木兒是努爾哈赤的六世祖，有史料記載他姓金，金是「愛新」的音譯。所以，猛哥帖木兒及其後裔努爾哈赤都姓金，也就是姓愛新。

還有一種說法，是姓覺羅。《清朝通志·氏族略》裡記載愛新覺羅是國姓，愛新是金的意思，其他的覺羅則冠以地名、部名、民名等，與國姓相區別。如「伊爾根覺羅」就是「民覺羅」的意思，以表示它們和愛新覺羅（金覺羅）有所分別的。在《八旗滿洲氏族通譜》裡，記載有8種覺羅：伊爾根覺羅、舒舒覺羅、西林覺羅、通顏覺羅、阿顏覺羅、呼倫覺羅、阿哈覺羅、察喇覺羅。

可見「覺羅」是滿洲皇室舊有的姓氏，「愛新」是後來加添的，其目的在於顯示帝王後裔的尊貴。

到清太祖的時候，為何捨棄了漢人的佟姓，而自稱姓覺羅呢？

因為佟姓畢竟是漢人的姓氏，雖然假借了可以假冒漢人，在和明朝官方文書往來時方便些，可是金姓卻是金朝女真的國號，不但可以自顯是帝王種族的後裔，而且可以借著它在女真民族中有所號召。

因此，「愛新覺羅」這個姓並不是憑空創造的，而是有它產生的原因、形成的過程。

但是，清太祖努爾哈赤的姓氏——愛新覺羅，並沒有找到直接的史料依據，而是學者根據史料推論，所以至今清太祖姓氏仍是一個歷史之謎。

努爾哈赤死亡之謎

努爾哈赤，中國歷史上最後一個封建王朝的奠基人。但關於他的死因，史學界爭論不休，始終沒有定論。而爭論的焦點主要集中在，他是被袁崇煥的炮火所傷，鬱悶而死，還是死於探索渾河，或者身患毒疽，不治身亡。

第一種說法：死於紅夷大炮

1626年，68歲的努爾哈赤親率6萬大軍（號稱14萬）南征，一路勢如破竹，不戰而得8座城池，很快兵臨寧遠城下。明朝甯遠城守將袁崇煥嚴詞拒絕努爾哈赤的招降，親率兵民萬人頑強守城。他們在寧遠城上架設了11門紅衣大炮（按：本為紅夷大炮，因清朝以少數民族入主中原，忌諱「夷」字，故稱紅衣大炮），隨時準備迎接來犯之敵。

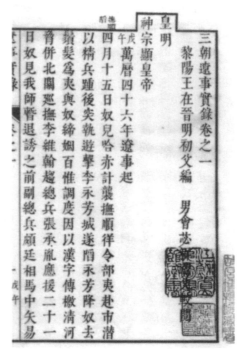

《三朝遼事實錄》
關於努爾哈赤攻陷撫順的記載

這種紅衣大炮為英國製造的早期加農炮，炮身長、管壁厚、射程遠、威力大，特別是擊殺密集騎兵具有強大火力，是當時世界上最先進的火炮。在威力極大的西洋火炮猛烈攻擊的情況下，作為後金大軍統帥而親臨城下督戰的努爾哈赤有沒有受傷呢？

據朝鮮人李星齡所著的《春坡堂日月錄》記載，朝鮮譯官韓瑗隨使團來明時，碰巧與袁崇煥相見，袁很喜歡他，寧遠之戰時曾把他帶在身邊，於是韓瑗得以親眼目擊這次戰役的全過程。寧遠戰事結束後，袁崇煥曾經派遣使

臣帶著禮物前往後金營寨向努爾哈赤「致歉」（實為冷言譏諷），說「老將（按：指努爾哈赤）橫行天下久矣，今日見敗於小子（按：指袁崇煥），豈其數耶」！努爾哈赤「先已重傷」，這時備好禮物和名馬回謝，請求約定再戰的日期，最後終於「因懣恚而斃」。這條史料明確記載努爾哈赤是在甯遠之戰中受了「重傷」，並由於寧遠兵敗，精神上也受到很大的創傷，整日悒悒不自得。在肉體和精神受到雙重創傷的情況下，這位元沙場老將終於鬱鬱而終。

　　明朝史籍也記載，明朝軍隊曾炮斃一個「大頭目」，專家分析這個「大頭目」就是努爾哈赤。

　　《明熹宗實錄》記載，明朝兵部尚書王永光奏稱，在甯遠之戰中，明朝軍隊前後傷敵數千，內有頭目數人，「酋子」一人。薊遼經略高第則奏報，

廣寧城遺址

南漢山城城門

在後金軍隊攻城時，明朝軍隊曾炮斃一個「大頭目」，敵人用紅布將這個人包裹起來抬走了，還一邊走一邊放聲大哭。明人張岱在其所著的《石匱書後集・袁崇煥列傳》中記載，紅夷大炮打死敵人不計其數，還擊中了「黃龍幕」，傷一「裨王」。敵軍認為出師不利，用皮革裹著屍體，一路號哭著撤退了。據此分析，上述史料中提到的「酋子」、「大頭目」、「裨王」即為努爾哈赤本人。

　　令人不解的是，清代官書提及努爾哈赤之死時，都說他是得病而死，至於得的是什麼病，則往往諱莫如深。對此，金國平和吳志良的分析是，努爾哈赤在寧遠攻城戰中中炮受傷，隨後又受了袁崇煥這個「小子」的冷言譏諷，回到瀋陽後一直耿耿於懷，怒火中燒，導致傷口惡化，後來前往清河洗湯浴，致使傷口進一步惡化，終於並發症而死。炮傷是努爾哈赤致死的最重

221

要原因。大清一代開國君主竟葬身「西洋大炮」口下很不光采，為固軍心，隱瞞、遲報主將傷亡乃古今中外兵法慣伎。因此，可以大膽推斷，努爾哈赤在寧遠之戰中受傷後致死。在沒有新資料以前，這一點似乎可為定論。

第二種說法：死於探索渾河

清代史籍有很多有關努爾哈赤臨終前在渾河上情況的記載。《滿洲實錄》載：「天命十一年（丙寅，1626）七月二十三日，帝不豫，詣清河溫泉坐湯。十三日大漸，欲還京，遂乘舟順太子河而下。遣人召後覺華島明代屯糧城北門遺址（位於今遼寧省興城菊花島鄉）。迎之於渾河相遇，至艾家堡，離瀋陽40里。八月十一日庚戌未時崩，在位11年，壽68。國政及子孫遺命預有告誡，臨終遂不言及。」

當時，從本溪清河溫泉坐船順太子河入渾河是順流而下，雖然入渾河後坐船是逆流而上，但是返回瀋陽皇宮也用不了幾天的。由此可見，努爾哈赤從「大漸」至死是有充分時間交待後事的。但是現在看來，無論他是病重在渾河船上，還是沒病，都完全不必讓大妃來陪著滯留在渾河上而不入宮。那時定會有一個渾河的秘密在努爾哈赤的心中隱藏。當時的情況是否應該如此設想：努爾哈赤與大妃相會之時並非已是生命垂危之際，而是招大妃阿巴亥到渾河上相陪，敘說他對渾河的崇敬和戰敗後心中的苦悶。見面後，努爾哈赤並沒有想到自己會死，更沒有想到自己會死得很快，便沒有留下什麼遺訓，而是與大妃談論著渾河、天柱山入渾河之處的風水、渾河這條龍脈之水對他的天之相助、天之旨意；談論著將來他們死後要一同埋葬在福陵這塊風水寶地上；談論著他們的孩子多爾袞的聰慧；談論著讓阿巴亥好好地教養多爾袞；談論著他的子孫後代必將戰勝明朝、必將改天換地、必將逐鹿中原、必將一統江山。此時的努爾哈赤把心中的無限美好憧憬和遷都瀋陽的心中秘密完全告訴了阿巴亥，並且情緒激動。寄託、希望他的子孫萬代都能穩坐在這條渾河龍脈之上，乘風破浪，永享千年。然而，努爾哈赤卻在這興奮之際內火攻心突然一命歸天了。今天的這種設想是否成立呢？需要後人去進一步的解讀、考證、推理。但是切切不可片面的否定這種設想。

箭亭

　　第三種說法：身患毒疽，不治身亡

　　李鴻彬認為，努爾哈赤回到瀋陽以後，一則由於寧遠兵敗，赫赫有名的沙場老將敗在初曆戰陣的青年將領手中，精神上受到很大的創傷，整日心情鬱憤；二則因為年邁體衰，長期馳騁疆場，鞍馬勞累，積勞成疾。同年七月中，努爾哈赤身患毒疽，並非炮傷，二十三日往清河湯泉療養。到了八月七日，他的病情突然加重。十一日，便乘船順太子河而下，轉入渾河時，與前來迎接的太妃納喇氏相見後，行至離瀋陽40里的雞堡死去。

　　當然，歷史還需要更多的證據去證實。

順治帝繼位之謎

　　清太宗皇太極猝死之後，皇位繼承在肅親王豪格同睿親王多爾袞之間角逐，幾乎所有人都沒有想到，6歲的福臨登上了皇位。幼小的福臨何以能承大統？這是清朝歷史的一個謎。往之論者多認為出自睿親王多爾袞之首議。目前看來，事實並非如此，按照清太祖努爾哈赤規定的皇位繼承《汗諭》，由滿洲八旗貴族共議嗣君。時親王、郡王共有7人：禮親王代善、鄭親王濟爾哈朗、睿親王多爾袞、肅親王豪格、武英郡王阿濟格、豫郡王多鐸和潁郡王阿達禮。認為福臨繼位之議出自多爾袞的學者，其主要依據是朝鮮《瀋陽狀啓》或《沈館錄》中的一段記載。為便於分析，徵引全文如下：

　　「秘密狀啓。十四日，諸王皆會於大衙門。大王發言曰：『虎口，帝之長子，當承大統雲。』則虎口曰：『福少德薄，非所堪當！』固辭退去。定策之議，未及歸一。帝之手下將領之輩，佩劍而前，曰：『吾屬食於帝，衣

大清皇權遊戲

皇極門
順治元年（1644）十月初一，順治在此登上皇帝寶座。

於帝，養育之恩與天同大，若不立帝之子，則寧死從帝於地下而已。』大王曰：『吾以帝兄，常時朝政，老不預知，何可參於此議乎？』即起去。八王亦隨而去。十王默無一言。九王應之曰：『汝等之言是矣。虎口王既讓退，無繼統之意，當立帝之第三（應作九）子。而年歲幼稚，八高山軍兵，吾與右眞王，分掌其半，左右輔政，年長之後，當即歸政。』誓天而罷雲。」

上述《秘密狀啓》，時間記爲癸未年（1643）八月二十六日，即大衙門秘密會議後的第十二天。文中的「大王」爲禮親王代善，「虎口」爲肅親王豪格，「八王」爲英郡王阿濟格，「九王」爲睿親王多爾袞，「十王」爲豫郡王多鐸，「右眞王」爲鄭親王濟爾哈朗。

在上述材料中，有兩點應分析。其一，「九王應之曰」，就是說在九王多爾袞發表當立帝之第九子福臨以前，諸王們有一番爭論，而被《秘密狀啓》的作者，或出於重點在啓報新君爲誰而省略繁文，或對當時秘議不甚了了而斷簡闕載。無論出於何種原因，其前都有一番爭論。因是最高機密會議，外人不可得知而詳。《秘密狀啓》中的這段記載，十分可貴，有所罅漏，不必苛責。

其二，「汝等之言是」，就是說在九王多爾袞發表當立帝之第九子福臨以前，諸王們有人提出立福臨，故多爾袞才「應之」、「是之」，否則何應之有、何言之是！

由上可見，福臨繼位之議出自多爾袞的直接史料未見一條，而所據之《瀋陽狀啓》言辭含糊，且存疑點。

事實上，擁立福臨繼承皇位之議首先出自鄭王濟爾哈朗，當時最有影響的四位和碩親王——禮親王代善抱明哲保身態度，以年老多病爲由，不想捲進這場政治漩渦；肅親王豪格與睿親王多爾袞對立，雙方僵持，互不相讓，所以只有鄭親王濟爾哈朗比較超脫而能起協調作用。

鄭親王濟爾哈朗是努爾哈赤胞弟舒爾哈齊之子，在這場宮廷鬥爭中扮演著重要的角色。因爲：一則，濟爾哈朗雖是舒爾哈齊之第六子，但自幼爲伯父努爾哈赤養育宮中如同己出；二則，濟爾哈朗小皇太極七歲，兩人情誼如

同胞；三則，阿敏被奪旗後，濟爾哈朗成爲鑲藍旗的旗主貝勒；四則，濟爾哈朗屢經疆場，軍功顯赫；五則，濟爾哈朗年四十五，排行僅亞於代善，比多爾袞年長13歲；六則，濟爾哈朗受清太宗信任依重，被封爲和碩鄭親王；七則，濟爾哈朗既是多爾袞的兄長，又是豪格的叔輩，便於兩方協調；八則，濟爾哈朗表面憨厚而內心機敏，可以在關鍵時刻提出重要建議。所以，鄭親王濟爾哈朗在大衙門議商皇位繼承而陷於僵局之時，提出了一個折衷方案——讓既是皇子，又不是豪格，而是福臨繼位，平衡了各方。

鄭親王濟爾哈朗因擁立福臨繼位之功，而得到擔任輔政王的政治回報。輔政親王的政治地位較和碩親王更高一層。當時爲何不由代善、豪格，而由濟爾哈朗輔政？顯然，代善在這場嚴重而激烈的政治鬥爭中毫無作爲，大貝勒沒有作出有利於勝利一方的貢獻。豪格則與多爾袞對立，如二人同時輔政，會出現兩虎相爭的局面。至於濟爾哈朗之所以爲攝政王，主要原因是：首先，他提出了福臨繼位這一折衷方案，姪子繼統，皇叔攝政，理所當然，眾王接受；其次，他因私下表示擁立豪格，又爲兩黃旗王大臣所接納；再次，他同代善父子無惡，而爲兩紅旗王大臣所認允；再次，他非努爾哈赤直系子孫，對多爾袞兄弟構不成政治威脅，而爲兩白旗王大臣所接受。但是，濟爾哈朗不久便被多爾袞撤其輔政王。這是多爾袞對濟爾哈朗不擁立自己而擁戴福臨的一個政治報復，也是多爾袞獨攬朝綱鞏固權力的一項舉措。

睿親王多爾袞在兩黃、兩紅和兩藍六旗不支援的情勢下，若自己強行登極，只有兩白旗支援，明顯不占優勢，還勢必引起兩白旗與兩黃旗的火拼，其後果可能是兩敗俱傷，給大清造成重大損失。解決皇位繼承難題的途徑不外3條：一是強自爲君，得不到兩紅、兩藍旗的贊同，還會引發兩黃旗的強烈反對；二是讓豪格登極，自己既不甘心，還怕遭到豪格報復；三是讓年幼的皇子福臨繼位，而自己同濟爾哈朗攝政，可收一石三鳥之利——打擊豪格，攝政掌權，避免內訌。所以，在上述三種解決辦法中，以第三種解決辦法比較切實可行，兩黃、兩白、兩紅、兩藍各方都可以接受。睿親王多爾袞，能知時務，聰睿機智，權衡利弊後才贊同立先帝第九子福臨。

福臨當時尚在幼年，不瞭解繼位政爭內幕。後來逐漸知道當年的故事。待多爾袞病死、自己親政之後，即對皇叔濟爾哈朗表彰其當年功績，賜予其金冊金寶。《清世祖實錄》順治九年二月庚申記載：「我太祖武皇帝肇造鴻基，創業垂統，以貽子孫。太宗文皇帝繼統，混一蒙古，平定朝鮮，疆圉式廓，勳業日隆。及龍馭上賓，宗室眾兄弟，乘國有喪，肆行作亂，窺竊大寶。當時爾與兩旗大臣，堅持一心，翊戴朕躬，以定國難。睿王心懷不軌，以爾同攝朝政，難以行私，不令輔政，無故罷為和碩親王。及朕親政後，知爾持心忠義，不改初志，故錫以金冊金寶，封為叔和碩鄭親王。」

在此，順治帝明確表明：濟爾哈朗在諸王議立自己為帝時，有擁戴之功。福臨的這番話，說出了當時的內情。鄭親王之功，在擁立福臨。順治帝對其他的親王、郡王，在決定自己繼位的功績上，都沒有進行過表彰，而只有對濟爾哈朗表彰此事，這從一個側面證明濟爾哈朗在大衙門諸王貝勒會議上有擁立福臨繼位的特殊功勳。

所以，鄭親王濟爾哈朗在大衙門諸王貝勒皇位繼承會議上，鑒於豪格與多爾袞爭奪皇位陷於僵局，能從大局出發，平衡各旗利益，提出折衷方案，首議由福臨繼承皇位，得到多爾袞的回應，也得到諸王貝勒公議。清太宗皇太極遺位爭奪的結果，既不是獨大一方的肅親王豪格，也不是獨大另一方的睿親王多爾袞，而是由第三者6歲的福臨繼承。這個方案與結果，對於四位和碩親王來說——於禮親王代善無利無弊，於睿親王多爾袞有利有弊，於肅親王豪格無利大弊，於鄭親王濟爾哈朗則有利無弊。所以，皇太極遺位由福臨繼承，得益最大是：福臨、孝莊太后、濟爾哈朗和多爾袞4個人。

順治帝「下詔求言」為什麼失敗

　　1650年（順治七年）冬多爾袞去世，接著順治帝親政，又經過一年多的政壇風雲，這位15歲的少年天子才真正掌握了封建王朝的最高統治權力。

　　順治帝主政後，面臨著各種尖銳的矛盾。為此，他採取了幾項重要措施，其中一項就是「下詔求言」。順治十年四月十七日（1653年5月13日）的上諭說：「今年三春不雨，入夏亢旱，農民失業，朕甚憂之。意朕躬有缺失歟？祀享有不誠、詔令有不信、政事有未當歟？抑大小臣工懷偏私，重賄賂，不肯實心為國，曠廢職業，以致膏澤不下逮歟？抑當言不言，不當言而言，沽名釣譽，持祿養交，無濟於實事歟？抑民間疾苦無所控訴，地方各官不以實上聞歟？著三品以上及科道官各抒所見，凡有關朕躬及天下大利大害、應興應革者，悉心條奏，毋含糊兩可，毋藉端影射。若所言合理，切中過失，朕不憚改。」（《清世祖實錄》，卷74）這道上諭，言辭不可謂不懇切，期望不可謂不殷迫。

　　在以後的幾年裡，類似的上諭還發過好幾次。廣開言路，集思廣益，調動官員的積極性共同應對政治、軍事、經濟各方面所面臨的嚴峻形勢，這應該說是一個很高明的舉措。

　　但是，事實並沒有如順治帝所預期的那樣發展。「下詔求言」遭到了群臣的冷遇，效果很不理想。這一點，順治帝曾多次談及。如順治十四年十月十六日（1657年11月21日），他召集三品以上官員，面諭說：「朕年來屢飭科道各官，據實陳奏，以廣言路。乃不抒誠建議，或報私仇，或受囑託，或以瑣細之事瀆陳塞責。雖巧飾言詞，而於國家政治有何裨補？」（《清世祖實錄》，卷112）順治十七年六月九日（1660年7月15日）又頒旨說：「頃因亢旱為災，朕省躬引咎，宣諭求言。原欲大小臣工，於朕躬闕失及關係國計民生利害者，指實陳奏，以圖興革。近見入告章疏，多摭拾浮泛修飾繁詞，開列款數，沽名塞責，不惟無裨治理，反使虛文愈增，稽誤正務。其於朕

「玉牒館記」印

玉牒館為編修愛新覺羅皇族家譜之機構。

躬闕失，並內外滿漢大小臣工結黨循私，貪贓壞法，以及豪右侵漁、商市強
霸，一切蠹政害民之事，未見確有指陳，殊負朕省改諮詢實意。」（《清世
祖實錄》，卷136）此事對這位皇帝影響甚深，可以說是終生未能釋懷。一
直到他即將結束其24歲年輕生命的時候，他還在《遺詔》中專門寫了這樣一
段話：「人之行事，孰能無過。在朕日理萬機，豈能一無違錯，惟肯聽言納
諫，則有過必知。朕每自恃聰明，不能聽言納諫，古雲：良賈深藏若虛，君
子盛德容貌若愚。朕於斯言大相違背。以致臣工緘默，不肯盡言，是朕之罪
一也。」（《清世祖實錄》，卷144）或者說這份《遺詔》是別人代擬的，不
一定代表順治帝的思想。但無論如何，把這件事情特意鄭重其事地寫入《遺
詔》，表明順治皇帝「下詔求言」的失敗，則是確鑿無疑的。

　　如果我們再進一步作深入的探究，看看「下詔求言」所以落得個失敗的
緣由，我們會發現，根本原因不在別處，正是在大力倡導此事的順治皇帝本
人身上。

　　按照順治帝自己的說法，叫做「居心未淨」。用我們現在的語言，就是

229

出發點不對，動機不純。順治十七年五月二十五日（1660年7月2日）的一個上諭說：「朕統馭寰區，焦心圖治。前此屢有引咎省躬詔諭，自今追思，皆屬具文，虛邀名譽，於政事未有實益。且十二、十三年間，時有過舉，經言官指陳，有即加處分者，有優容寬恕，而此心介介尚未全釋者。事有錯誤，猶可改圖，居心未淨，政事之流弊必多。」（《清世祖實錄》，卷136）原來，皇帝的「引咎省躬詔諭」，是做做表面文章，很大程度上是為了「虛邀名譽」，說穿了不過是一種政治「作秀」。所以對有些批評皇帝過失的話，或者「即加處分」，有的即使「優容寬恕」，心裡卻「介介尚未全釋」。我們並不驚異順治帝會有這種心態，因為這對於握有最高獨斷權力的封建君主來說，抱有這樣的想法是毫不為怪的，而使我們略感驚異的倒是如此坦率的自白，應該說這也是難能可貴的了。但「求言」既然不過是一種政治「作秀」，必定難以收到切實的效果，則是確定無疑的。

正由於出發點存在問題，所以順治帝對於群臣的意見和建議，並不認真對待，往往束之高閣，置之不理。順治十七年六月一日（1660年7月7日），都察院左副都禦史朱之弼上疏說：「順治十二年下詔求言，內外千百疏，部複未見施行。臣請此次應詔章疏，倘有事關大利大害、宜因宜革者，祈皇上俯賜裁決。」（《清世祖實錄》，卷136）一方面指責群臣「虛文塞責」，一方面對群臣的章疏視若無睹，不理不睬，豈不是表裡不一，大臣們哪裡還會有建言獻策的積極性？

更加重要的是順治帝自食其言，在「求言」的時候，要求大家「有官守者，必盡其職；有言責者，必盡其言」，並且信誓旦旦地表示，「若所言合理，切中過失，朕不憚改」，「即朕躬闕失，亦直言勿諱。朕不惟不加罪，並不芥蒂於心」。但實際上並非如此，這在前引的諭旨中我們已經看到了順治帝自己的自白。我們還可以舉一個具體的實例。順治十二年正月二十八日（1655年3月5日），吏科副理事官彭長庚，因為「水旱相繼」，檢討政治得失，在奏摺中歷數多爾袞開國時的種種功勞，認為對他削爵藉產，「毀滅過甚」，「其中不無冤抑」，提出「賜之昭雪，複其爵號」。多爾袞曾經是順

治皇帝的最大政治威脅，也可以說是他的頭號政敵。要對多爾袞平反，是他無論如何也不能接受和容忍的。於是，他「命議政王、貝勒、大臣會同斟酌密議具奏」。大臣們揣摩上意，給彭長庚定了個「陽應求言，陰圖構亂，違天悖上，紊亂朝綱，煽惑國家，情罪甚大」的嚇人罪名，本擬「斬立決」，看在「系奉旨條奏之時」，從寬免死，給了個「流徙甯古塔地方」的處分。這絕不是孤立的個案。大學士兼吏部尚書王永吉就上奏說：「夫官居言路，敷奏固其職掌，即百職諸司，感事憂時，豈無一得之見，況求之使言，誰不能言，而直言者甚少，何哉？揆厥所由，皆生於不敢。而其所以不敢之故，不過因禍福利害橫於前，誅殛放流迫於後爾。」（《清世祖實錄》，卷112）有一個叫李森先的御史，更直截了當地指出：「皇上孜孜圖治，求言之詔屢下，而兩月以來，大小臣工，猶然遲回觀望，不肯進言者，皆以從前言事諸臣，一經懲創，則流徙永錮，遂相率以言為戒爾。」（《清世祖實錄》，卷117）你想，上書言事必須隨時冒著「誅殛放流」的風險，官員們怎麼能不「以言為戒」呢？

可見，要想真正廣開言路，讓大家做到「知無不言，言無不盡」，首先必須有一個真誠的態度，不是做表面文章，一味「虛邀名譽」；還必須認真聽取和採納合理的意見，做到擇善而從；更需要有寬闊的胸懷，能夠聽得進逆耳之言，特別是要真正做到「言者無罪」，而不能以言治罪。但是，對於一個具有至高無上權力的封建帝王來說，要做到這幾點幾乎是不可能的。因此，順治皇帝「下詔求言」的失敗也就成為必然了。

順治為什麼要執意出家

　　順治在宮中執意出家，其首要原因，是受佛教思想的深刻影響。

　　入關前，順治對佛教一無所知。作為與明政權相抗衡的、統治著廣大東北地區的清政權的承繼者，其滿族文化傳統中，並沒有一種系統的可供信仰的宗教理論。他們在祭祀活動中崇拜的是自然的萬物多神。由於主持祭祀的人，按滿語稱為「薩滿」、「薩瑪」、「薩麻」、「珊蠻」等，這種宗教就被稱為「薩滿教」。它產生於遠古，沒有統一的教理教義，是一種原始的自

法源寺憫忠台

位於今北京市宣武區，始建於唐。順治曾聽法源寺高僧說法。

232

《進士登科錄》

順治十二年（1655）滿蒙文合璧刻本，現藏於故宮博物院。

然宗教。

　　而順治入關後，由於其朝政被做攝政王的叔父多爾袞所把持，多爾袞對順治的教育，又採取放任自流的態度，所以順治的幼年和少年時期，像所有滿族孩子一樣，熱心於騎馬、射箭和圍獵，對漢文化一片茫然。

　　據《清世祖實錄》卷三、卷九、卷十五等處的記載，就順治接受漢文化教育的問題，都察院承政滿達海，給事中郝傑，大學士馮銓、洪承疇等人，都曾經先後向多爾袞上疏，請求選擇有學識的人輔導順治的學習，但都被多爾袞以順治年幼的理由拒絕了。後來，多爾袞對這種建議索性置之不理。只是因爲多爾袞在順治七年（1650）十二月突然逝世，才使順治的漢化教育一下成爲必然。面對如此豐富而悠久的漢文化和歷史，出於實施統治的需求，順治在幾乎不識漢字的基礎上孜孜求學。但最先植入他頭腦中的宗教，卻並非是已被漢文化深深吸納和包容的佛教，而是沒能融入漢文化的基督教。

　　順治親政的第一年，爲了學習一些日食、月食、彗星、流星、曆法等天文、物理知識，就接受了大學士範文程的引見，召見了在欽天監任職的北京

耶穌會傳教士湯若望。湯若望淵博高深的學識，得到了順治帝的尊敬。而湯若望在得到這種教習機會後，在解釋科學知識的同時，開始向順治帝傳輸基督教教義。教義中關於一切罪過都可以通過懺悔而獲得天主寬恕、並免遭審判的思想，也隨之植入了順治的心靈。但湯若望在順治頭腦中苦心營造的這一信仰，終因缺少這片廣闊土地的文化滋養而坍塌了──在這片土地上被深深滋養著的佛教，其關於相同問題及出路的闡釋，最終征服了順治帝，並成為了他的人生信仰。

學界人士曾普遍認為，順治帝接觸佛教，開始於同京師海會寺主持憨璞聰的會晤。那一年，是順治十四年（1657）。但據中國第一歷史檔案館保存的「內國史院滿文檔案」的佐證，晏子友先生論證了順治帝應該是在八年的秋冬，通過認識在河北遵化景忠山石洞內靜修的別山法師而開始瞭解佛教的。

佛教在魏、晉、南北朝時期得到廣泛發展，在隋、唐時期達到鼎盛，並在傳播過程中逐漸形成天臺宗、律宗、淨土宗、法相宗、華嚴宗、禪宗、密宗等主要宗派。其中的禪宗，又是影響力最大地占主導地位的宗派。而禪宗在發展中，又分化為曹洞、雲門、法眼、溈仰、臨濟五宗。其中，臨濟、曹洞又是流傳時間最長、影響也最大地兩個宗派。在景忠山上修行的，正是曹洞宗的僧人。他們同順治之間的往來，被記載在景忠山上眾多的碑文石刻上。上面記載著在順治八年（1651），順治因為出獵來到景忠山，在碧霞元君殿會見了主持海壽法師，得知「知止洞」內，有一位別山禪師已經在洞內靜修了9年，就非常敬佩。在探望之後，回宮即在西苑（中南海）的椒園（又名蕉園）辟出萬善殿，召別山法師入宮，供其修身。但法師在禮節性地入宮後，就拒絕了順治的好意，回到景忠山繼續住在石洞內修行了。這件事，使順治帝知道了佛教，知道了佛教中有一些高世獨立的人，他們的信仰與追求，是自己所不瞭解的。於是，順治陸續延請了一些佛門中人入住萬善殿，開始了同佛教的接觸。而那位回了山洞的別山法師，由於給順治的印象非常深刻，在順治十年（1653）又被詔入西苑椒園，賜號「慧善普應禪師」，並

234

在椒園住了下來。

但是僅憑碑文石刻的記載，多少有些孤證，而《清世祖實錄》等漢文的官方檔案中，又沒有順治曾經在八年駕臨景忠山的記載。中國第一歷史檔案館保存的清初內國史院滿文檔冊上面記載，順治八年十一月初七（1651年12月19日），順治帝與皇太后、皇后一起行獵，駐於河北遵化。初八住在高家莊，並在這一天，去了娘娘廟，賞和尚海壽千兩銀子。等到從灤州回鑾的途中，在十二月初三（1652年1月13日），再次去了娘娘廟，「賜京宗山⋯⋯南洞之和尚伯三銀一百兩」。這裡，娘娘廟是碧霞元君殿的原稱，海壽即該殿的主持法師，而「京宗山」就是「景忠山」，「伯三」就是「別山」，只是因爲在將滿文翻譯成漢文時，地名、人名的翻譯使用的是音譯方法，因之所選的音譯漢字不同而已。

「清初內國史院滿文檔冊」，是清朝初期內國史院這個政府機構爲纂修國史而輯錄的滿文檔案材料，它按年月日的順序編輯。由於修史角度的不同，檔冊所輯錄的事件內容就詳略不同。儘管是簡單的記載，但將其與碑文石刻相對照，其登山原因、時間、別山法師修行處所都是吻合的，正佐證了碑文石刻所述事實的眞實性。

但可能是因爲曹洞宗的參佛方法著重於從個體去體悟佛性，不是很適合順治當時正值少年的文化基礎，而且這種教派的修身方法，也決定了海壽、別山等僧人的不善言辭，所以當順治在十四年（1657）結識了禪宗中的另一主要教派臨濟宗的一些僧人後，曾說，一開始我雖然尊崇佛教，卻並不知道有教法派別的區分，也不知道各個教派中的高僧，知道這些，是從憨璞聰開始。

憨璞聰，福建延平人，是臨濟宗的高僧。他在順治十三年（1656）的五月，被位於京師城南的海會寺請來做主持，從而使臨濟宗的宗風在京師大振。臨濟宗的教法，重在通過師生問答的方法衡量雙方悟境的深淺，並針對不同的悟境程度，對參學者進行說教，提倡通過交流使人省悟。這種重在交流而不是自省的方法，很適合順治瞭解佛教。所以在幾次長談後，順治

就對佛法產生了濃厚的興趣，並請憨璞聰奏列了江南各大名刹的高僧姓名和情況，開始延請臨濟宗的高僧入宮闡釋佛法。其中對順治影響很大的僧人，是浙江湖州報恩寺主持玉林琇，浙江寧波天童寺主持木陳忞，以及玉林琇引薦的弟子茆溪森，木陳忞引薦的弟子旅庵、山曉等人。在這些僧人的包圍闡釋下，順治從佛教中得到了深深的精神慰藉，並轉變成自身的思想信仰。他認玉林琇為師，請其為自己起了法名「行癡」，西苑萬善殿就成了他參禪拜佛和與這些僧人討論佛法的處所。玉林琇的大弟子茆溪森，不僅成了他的師兄，更因為自身學識和修行的高深而得到順治的深深信賴。有關順治帝與這些僧人在一起的活動和交談，都可以從這些人的著作中找到記載。從中我們

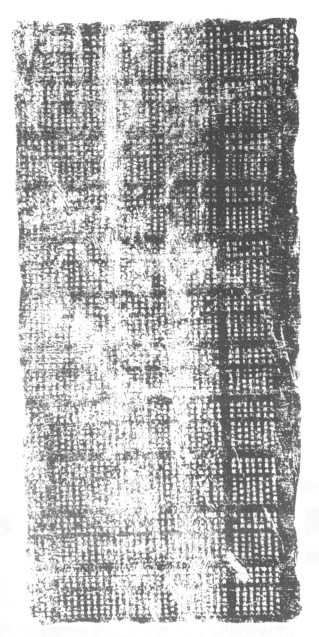

《順治三年進士提名碑》拓片

順治三年（1646）刻，現存北京國子監內。

可以看到，順治帝在思想上，已經完全接受了佛教關於生命輪迴、個人承擔著自身一世的善惡報應、如想脫離輪回只能依靠悟修佛法的教義。由此他相信，自己的皇帝之位，不過是過眼煙雲，來生並不知會在何處立命。所以他在受重創後意欲出家，是其思想信仰的必然結果。

順治在宮中執意出家，其另一個原因，是感情上受到了重創——他的愛妃董鄂氏去世了。

據《清史稿·後妃傳》記載，董鄂妃是內大臣鄂碩的女兒，在順治十三年（1656）的夏天，年已18歲的時候，入宮侍奉順治帝。再據《清世祖實錄》卷一百二記載，夏天入宮的她，在七月份就準備立妃。卷一百三記載，在八月二十二日，則被正式冊立為賢妃。冊文中順治帝稱讚她「性資敏慧，軌度端和」。在九月二十八日，又越過「貴妃」這一級別，準備立她為「皇貴妃」了。卷一百五，則對十二月初六舉行的正式冊禮，進行了詳細的記錄。冊文中，順治帝再次稱讚董鄂妃「敏慧夙成，謙恭有度，椒塗敷秀，弘昭四德之修」，並且為了這次冊立，頒發詔書，大赦天下，將自己喜悅的心情推及到了全國。該詔書長一百九十釐公尺，寬九十三釐公尺，目前仍然完好地保存在中國第一歷史檔案館。這樣，董鄂氏從入宮到晉升為等級最高的嬪妃——皇貴妃，不過用了半年的時間，況且因其冊立之事還頒發了大赦詔書。頒詔這種禮遇，通常只發生在冊立皇后的時候。但她確也做了皇后--是在死後被追封的，時間是順治十七年八月二十一日（1660年9月25日）她病逝後的第三天，諡號為「孝獻莊和至德宣仁溫惠端敬皇后」。這個時候，順治的皇后尚在位上，那是孝惠皇后，是科爾沁貝勒綽爾濟的女兒，名叫博爾濟吉特氏，這位經歷了董鄂妃的被寵倖而險些被廢的孝惠皇后，一直活到康熙五十七年（1718）才去世，享年77歲。這樣，如果取諡號的前兩字，董鄂妃又是「孝獻皇后」；取後兩字，也就稱「端敬皇后」了。

董鄂妃的去世，令順治帝非常難過。在《清世祖實錄》卷一百三十九記載，去世的當天，順治帝傳諭，親王以下，滿漢四品官員以上，公主、王妃以下命婦等人，全部聚集到景運門哭臨，這就是全部的皇親國戚了。而移送

梓宮的時候，這些人又必須隨同護送。卷一百四十記載，順治帝爲董鄂妃的去世輟朝五天，穿了12天的喪服，朝廷官員和命婦們爲此穿的喪服，直到27天才被允許脫下。卷一百四十二記載，到了百日祭奠這天，又是諸王以下、文武官員以上、公主王妃以下、各官命婦以上，全部齊集舉哀。另外從他親撰的4000字的《端敬皇后行狀》裡我們可以看到，他借小小的筆端，用日常生活串起了董鄂妃的優良品行，並傾注了自己的綿綿愛意。如此不同尋常的晉升速度和如此不同尋常的禮遇，只說明，順治深深愛著這位董鄂妃。但這位極度受寵的董鄂妃，因爲記載她來到順治身邊的年齡是18歲，就引起了後人對她入宮前的身分的猜測。因爲基本概念是：她是不可能通過報選秀女這個正常渠道直接走近順治的。清朝相關的法規限定，報選秀女的年齡是13到16歲。如果隱瞞不報，身爲滿族軍官的她父親，是要依照相關法規受到處罰的。所以，她這樣的年齡，是從什麼渠道入宮的呢？最廣泛的猜測演義，就是說，她是被擄獻入宮的江南名妓董小宛。

董小宛，出生於明天啓四年（1624）。這個出生時間，是根據她的丈夫冒襄寫的紀念文章《影梅庵憶語》推算的。冒襄，字辟疆，是明末清初的著名文學家，與侯方域、陳貞慧、方以智一起，被並稱爲「明末四公子」，是名噪一時的人物。他的《影梅庵憶語》，寫於小宛去世後。文中追憶同小宛相識的時間，是明崇禎十二年（1639），這年小宛16歲。如此推知，小宛應該是在明天啓四年（1624）出生。而順治帝則出生於清崇德二年（1637），這個概念就是，小宛要比順治大十三四歲。冒襄記錄小宛死亡的時間，是順治八年正月初二（1651年1月22日）。這一年，順治帝剛剛14歲，還沒有到大婚的年齡。所以單從年齡和小宛去世的時間上推論，董鄂妃也不可能是董小宛。況且，在《影梅庵憶語》中，冒襄詳細記錄了爲小宛贖身、一起回家後遭遇的戰亂逃亡生活，以及小宛最後病死的全過程。董小宛死去的地點，是江蘇如皋叫「水繪園」的家中屬於自己的那間房子裡——「影梅庵」。她的死亡，還得到了當時一些著名學士的見證。所以董鄂妃不可能是董小宛。

據一些史學研究書籍闡述，董鄂妃在來到順治帝身邊之前，是襄親王博

穆博果爾的妻子。她是在順治十年（1653）15歲時入選秀女，指配給了襄親王，在第二年成婚。成婚時董鄂妃16歲，襄親王13歲。這位生於清崇德五年（1641）名叫博穆博果爾的襄親王，是皇太極的第十一個兒子，其母親是懿靖貴妃博爾濟吉特氏。也就是說，襄親王是順治帝的同父異母弟弟。這樣，董鄂妃在來到順治帝身邊之前，就是順治的弟媳了。

不過，在關於順治為什麼要執意出家這個問題上，董鄂妃在入宮前的身分是什麼並不重要，重要的是她在入宮後贏得了順治帝的感情，並且她的死給了順治帝以感情上的重創，成為順治萌發出家念頭的一個直接契機。

綜上所述，順治帝在十七年（1660）十月，因佛教信仰的影響和愛妃董鄂氏去世的刺激，於西苑（中南海）萬善殿，舉行過皈依佛門的執意儀式，但不久即決定蓄髮留俗。

順治為什麼會突然不治而亡

　　順治十八年（1661）正月初八，大清帝國第一位入主中原的天子福臨告病身亡。不久，有關順治帝出家的消息就在民間廣爲流傳，演繹頗多，給順治之死染上神秘色彩，成爲迄今仍無法定案的歷史之謎。《清史稿》、《順治實錄》、《清實錄》等清官方的史冊中，關於順治之死僅有寥寥數位，語焉不詳，給人諱莫如深之感。

　　野史與民間傳說最廣的說法，是順治因一代名妓董小宛去世而遁入空門。而據史書記載，董鄂妃確有其人，卻並非董小宛。董鄂妃出身於滿洲世族之家，「年十八，以德選入掖廷」，倍受寵愛。順治十四年，董鄂妃誕下皇四子。次年正月此子不幸夭折，董鄂氏傷心欲絕，染病不起，不久後病逝。

　　對於順治皇帝的死亡，《清世祖實錄》中的記載異常簡短，「丁巳，夜，子刻，上崩於養心殿」。爲什麼關乎生死的大事，以寥寥數位敷衍了事，甚至對死因隻字未提？面隨順治死因存在的種種疑點，中國第一歷史檔案館清宮檔案研究專家李國榮決定，從塵封多年的歷史檔案中，解開這個困擾史學界多年的謎題。

　　作爲記錄順治皇帝生平最權威的檔案——《清世祖實錄》中有一段關於順治死前的最後記錄。順治患病是在順治十八年正月初二。到初六順治已經是病入膏肓。《清世祖實錄》中用了二百多字記載了順治死前的活動，而描述他的死亡卻僅有11個字，時間，地點，除此之外再也找不到任何的線索，這究竟是爲什麼呢？不僅如此，清朝皇室家譜《玉牒》中也僅僅只是記錄了順治駕崩的時間，對於順治皇帝的死因依然是避而不談。同樣讓人費解的，是順治臨死之前留下的遺詔。因爲在整篇遺詔中，順治開列了多達十四條的朕之過。爲什麼順治會對自己平生所爲如此內疚自責？這樣的自責似乎很不符合一代天子離開人世時最後的心情。

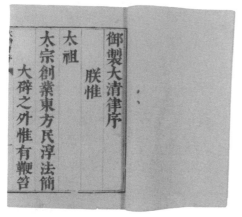
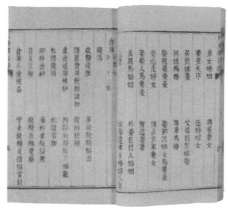

《御製大清律目錄》

　　有人在順治朝的翰林院學士王熙的《自撰年譜》，意外的發現了關於順治死因的線索。書中寫道，在王熙應召進入養心殿以後，病榻上的順治帝對他說，朕得了痘症，恐怕是好不了了。所謂的痘就是天花，順治皇帝從患病到駕崩，只有5天的時間。他的病症與天花病極爲相似。那麼順治皇帝會不會就是天花病死去的？

　　從種種史料和跡象推斷，順治患天花而去世，這似乎是最接近眞相的答案。但是令人費解的是順治患病去世，應該屬於正常死亡。然而清宮檔案爲什麼對順治的死因隻字未提，諱莫如深，難道順治死亡的背後還隱藏著什麼不可告人的秘密？

　　還有一種說法是順治死於鄭成功的炮轟。

　　1992年，居住在廈門的鄭萬齡，在家中整理父親留下的遺物。鄭家是鄭成功的後代，鄭萬齡的父親去世後留下不少和先族相關的書籍。然而，就在整理的過程中，一本書吸引了鄭萬齡的注意⋯⋯

　　鄭萬齡發現的手抄本叫《延平王起義實錄》，這本書就是以日記的形式記載了鄭成功的戎馬生涯。2004年4月20號，《廈門晚報》的頭條新聞—順治被鄭成功斃於廈門，吸引了無數的目光。而這個驚人的消息就是來自《延平

王起義實錄》的一段記載：有人密報鄭成功，高崎之戰中，順治皇帝在廈門思明港被炮擊沒，清軍將領達素不敢對外公布這個消息。

此外，手抄本上還有一段關於太師鄭芝龍被害內幕的文字，其中再次提到順治帝死因：太師鄭芝龍降清後，屢次寫信勸兒子鄭成功投降都以失敗告終，但順治並未將他治罪。順治被炮斃於廈門後，輔臣蘇克薩哈與鄭芝龍有仇，向康熙建議：「鄭成功可以用炮擊死我們的先皇，皇上難道就不能處死他的父親嗎？」康熙採納了他的意見，即位不久後，鄭芝龍就被處死。

民間傳說，明末清初，鄭成功據島抗清，順治皇帝御駕親征，來到廈門。鄭成功的部隊沿岸與清軍激戰。就在這一次的激戰中，順治皇帝被鄭成功炮轟而死。港中江魚因食皇帝肉而形變，成了無鰾江魚。如今這個籠罩著濃郁神話色彩的傳說，在人們的口口相傳中已經變得模糊不清，順治皇帝真的死在廈門海戰當中了嗎？

廈門文史專家洪卜仁認為，順治很有可能親征的。而且清兵統帥達素之死，也存在著頗多疑點。《延平王起義實錄》中稱，順治被炮斃後，達素畏罪自殺。在今人研究鄭成功的另一部重要史料──《海上見聞錄》中，也有類似的記載，十月清調達素回京問罪，達素在省吞金而死。如果這個記載屬實，那麼究竟是什

福臨繪《筆墨山水圖》
順治十二年（1655）福臨繪。

麼原因，逼迫達素選擇了這條不歸路？清史專家何齡修仔細研究了廈門文史專家提供的種種史料，提出了質疑。在記錄鄭成功事跡的《先王實錄》裡邊沒有這種說法。而且鄭成功本人在出兵恢復臺灣之前的講話中，也只提到去年打敗達素軍隊一陣，並沒有說打死了順治。不僅如此，南明大臣張煌言在給永曆皇帝的所有奏報中，也從來就沒有過關於順治被鄭成功炮斃的隻字片語。顯然當時並沒有這樣的說法。此外，清軍與鄭成功的部隊激烈交戰是在五月，那麼順治被炮斃的話，不能超過五月，因為五月以後沒戰事了。但是到了順治十八年正月，新皇帝才即位，這也就意味著皇位虛懸半年，權力真空必將導致政治混亂，這種情況在極權統治的封建王朝根本不可能發生。

《延平王起義實錄》帶給專家們的，依然是一片茫然和疑惑。順治是否御駕親征來過廈門？又是不是真的死於鄭成功的炮轟？除了一份家傳的手抄本和一個遙遠的傳說，專家們再也找不到任何有力的佐證。而也就是在這個關鍵問題上，答案的迷失讓順治死於廈門的說法成為一個無法解開的謎。

究竟是什麼奪走了一代天子年輕的生命，也許永遠無法得到確切的答案。人們只能依靠著史料中的零星記載，盡可能去還原那段歷史本來的面目。從各種史料和跡象推斷，順治死於天花的可能性最大，但這依然不是最終的定論。順治神秘的死亡也許就在紫禁城的靜默中永遠被塵封了。然而，歷史正是因為有了諸多難以猜測的謎題，才會顯得如此耐人尋味。

康熙皇帝死因之謎

　　康熙六十一年（1722）十月，69歲的老皇帝玄燁興致勃勃地到南苑去打獵。他偶感身體不適，即命駕返回京師西郊的皇家苑圃——暢春園休憩，不料病情日漸加劇，延至十一月十三日晚上溘然長逝。當夜，遺體送還紫禁城，安放在乾清宮，十四日大殮。二十日，文武百官奉皇四子胤禛，登極，是爲雍正。追諡玄燁爲仁皇帝，廟號聖祖。

康熙帝賜崇福寺龍紋刀

　　康熙帝是清朝第二個皇帝，君臨天下61年，正是清初的隆盛時期，封建的經濟文化都發展到一個新的頂點。他的逝世和雍正繼承皇位，不但是當時震撼全國的重大事件，而且由此產生了許多傳說和懷疑。

　　近年來，隨著清史研究的不斷深入，也出現了兩種不同意見。

　　一種意見認爲，康熙是被毒死無疑。中國社會科學院歷史研究所許曾重撰文說，西征之役即將結束時，胤禛返京即位已成定局，胤禛因此採取斷然手段。十一月十二日晚，在嚴密控制暢春園的情況下，隆科多在食品中放入毒藥，致使康熙死去。

　　另一種意見認爲，康熙是久病纏身，因感冒引起其他症狀導致死亡。南開大學歷史系馮爾康的文章指出，康熙身邊警衛森嚴，時有提防，不可能被人暗害，毒死之說是經不住推敲的。

　　康熙有子35人，女20人。在諸皇子中，胤褆最長，但不是嫡出。嫡出最

《康熙帝西洋版畫像》
銅版雕刻，現藏於法國巴黎吉美博物館。

長者胤礽，康熙十四年被立爲皇太子，準備日後繼承大統。清代自太祖以來皆不預立儲位。太祖曾說：「有德者即登大位。」清代之立太子自此開其端。胤礽被立爲皇太子以後，康熙選派大學士張英、儒臣熊賜履等教之，南巡北狩，都隨駕從行。康熙三十五年，御駕親征噶爾丹於漠北，皇太子在京留守，得了狂疾。康熙四十七年九月，康熙在布林哈蘇台行圍時，召集諸大臣宣布廢立，將胤礽幽禁咸安宮。這是第一次廢太子。這時，太子兄胤禔是爲直郡王，弟胤祉爲誠郡王，皇四子胤禛、皇八子胤禩、皇九子胤禟、皇十三子胤祥、皇十四子胤禵都是貝勒，各結黨引類，覬覦儲位。皇太子廢立後，更加植黨暗爭。康熙四十八年三月，康熙念儲位不定，他日必定引起動亂，而廢太子胤礽病情略有好轉，便又立胤礽爲皇太子。沒有多久，皇太子狂疾復發，至康熙五十一年不得已仍廢黜皇太子，從此再也不提建儲的事。但諸皇子奪嫡之爭益加激烈。

在這種情況下，康熙死了。他是怎麼死的，不能不涉及諸皇子之間的奪嫡之爭。

從康熙晚年言行來看，他的建嗣計劃中培養的物件是胤禵而不是胤禛。

康熙早年曾三征噶爾丹，以平定西北疆土。但幾十年來，其部族的分裂野心不死。康熙五十四年春，清朝作出西征準噶爾的重大決策，開始向西北地區增派援軍。如果能在老皇帝非常重視的西北戰場建功立業，無疑會使自己在立儲的問題上耗費很多的心力。

康熙五十七年秋天，康熙皇帝正式任命胤禵爲撫遠大將軍，表現得對胤禵十分讚賞。

作爲清朝統治者的滿洲貴族歷來崇尚武功。開國的皇帝都是從戰場上殺出來的。基於這一思想，康熙皇帝實際上是在給胤禵創造一個建功立業的機會，爲他順利登上寶座而鋪路。

康熙晚年很注意打擊皇子結黨營私的行爲，活動猖獗的皇八子胤禩就是在這種情況下遭到打壓的。但康熙忽視了另一個覬覦皇位的人——皇四子胤禛。他表面上不動聲色，實際上他已經網羅了年羹堯等地方大員，同時皇帝

身邊的近臣隆科多也是他的死黨。而這一切，康熙並不知道。康熙生命的最後幾天就是在隆科多的「保護」下度過的，我們可以想像這幾天的情況。

康熙六十一年十一月十二日晚，在嚴密控制暢春園並得到玄燁某些內侍協助下，隆科多在進給康熙的藥品或食物中投放了毒藥。藥性發作後，康熙雖未立即死亡，但已處於嚴重昏迷狀態。隆科多於

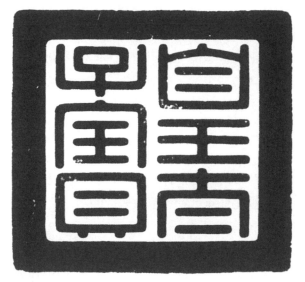

「皇太子寶」印文。

是一方面嚴密封鎖這一消息，另一方面又矯詔將皇子們急召到暢春園，然後才告知玄燁「病危」，隨之他們也就參加對玄燁的照料和搶救，實際上是處於被變相軟禁的狀態。所以玄燁「病危」一事，皇親國戚及滿漢文武大臣當天並不知情。這樣做是爲麻痺胤禩、胤禟集團其他成員以及被廢太子胤礽的親信，防止他們因此而有所警覺，進行反擊準備。

關於傳位遺詔問題，是在玄燁死後才由隆科多向在場皇子們下達。這使大家完全出乎意料之外，對胤禩、胤禟更不啻晴天霹靂，從而使皇子們憤恨異常卻又無可奈何。既然隆科多是胤禛的人，那麼他口中的所謂的「遺旨」也就是最有利於胤禛的了。其時，不但是諸位皇子、大臣對康熙的「遺詔」有懷疑，連西洋人對玄燁之死也抱著懷疑態度，義大利人馬國賢對康熙去世的記載就是：「駕崩之夕，號呼之聲，不安之狀，既無鴆毒之事，亦必突然大變。」除此之外，胤禛即位後的一些舉動也讓人懷疑他的帝位得之有愧。在位期間，雍正沒有居住康熙生前所居暢春園，另撥鉅款營建了圓明園；沒

247

有去過一次康熙年年必往的避暑山莊，連自己的陵墓也離開了京東馬蘭峪，在數百里以外的京西易縣另建西陵。

雍正陰謀奪位，雖不光彩，但作為皇帝，他是當之無愧的。在他13年的統治中，澄清吏治，削除朋黨，懲治貪風，使康熙朝後期一度廢弛的朝政得以整頓，從而建立起一個獨具革新特色、雷厲風行的帝王政府。由於雍正的勵精圖治，中國在他的繼承人乾隆統治下，出現了一直持續到18世紀的繁榮景象。

他在政治上的才能，其實不能不說是康熙教導有方的結果。

大清皇權遊戲

20世紀30年代初，清史研究的第一位開拓者孟森認為，康熙當時的病勢並不重，突然死亡，「不能無疑」，「參湯一碗之說，至少不能無同等之嫌疑也」，而隆科多身任提督九門步軍巡捕三營統領，掌握禁中的武裝力量，和年羹堯為川陝總督，以封疆大吏遙相支援，都是這一事件的「關鍵所在」。

王鍾翰在解放前寫成的《清世宗奪嫡考實》一文和孟森的看法一致，他並且引用義大利人馬國賢身臨其境目擊其事的記載：「駕崩之夕，號呼之聲，不安之狀，即無毒之事，亦必突然大變，可斷言也。」

看來還需要對現有史料進行全面綜合與比較，通盤考察，加強分析，去偽存真，才能揭開這一歷史事件的真相。

雍正身世傳說種種

康熙十七年十月三十日（1678年12月13日），皇后降生一胎男嬰，這便是四十五年後登基金鑾寶殿的雍正帝。

據說，雍正生時有「異徵」，究竟有何「異」兆，史無明文。不管怎樣，這個「天表魁偉，隆准碩身」的四皇子，終於亂中取勝，一舉奪得皇位—成了清朝歷史上第三位「真龍」天子。如此，關於他的身世，一時世人就不敢有異辭了。

可是，一百餘年過後，人們紛紛懷疑起雍正來路不正了。有人說，雍正生母先與大將軍年羹堯暗渡陳倉，後來，這個經年羹堯過手的女人入宮，8個月就生下了雍正，顯然，雍正不是康熙皇帝的親骨肉。還有人說，康熙微服私訪時，偶然遇上了一個有夫之婦，很快墜入愛河而不能自拔，回宮時，就將這個閉月羞

《雍正帝觀書圖》
清宮廷畫家繪，現藏於故宮博物院。

花的少婦帶回來，倍加寵愛。同時，為了安慰其夫衛某，又將衛某一同帶入京，特提拔他為御前侍衛。據說，衛妻入宮半年就產一子，即命名為愛新覺羅‧胤禛，成為康熙的四皇子。不用說，胤禛自然是衛某的骨肉。

歷來宮闈秘事，紅牆外的人難知其詳，所以，上述兩則傳聞到底是真是假，後人不好斷定。於是，關於雍正的身世也就因此成為一椿謎案。不過，關於衛妻生雍正一說倒有跡可循，有官書載，雍正生母是滿洲正黃旗人，姓烏雅氏，烏雅氏之父名衛（或寫「威」）武，衛武官銜不大，是個護軍參領。問題在於，清代正式官書多將衛武寫成「威武」，莫非這一「衛」字背後藏有鮮為人知的秘密？

至於雍正與年羹堯存在著什麼隱情，從來是個謎，甚至有些清史專家也在兩人不尋常的君臣關係上畫上幾個問號。其實，如果搞清年羹堯與雍正各自的年數差距，這個問題自然迎刃而解。但是，有關官書如《清史稿》、《清史列傳》、《滿洲名臣傳》等對年羹堯的生年都無記載，這也許是過去有關無稽傳說產生的主要原因。可喜的是，近年來對這個問題的認識有了進展，有人根據檔案等稀有史料斷定：雍正的年齡大於年羹堯，其根據主要有下面四個方面。

第一，根據《康熙三十九年進士登科錄》判定年羹堯的生年。通過這種資料可知：年羹堯於康熙三十九年（1700）考中進士，榜列第一百一十五名，時年二十二歲。如果按我國傳統虛歲計年的習慣推算，年羹堯的生年恰在康熙十八年（1679）。清朝的進士登科錄，向例於殿試榜發後就由禮部刊印，載明所有中試舉子的籍貫、姓名、年齡、祖宗三代等個人簡歷，後世篡改的可能性極小。所以，從此條材料所得的結論的可信性是很大的。

第二，根據朝鮮人李宜顯所撰《庚子燕行雜識》可知：李宜顯在康熙五十九年庚子（1720）出使中國時，年羹堯的年齡（虛歲）是四十二，這就印證了年羹堯往年確系在康熙十八年。如果說清朝人可能為某種目的篡改史事，那麼，朝鮮人對此就沒有必要回避了。所以，李宜顯所記之事當是可信的。

雍正帝御用銀馬鞍

第三，雍正即位後第二年，曾有道諭旨順便提到年羹堯，其中說：「朕之年長於年羹堯，朕胸中光明洞達，萬幾庶務無不洞燭其隱微，年羹堯之才爲大將軍、總督則有餘，安能具天子之聰明才智乎？」對社會上於己不利的傳言雍正都有口誅筆伐的習慣，但獨沒有對年羹堯與他的所謂特殊隱情辯駁過，這就反證了當年沒有關於雍正與年羹堯親情關係的「花邊新聞」。加上雍正說上述話時的語言環境，也不像是爲闢謠而說。一句話，雍正說他比年羹堯年長，還是句實話。

第四，從年羹堯的哥哥年希堯的有關奏摺中，可以窺見年羹堯的大致生年。雍正三年，年希堯有份奏摺，提到他家僕人子、現任直隸守道桑成鼎出身時說：「桑成鼎本名孫宏遠，小名二小，年8歲時其母桑氏改嫁年家僕人孫七，遂取名孫巨集遠，孫巨集遠在康熙五十年私捐個知縣官，改名爲孫成鼎，後又複本姓桑。」而年希堯在雍正三年給桑成鼎打證明材料的奏摺中提到：「孫成鼎捐官時，年已有40歲。並順便說：我的弟弟年羹堯比我少8歲，當孫成鼎隨母來時，年羹堯尚在襁褓。」還特別說，如果這些話有一字是虛，甘當死罪。這兩段材料曲折地提供了年羹堯的大致生年，當孫成鼎隨母來到年家時，年羹堯才出世不久，而孫成鼎捐知縣時已四十歲，則孫成鼎在康熙十一年（1672）生，那麼，年羹堯生年不會晚於康熙十八年，則這一推斷又與前三種史料相一致。

總之，上面的推理，至少可澄清一件事，即雍正是年羹堯私生子的傳說純系子虛烏有--哪有兒子大於生身父親之理？至於雍正對年羹堯過寵的秘密，自有另一番隱情在內。

雍正即位之謎

康熙號稱「千古一帝」，他8歲登基，在位61年，擒鰲拜、平三藩、收台灣、剿噶爾丹，使國力空前強盛，中國成為萬方朝拜的大帝國。康熙可以說是「功成名就」，不可一世。然而他在自己的家事面前卻一籌莫展。臨終之時，連定誰為太子，都懸而未決。

1722年10月，康熙不顧69歲高齡，到南苑狩獵。十幾天後，覺得身體不舒服，就回京在暢春園休養，至12日病情穩定。13日病情突然惡化，當日夜裡一命嗚呼。14日大殮。不幾天之後，皇四子胤禛登基，年號「雍正」。雍正的突然即位，震動朝野。各種傳聞沸沸揚揚。

據《清聖祖實錄》記載康熙臨終那天，曾召集允祉、隆科多說：「皇四子人品貴重，深省朕躬，必能克承大統，著繼朕登基，即皇帝位。」朝鮮國《李朝實錄》載，康熙病重，解其掛念珠與胤禛曰：「此乃順治帝臨終時贈朕之物，今我贈爾，有意存焉，爾其知之。」還有一些能證明康熙病重期間，胤禛被委以重任的資料，說明康熙對胤禛的信任。如11月9日，康熙命胤禛齋戒，代皇帝行南郊大祀。13日，康熙改派鎮國公吳爾占代行祭天，胤禛三次被召。在此齋戒期間這樣做是不同尋常的。

雍正六年，有人投「逆書」，列雍正十大罪狀：即謀父、逐母、弒兄、屠弟、貪財、好殺、酗酒、好色、誅忠、任佞。如果「謀父」實有其事，那麼，雍正的即位就值得懷疑了。

據說，康熙病重時，胤禛進了一碗人參湯，不知為何，康熙就死了，接著，胤禛就繼了位。即是說，康熙是被雍正毒死的。此說似乎也在理：因為原來康熙病情已經穩定，而13日驟變，突然去世哪能不使人生疑？又據說，當時有個義大利人馬國賢曾身臨其境，認為即使不是毒害，也出現了非常事變。另外，據推測，暢春園是在隆科多的嚴密控制下，是他負責康熙的安全警衛及執掌衛戌兵權的，而他是雍正的舅舅，那時只有他能接近康熙。因

雍和宮
原為雍親王府

此，不排除他參與下毒的可能。

照此推理，雍正不是即位，而是篡位。這也有值得耐人尋味的地方。

據說，在康熙繼承人方面，得康熙賞識又眾望所歸的，是皇十四子胤禵。康熙五十七年，胤禵被任命為撫遠大將軍總領西北各路大軍，代父親征新疆和西藏。康熙親口誇獎胤禵有帶兵才能，是良將，要部下絕對服從胤禵。而且康熙死時的遺詔上寫的原文是：「傳位十四阿哥胤禵。」那麼，雍正謀父之後，又怎樣「篡位」的呢？據說是隆科多擅自篡改了遺詔，將「十四子」改為「于四子」將「胤禵」改為「胤禛」了。雍正依詔登基，順理成章。還有人說，雍正初年，他藉口殺了隆科多是為了殺人滅口，讓篡位之事變成永遠的秘密。還推斷，雍正之所以在皇十四子返京之前「謀父」，也是怕另生枝節，影響自己當皇上。一正一反，孰是孰非，莫衷一是。

當前，史學界還有兩種說法：一是，二者必取其一說。據說，康熙本來有胤禛和胤禵兩個繼位人選，但13日病情突變時，倉卒之間，他必選其一，因此，選中了四子胤禛。二是康熙本欲立胤禛，但病發突變，已近臨終，而代父遠征的胤禛二十多天後才能到京，來不及，康熙深知「國不可一日無君」，否則眾皇子為爭奪皇位可能互相殘殺，後果不堪設想，加上康熙平日對胤禛印象也不壞，只好順水推舟，將皇位傳給胤禛了。

野史上「改詔」一事不可信，不過看來雍正對父皇確有虧心事。

過去一些野史譴責雍正，說他在康熙病重時送上「參湯」，讓其父迅速歸天。他又讓隆科多密改康熙的遺詔，將「傳位十四子」中的「十」字上下添了兩筆變成「傳位于四子」，由此取代了他同母的十四弟而篡了位。不過，從清宮習慣和文體來看，改遺詔之說不太可信。

滿清自順治入關後便受博大的漢文化包圍薰陶，加上剛依照蒙古文創建的滿文辭彙又很少，很快便普遍使用漢文。不過康熙、雍正兩朝對滿洲親貴們下密詔時，為了內廷的隱秘性卻多使用滿文，事關「國脈所系」的傳位詔更應如此。即使用漢字，按當時的文法也不會用「于」而應用「於」。

雍正謀害其父一事，至今也無證據，不過，倒有蛛絲馬跡說明此人繼承

皇權確實可疑。清宮檔案中發現他剛即位時給隆科多的一封信，肉麻地稱這位「舅舅」是「朕之功臣」、「曠世罕有之臣」。康熙臨終前，由隆科多率御林軍守護，他對雍正何「功」之有？語中當有隱情。雍正繼位後起居也有奇怪之處，其父的寢宮他絕不去住，自己的陵墓也沒選擇在安葬父、祖的遵化縣陵園，而是另在西面的易縣開闢了一處新陵園（此後清帝才在東陵、西陵交叉安葬），彷彿很害怕冥冥之中的父皇。對當時迷信鬼魂的清室來說，這些舉動只能用必有虧心事來解釋了。

　　雍正繼位後很快囚禁了早有權力之爭的八弟、九弟，還下令將他們改名「阿其那」、「塞思黑」（滿語為豬、狗），二人不久便暴斃。據溥儀之弟溥傑說，他在宮中便發現過雍正留下的殺弟密詔。將兄弟改畜生之名的舉動，本身便反映出本人的荒唐下作。稍有點獨立思考的人都會問，這兩個親王若是狗是豬，作為其親哥哥的皇帝又是什麼呢？

雍正猝逝的歷史疑案

提起雍正皇帝，二百多年來常是民間傳聞野史的要角，近十多年還成為電視「清宮戲」的大明星。人們對他的興趣，多是「血滴子」暗殺、弒父殺弟「得位不正」，乃至猝逝的神秘。

在清朝十二代皇帝中，雍正蒙受罵名最多。其實，在他統治下的13年間國運還挺興隆，遠非晚清那些喪權敗邦之君可比。這個「四阿哥」（皇四子）得位之始，從別的皇子貝勒到街巷好事草民便非議紛紛，都是用封建正統道德觀來論事。

1735年10月8日（雍正十三年八月二十三日），清朝雍正帝愛新覺羅‧胤禛突然「駕崩」。

歲月悠悠，滄海桑田。然而，皇家陵園的青山翠柏遮掩不住一串串歷史的謎團。清朝第一位葬到河北易縣清西陵的皇帝雍正，他的繼位登基令人猜疑百出，他的嚴猛政策讓人評說不已，而他的猝逝，更給後人留下了一個難解的謎。

關於雍正的死，我們查看到的清宮檔案《雍正朝起居註冊》，記載了他死前幾天的情況：那是雍正十三年（1735）的八月，時年58歲的雍正皇帝住在圓明園，十八日與辦理少數民族事務的大臣議事，二十日召見甯古塔的幾位地方官員，二十一日仍照常辦公，說明這時他的身體還挺好。二十二日，雍正突然得病，當天晚上朝中重臣被匆忙召入寢宮，已是奄奄一息的雍正宣布傳位給乾隆。第二天，58歲的雍正便在圓明園咽下了最後一口氣。

皇宮檔案只是如此簡要地記下了雍正的突然死亡，而沒有說明任何原因。這就很容易引起人們的猜測，於是雍正不得好死的種種說法便產生了。

是被呂四娘刺殺？是中風？還是死於丹藥？

一些野史乃至武俠小說津津樂道的，是被刺取頭一說。談的是雍正積怨太多，下令掘挖反清人士呂留良之墓並誅殺全家後，孫女呂四娘隱名學技，

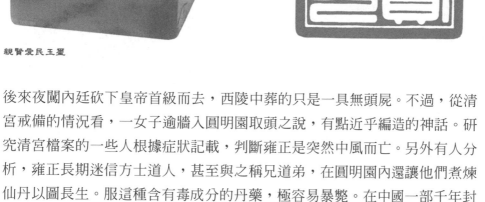

親賢愛民玉璽

後來夜闖內廷砍下皇帝首級而去，西陵中葬的只是一具無頭屍。不過，從清宮戒備的情況看，一女子逾牆入圓明園取頭之說，有點近乎編造的神話。研究清宮檔案的一些人根據症狀記載，判斷雍正是突然中風而亡。另外有人分析，雍正長期迷信方士道人，甚至與之稱兄道弟，在圓明園內還讓他們煮煉仙丹以圖長生。服這種含有毒成分的丹藥，極容易暴斃。在中國一部千年封建帝王史中，包括唐太宗等「明主」在內的眾多皇帝都曾幹過這種荒唐事，雍正也重蹈了覆轍。

雍正一生被神秘和疑案環繞，反映出當時清室內部權爭和社會矛盾的激化。他雖處於中國封建社會最後一個黃金時代——「康乾盛世」的中間，本人和周圍卻充滿陰暗氣息，這也意味著清王朝即將走向下坡路。從這點看，雍正又是一個想有所作為的悲劇性人物。

還有一種說法更讓人吃驚。據說，《紅樓夢》的作者曹雪芹有個戀人叫竺香玉，是林黛玉的化身。這竺香玉後來被雍正強占，成為皇后。曹雪芹想念戀人，便想方設法找了一個差事混入宮中，最終與竺香玉合謀，用毒藥將雍正害死。

257

乾清宮

始建於明朝永樂年間，至清康熙朝一直作為皇帝的寢宮。

　　另有野史傳聞，說是宮女與太監串通一氣，用繩子把雍正勒死了。

　　這裡，關於雍正死因的三種說法，都很有傳奇色彩。正因傳奇，人們在茶餘飯後談起來，總是津津樂道，引人入勝。不過，這些只能算是民間傳說，而不是歷史事實。可以肯定地講，這幾種說法都不可信。

　　雍正的死因是什麼？有的歷史學家曾提出，雍正是突然中風死去的。雖然推論有一定的道理，可是並沒有拿出特別有說服力的證據。

　　那麼，雍正究竟是怎麼死的？隨著清宮檔案的挖掘和研究，越來越多的史學工作者認為，雍正吃丹藥中毒致死的可能性極大。

乾隆身世傳迷離案

　　乾隆是中國封建社會後期一位赫赫有名的皇帝。他在康熙、雍正兩朝文治武功的基礎上，進一步完成了多民族國家的統一，促進了社會經濟文化的發展，形成了歷史上著名的「康乾盛世」。

　　乾隆也是一位長壽皇帝，活到了89。他的一生，爲後世留下了許多故事，而其中人們最津津樂道的，莫過於他的身世。直到今天，關於乾隆的身世和他的出生地一直法不一。

　　按理，一個人生在哪裡，當是一清二楚的。更何況是皇家的龍子龍孫，史官秉筆記注，天下萬人注目，還能有啥紛爭？可這事兒在乾隆爺那裡卻偏偏不清楚。長期以來，對乾隆生在哪裡，竟有很可議的幾種法。

　　一種傳是，乾隆是在康熙年間，爲熱河行宮--避暑山莊的宮女所生，這宮女諢名醜大姐，眞名叫李金桂，南方人。

　　話康熙四十九年（1710）秋季，皇帝率領皇子親貴，文武大臣，來到「木蘭圍場」舉行一次大規模的狩獵活動。這「木蘭圍場」在承德以北400里的地方，此地山高林密，百獸全，是個理想的狩獵場所，方圓數百里的圍場，由近五十個小圍場組成。八月底的一天，在阿格鳩圍場，康熙皇帝端起獵槍，打中了一頭肥碩的梅花鹿。皇帝的槍聲就是信號，各隊扈從聞聲策馬揚鞭，追逐四散的群鹿。其中一隊的領隊是皇子雍親王胤禛，這胤禛身材魁偉，能騎善射。只見他挑中一隻大鹿，全力追趕，足足追有一頓飯的工夫，方舉槍射擊，連發兩槍，結果了這頭鹿的生命。胤禛勒住馬，回頭望去，只有貼身的一個叫恩普的「哈哈珠子」（男孩子），氣喘吁吁趕上來，其他人馬已不知去向。

　　胤禛高興地指令恩普，砍下鹿角，好回去登帳。恩普卻先拿出一個木碗，割開鹿的喉管，接一碗鹿血，遞給胤禛，那胤禛一口氣喝了大半碗，然後才動作麻利地砍下鹿角，主僕二人跨上馬，緩緩南行。

據講，鹿血有壯陽補氣之神效。不多時，只見騎在馬上的胤禛臉漲得通紅，鹿血勁發。心裡像有一團壓不住的火，喉嚨熱呼呼的，像有東西梗得難受，喘不上氣來。胤禛忙叫住恩普道：「這附近有人家嗎？」恩普回答：「可能沒有。」胤禛急躁難耐，狠狠罵道：「混帳東西，真沒用！」恩普見他這個樣子，不敢多嘴，細心一想，忙：「四爺，翻過前面的山，就能看見行宮，我去找個妞兒讓您使用。」胤禛只好重新上馬。他們順坡而下，很快到了平地，只見平地盡處，是一個菜園，菜園邊處，又是一片樹林，林邊一座茅屋映在眼前。主僕二人停住馬，恩普忙：「四爺，您先進屋等等，我很快就回來。胤禛明白他去做什麼，便進屋坐在炕沿上等著。不多時聽得一陣腳步聲和恩普與一個宮女的話聲。那宮女：「大老遠的到

《田樂圖》
清人繪，絹本，設色，現藏於故宮博物院。

破塵居士印及其印文
為雍正閒章，壽山石質，現藏於故宮博物院。

這兒來幹啥？」恩普回答：「你進去就曉得。」著恩普就將這宮女推進屋，然後又掩上門。宮女驚叫一聲：「四阿哥！」胤禛早已按捺不住慾火，黑暗之中與這宮女草草完了事情。於是演出了這段露水姻緣。

　　胤禛摸索推開屋門，回頭一望，真是吃驚得很，這宮女實在長得太醜，想到剛才那番光景，不由大失所望，恨不能馬上離開此地。於是急忙叫道：「恩普，快牽馬來！」恩普牽過馬來，胤禛上了馬後，一言不發，往北歸隊，心裡在叨咕：原來清朝家規嚴格，皇子私通宮女，算是穢亂宮闈，這事如果傳出，不僅自己競爭皇位無望，也會給臣下和後人留下笑柄。只有當機立斷，除掉這知情的哈哈珠子。想著想著便走近峽谷，這峽谷路很窄，一面是懸崖，一面是峭壁。胤禛讓恩普前面帶路，自己拾鞭策馬跟著，當他靠著峭壁一面與恩普的馬接近時，便舉起鞭子狠狠向恩普的馬眼抽去，恩普馬受驚，亂踹亂跳，三下兩下，就把恩普拋下懸崖，馬也隨後落進了穀底。

　　當胤禛奔出峽谷時，望見前面有七八個皇帝派遣的近侍騎馬迎來，雙方停住馬，一名御前侍衛忙：「四阿哥，奴才們可找到你了。」胤禛便將如何

追上了一頭大鹿，恩普又如何不小心掉下懸崖之事細述一遍，御前侍衛安慰一番，留下兩名侍衛查找恩普下落，自己便陪著胤禛上馬，趕回圍場。自然免不了父皇幾聲責備，便又隨皇帝回到避暑山莊。隨後，御前侍衛稟報了恩普的死訊及善後處理。不久，雍親王及陪侍人馬就隨皇帝回京了。

轉年的五月，皇帝照例要到熱河避暑，秋季行圍。大駕臨來之前，避暑山莊的總管太監康敬福便遇到一個大難題，一籌莫展。

原來，去年秋獵，與四阿哥豔遇的宮女李金桂懷孕了！消息傳到康敬福耳裡，真把他嚇壞了。當聽男方是四阿哥時，更嚇得驚慌失措。弄死她吧，人命關天，下不了手。再說，她懷的若真是四阿哥的龍種，就更不能馬虎從事了，還是看看再說吧。轉眼金桂懷孕已8月了，肚子一天大似一天。康敬福也一天比一天著急，萬般無奈，只好告訴朝中務府總管大臣、兼任步軍統領的隆科多，請他想辦法。這隆科多是孝懿仁皇后的胞弟，其子又娶了四阿哥的同母妹妹，同皇帝是至親。所以，受到皇帝重用，他本人也與皇四子關係密切。

隆科多也是隨皇帝來熱河的扈員之一。聽到康敬福的報告大吃一驚，並在康敬福的安排下，來到行宮北面菜園旁的茅草屋，傳訊金桂。在一番姓啥名、今年多大的訊問之後，隆科多嚴厲的問：「你清楚，你肚裡懷的到底是誰的種？」「四阿哥的！」金桂回答得很堅決。隆科多半信半疑，不免改變嚴厲的態度，平靜地問：「你見過四阿哥嗎？」「沒有」。「你既然沒見過，那麼你怎麼知道是四阿哥的種呢？」

「是恩普跟我說的。」

隆科多問康敬福，恩普是誰？康敬福忙回答：「是四阿哥貼身的哈哈珠子，去年摔死了。」隆科多一愣，想到這，不是死無對證嗎？

隆科多不免又問：「你既然不認識四阿哥，怎麼卻認識四阿哥貼身的哈哈珠子？」金桂回答：「恩普他無事時，常常到我們這兒找我們玩，所以就認識了。」

隆科多接著又問：「那麼，那天是恩普找的你了，他跟你都了些什麼？

《崇禎讀書像》

你們到了哪裡？」

金桂立即回答：「那天是恩普找的我，他讓我陪他去抓蝴蝶什麼的，當走出很遠來到這屋子外面時，我要回去，他卻騙我：『你進屋裡吧，這裡有福，不定還會遇到貴人。』著便把我推進屋去，隨手把門關上。」又，「門剛開的時候，外面有光，我看門對面炕上坐著的人留鬃髮，我聽人，四阿哥留鬃髮。」

「還有呢？」隆科多又問。「還有　」

隆科多想事已至此，再問也是這樣了。便對金桂：「好！你回去吧。但你心裡要有數，不要跟別人什麼！」金桂聲：「是！」於是，康敬福叫來太監將金桂送回來處。接著隆科多又叮囑康敬福要嚴屬告誡手下，不得走漏風聲，並要善待金桂。

俗語，十月懷胎，一朝分娩。到了八月，金桂已懷孕十一個月了，仍沒動靜。隆科多更加著急起來，忙讓康敬福將大腹膨起來的金桂找來，厲聲問道：「你到底懷的是誰的種？」「是四阿哥的！」隆科多大怒道：「還提四阿哥！我問你世上有懷孕十一個月的女人嗎？」金桂哭著：「不知道。」「不知道？若不看你大肚子，非拿大板打你！你實話。」

金桂一面痛哭，一面跪地陳述：「大人，奴才如有半點假話，請求一死，我懇求大人問問四阿哥，否則我死不瞑目。」

隆科多回到住所，傷透了腦筋：問四阿哥吧，他卻留京辦事，不在隨員之列，若派人進京去見四阿哥問問清楚，又怕措詞不善，四阿哥會發脾氣，造成意外風波，不好收拾。正在舉棋不定，消息卻傳到了德妃耳中。德妃是四阿哥的生母，聽兒子幹了這等事來，氣得大病一場。

德妃姓烏雅氏，52歲了。她一向忠厚，識大體，深得皇帝敬愛。聽說她病了皇帝自然來到德妃寢宮看視，詢問得病原因，德妃免不了淚流滿面，哭出聲來。

皇帝驚異地：「怎麼回事，為什麼這等傷心？」

德妃伏枕磕首，哀聲乞情地：「奴才是替四阿哥著急，請皇上看在奴才

的薄面，饒恕他的罪過吧！」

皇帝越發驚異，：「我不明白。他犯了什麼罪呢？」德妃說：「請皇上問問舅舅（隆科多）就知道了。」

皇帝立即派侍衛召隆科多來問話。皇帝問：「四阿哥犯了什麼罪？德妃讓我問你。」

隆科多聽說德妃出面周旋，感到事情比較好辦了。便不慌不忙地答道：「出了笑話，奴才正在查明。」接著將金桂懷孕的奇聞，向皇帝作了簡要陳奏。

「真是四阿哥幹的？那宮女怎麼的？」皇帝又問。隆科多想想回答：「奴才不敢肯定，只是那宮女始終認定是四阿哥的。」

皇帝：「那好辦，你馬上派人進京傳旨，讓四阿哥立即來此，我問個明白！」

於是隆科多指派親信，連夜兼程進京宣召四阿哥。

隆科多見了四阿哥，就忙問：「四阿哥，你跟我說實話，我替你出主意，想辦法。」四阿哥一臉誠懇的樣子，回答：「我怎敢瞞舅舅呢？凡事還指望舅舅照應。」

隆科多又問：「那麼，你和那宮女確有其事？」

「有的！」

隆科多接著問：「你知道那宮女叫什麼名字？」「不知道！」「不知道？人家可懷了你的孩子了！」

隆科多告訴，皇帝為此很生氣，德妃也急得舊病復發，你看怎麼辦？

胤禛憂心忡忡地：「我能怎麼辦呢！這下三阿哥、十阿哥他們等著看笑話了。」

又：「舅舅我聽您的話。您看該如何處置善後事宜呢？」隆科多想了又想：「這事要看皇上的態度了。」

完，隆科多起身告辭，胤禛剛送到門口，突然想起一件事，忙將隆科多拉住。

「舅舅，算日子已十一個月了，那女人怎麼到現在還沒生呢？是不是另有隱情？」隆科多態度肯定地回答：「無隱情！」胤禛看隆科多有點不高興的樣子，忙：「舅舅，我是怕那女人生個怪胎！」

此言一出，隆科多也大為吃驚，但也只好安撫胤禛：「不會的，我自有辦法。」完，便急忙策馬回到山莊，找康敬福商量對策。

隆科多對康敬福：「有人金桂懷孕十一個月了，可能是怪胎？」康敬福說：「不會吧！」罷嘴唇略動，欲言又止，又有點恐懼之色。

隆科多：「你說，怎麼不會？快快來？」康敬福壓低聲音：「回大人話，金桂所懷的，不定是個龍種！」

話音未落，隆科多大喝道：「閉嘴！你有幾個腦袋，敢胡八道？廢太子的風波剛剛平息。原來為了奪嫡而登大位，大阿哥被幽禁；八阿哥囚於暢春園；十三阿哥被禁高牆。這起廢太子風波剛剛平息，如今若金桂懷的是龍種，不也表明四阿哥想當皇帝？這話要是皇上知道了，追究來源，你我腦袋都得搬家。」

接著又叫來康敬福的親信何林商量應急辦法。最後議計：找個偏僻無人的地方，讓金桂待，並派人戒備。如果金桂生下怪胎，就連金桂一起弄死，報個「病斃」備案；如果她好好生了個孩子，只好到時候再。隆科多又囑咐他們，要嚴防太監、宮女亂，否則處死；要派謹慎、得力的人辦事，不得走漏半點實情。

安排好了應付措施，隆科多又思量起對付皇帝、保護四阿哥的對策。打定主意後，便在皇帝晚膳後閑行之際，提到此事，請求皇帝不要生氣，不要當著其他皇子的面責罵四阿哥。使其能有個單獨向皇上悔罪的機會。康熙皇帝接受了隆科多的請求，決定在避暑山莊一片茂密松林之中的一座石亭宣召四阿哥。

胤禛踉蹌而至忙跪倒磕頭，給皇帝請安。皇帝問道：「四阿哥，你知道把你叫來有何事嗎？那個宮女懷孕與你有無關係？」胤禛嚇得忙：「兒子知罪了！」皇帝厲聲問道：「你知道你犯了什麼罪嗎？你平時還講究小節，哪

知你卻幹出了這等下流的事！」

　　胤禛被問得唯有磕頭，不敢回答。見情勢嚴重，隆科多怕自己的工夫白費，便忙跪下勸：「天熱，請皇上別動氣，四阿哥已認錯了，就請皇上饒恕他吧！」

　　皇帝：「這麼個兒子，我能怎麼樣。不過，真相不查，是非不明。」接著皇帝又問了胤禛那宮女怎麼處置，胤禛不敢擅作處置。皇帝讓他把那宮女帶回宮去。這樣的賞賜胤禛當然不願意，所以也沒採納，把金桂仍丟在野外。雍親王連忙給皇上磕頭謝恩，這場風波才暫告平息。

　　又過了幾天，即八月十二日夜裡，金桂在破舊不堪的馬棚裡生下一子。宮中知道後，由德妃出面，求得康熙帝同意，才將這個孩子抱入宮中，傳他就是乾隆帝。

　　另一種傳說是浙江海寧陳氏。據《清朝野史大觀》記載，康熙年間，皇四子雍親王胤禛與朝中大臣陳閣老很密切，王妃鈕祜祿氏生得美貌，深得雍親王寵愛。她與陳夫人也很要好，常有來往。相傳，陳閣老五十餘時，其夫人忽然懷孕，陳閣老欣喜，早燒香，晚磕頭，求得菩薩保佑，生個兒子，好接繼後代。這時，王妃鈕祜祿氏也懷了孕，渴望生個男孩，日後出人頭地。1710年，鈕祜祿氏與陳夫人同月同日分娩。陳夫人生了個男兒，遂了心願，而王妃竟生了個女孩，心愁悶。王妃的身邊婢女李媽是個精明頂的人，她知曉王妃的心事。便忍不住對王妃：「奴才願為王妃效勞，能將公主變成小王。」接著便秘密與王妃商議了一番。王妃聽後，笑開了眉眼，忙讓李媽著手去辦。這李媽出了宮門，便來到陳閣老府上。先到：「恭喜夫人生了貴子。」然後：「王妃也生了小王，王妃讓老婢來此告訴夫人，待滿月時，請夫人帶小官人到宮裡玩玩。」陳夫人高興答應。到了滿月那天，王妃不見陳夫人與小官人進宮，很是著急，令李媽到陳府去接。當李媽又來到陳府時，見陳夫人正害病，陳閣老有改日進宮之意，就：「我家王妃在宮裡準備了各樣禮物，如果夫人與小官人不能去，恐怕王妃會生氣的。」陳閣老聽後，想了半天，最後決定讓奶媽抱著小官人隨李媽進宮。來到宮裡，李媽讓陳

府奶媽在下房等候，便抱著小官人見了王妃。一直到暮色降臨，李媽才將孩子交給陳府奶媽，抱回陳府。回到家裡，揭開臉罩，不由大吃一驚，好好的小官人，竟變成女娃。陳夫人拍手哭喊，好不痛心。陳閣老也非常憂傷，但心明白，知道王妃生的是女孩，將兒子換去，想日後有望當個皇帝。於是，

胤禛之章
為瓷質，現藏於故宮博物院。

便對夫人：「不要哭鬧，不得聲張。出了這事，只好將錯就錯，否則性命難保。」日後，王妃抱著小王子出來與雍親王見面，雍親王見這白白胖胖的兒子，又是鈕祜祿氏所生，滿心喜歡，更加寵愛。而陳閣老怕別人知曉，便告老還鄉，回到浙江海寧。但後來「陳與帝共一宗」之仍然不脛而走，繪聲繪色傳遍大江南北。

　　第三種法是，乾隆自己也認為，他生在雍和宮。

　　雍和宮，坐落在北京老城區的東北，是著名的喇嘛廟。但康熙時這裡還不叫雍和宮，而是雍親王府，也就是雍正做皇子時的府第。雍正登基當上皇帝後，以這裡是「潛龍禁地」，改名為「雍和宮」。乾隆繼位後，把他的父親雍正的畫像供奉於雍和宮的神御殿，派喇嘛每天念經。乾隆自己每年正月

都要走進雍和宮看一看，平時路過也要進去待一會兒。

乾隆在五十年（1785）正月到雍和宮瞻仰禮拜後，作詩：

「首躍龍邸，年年禮必行。……來瞻值人日，吾亦念初生。」

「人日」是古人對正月初七的叫法。乾隆的意思是，在正月初七「人日」那天到雍和宮作禮拜，不禁感念當初自己就是生在這裡。類似的詩句，乾隆還有不少，如：「雖曰無生俞宗旨，到此每憶我生初。」「尚憶初生我，忽來八十翁。」

特別是，在一首雍和宮紀事詩中，乾隆很明確地寫道：「齋閣東廂胥熟路，憶親唯念我初生。」這裡，乾隆不僅認定自己誕生在雍和宮，而且還隱隱點出了具體地點，就在雍和宮的東廂房。

就這樣，對乾隆的出生地，不僅野史傳，就是檔案官書也確實留下了不少破綻。不過，總體看來，乾隆生在雍和宮的法占上風。這主要是因爲，乾隆自己一直堅持雍和宮，而且是反覆強調；乾隆的兒子嘉慶，雖一度持避暑山莊，但後來卻作了堅決的修改，並把雍和宮作爲定論寫入皇家檔案；乾隆的孫子道光，也曾認爲乾隆爺生在山莊，當發覺錯誤後，便立即改爲雍和宮。所以，對乾隆的出生地，儘管從乾隆朝就有不同法，儘管乾隆的兒孫們也曾一度理不清，但最終落點是：乾隆生在雍和宮。

同治死因—天花？梅毒？

　　明清歷史上有幾位短命的皇帝，同治皇帝就是其中的一位，他只活到19歲。

　　同治皇帝名叫愛新覺羅‧載淳，是咸豐皇帝的獨生子。他出生於1856年3月23日，因為是「獨生子」，咸豐皇帝還特意舉行了盛大的郊天大禮，感謝老天爺讓他有了一個兒子。

　　6年後，咸豐皇帝死在承德避暑山莊的煙波致爽殿裡，6歲的小皇子載淳一夜之間當上了中國的皇帝。

　　小皇帝7歲時開始上學念書，大家都希望小皇帝好好學習，長大了好好治理國家。誰也沒想到，這位小皇帝從小被嬌慣壞了，是一個少見的小頑童，一點兒書也讀不進去，上課不是說笑打鬧就是精神不集中，老師管不了也不敢管。

　　轉眼到16歲，小皇帝還是什麼也不會，就連斷句背書都不行，一看見書就害怕，也沒有一點毅力。

　　17歲，同治皇帝和皇后阿魯特氏結婚。這位皇后知書達理，德才兼備，同治皇帝很敬重她，但是慈禧卻不喜歡這位皇后，千方百計地挑撥離間，最後逼的這位善良的皇后在同治死後不久也吞金自殺了。

　　18歲時，同治皇帝從慈禧和慈安兩位皇太后手中接過了治理國家的重任（在此之前，一直是兩位皇太后替他掌權）。

　　不學無術的同治皇帝根本就沒有本事治理國家，又處處受著慈禧太后的限制，一氣之下，他就經常穿上便衣，帶上幾個小太監，悄悄跑出紫禁城（故宮）去遊玩，不幸染上了一種惡性傳染病——天花。開始，同治皇帝還沒當回事，但是這種病來得太兇猛了，加上他本來身體也不是非常強壯，從發病開始，只過了37天就痛苦地死去了。

　　在晚清的皇帝中，同治皇帝的死因一直是史界和一般老百姓津津樂道的

話題。

　　同治生活放縱，同家庭關係不和諧有關。據說：同治既近女色，或著微服冶遊。有人給他進「小說淫詞，秘戲圖冊，帝益沈迷」。他常到崇文門外的酒肆、戲館、花巷。野史記載：「伶人小六如、春眉，娼小鳳輩，皆邀幸。」又記載同治寵倖太監杜之錫及其姊：「有閹杜之錫者，狀若少女，帝幸之。之錫有姊，固金魚池娼也。更引帝與之狎。由是溺於色，漸致忘返。」

　　同治十三年（1874）十二月初五日，同治帝崩於皇宮養心殿。同治之死，傳說頗多，主要有死於天花、死於梅毒、死於天花梅毒這三種說法。

銅架香水瓶

清晚期製，高28公分，寬11公分，現藏於故宮博物院。

　　第一種說法：正史記載是死於天花。

　　主要是根據歷史檔案和翁氏日記。經學者研究清宮歷史醫案《萬歲爺進藥用藥底簿》後認為：同治帝系患天花而死。在同治得了天花以後，太醫公布病情與藥方，宣布同治之病為「天花之喜」。慈禧太后暨文武大臣對同治之病，不是積極地尋求新醫藥和新療法，而是依照祖上傳下的規矩，在宮內外進行「供送痘神」的活動，敬請「痘神娘娘」入皇宮養心殿供奉。宮內張掛驅邪紅聯，王公大臣們身穿花衣，按照「前三後四」的說法，要穿7天花衣。同治的「花衣期」延長為「前五後七」，就是可望12天度過危險期。慈禧、慈安兩宮太后，還親自到景山壽皇殿行禮，祈求祖先神靈賜福。內務府行文禮部，諸天眾聖，皆加封賞。一身瘡痍的同治，在皇宮求神祭祖的喧囂中離開了人世。醫學史專家對相關檔案進行了認真分析，結論是：同治皇帝死於天花。

在近人對同治死因的研究中，有兩篇看法相反的文章最值得注意。一篇是當時同治帝的御醫李德立的後人李鎮寫的文章《同治究竟死於何病》（以下稱李文），他根據父輩傳下來的口碑等材料認定同治帝確系死於梅毒。另一篇是人民大學檔案學院的研究者劉耿生和中醫醫生張大君合撰的《從公布檔案史料談同治帝的死因》（以下稱劉文），對傳世的同治帝的病症檔案進行分析，肯定所記載的症狀是天花而不是梅毒。

第二種說法：在民間流傳甚廣的是，同治帝是因微服逛妓院，染上梅毒而死的。

同治死於梅毒的說法通過野史、小說、電影等通俗載體流傳於世，幾乎家喻戶曉，成爲老百姓茶餘飯後的八卦。在歷史研究者當中，也有人持同治死於梅毒說法的，但更多的研究者認爲應根據可靠的檔案史料來解開這個疑案。

老百姓之所以懷疑同治帝死於梅毒，也是有原因的。

其一，從常識上說，在當時的情況下，雖然尚未找到醫治天花的有效良藥，但即使是一般的百姓，患天花還不至於死亡，所以民間把天花稱作「天花之喜」，何況是堂堂天朝皇帝，身邊有的是高明的御醫，怎麼就那麼容易死的呢？另外，在沒有醫學專業知識的老百姓眼裡，天花和梅毒的病症有點類似，因此懷疑同治得的是梅毒而不是天花也就是很自然的事了。就是在清朝的宮廷裡曾經貼身服侍過慈禧太后的女官德齡，也對同治死於天花的說法有所懷疑：「因爲同治的身體一向十分健壯的，論到天花這一種病症也絕非就是絕症，只要醫治得合法，調護得適宜，要治好也是很有可能的，至多不過使同治那樣一個美少年變爲麻臉而已。」

其二，從同治帝平常的行爲習慣上懷疑他有可能染上梅毒。

據《清代外史》記載，同治帝選皇后的時候，跟生母西太后發生了意見分歧。西太后喜歡美貌豔麗但舉止輕佻的侍郎鳳秀的女兒，但同治帝和東太后慈安卻都看中了清朝唯一的「蒙古狀元」崇綺之女阿魯特氏，該女雖然相貌平常，但舉止端莊，一見就知道是有德量者。同治帝不顧母后的反對選擇

慈禧皇太后之寶
為青玉質，交龍鈕，現藏於故宮博物院。

了阿魯特氏為皇后，鳳秀女只被封了個慧妃。對此慈禧太后一直耿耿於懷，甚至沒有給予崇綺家「皇親國戚」的特殊待遇。婚後，同治與皇后「伉儷榮諧」，這就更加激起了慈禧太后的不快。

慈禧千方百計地離間帝后二人的關係，派太監阻止皇帝和皇后相見，又強迫同治親近慧妃。同治帝是時雖有一妻四妾（慧妃之外還有瑜妃等），卻左右不是，不能自主，因此索性誰也不親近，終年獨宿乾清宮。在乾清宮的同治帝獨眠難熬，就經常化裝成老百姓微行出宮。據傳，有好幾個人在市井中親眼看見過同治帝的行蹤。後來，就從宮中傳出同治帝出痘病重之事。據此，人們有理由懷疑，皇帝微行時也許到過前門外的八大胡同逛妓院，因而染上了梅毒。現在提及這段歷史的許多文學作品，都採用了類似的說法。

但今人沒有排除藥底簿是御醫等人為了掩飾同治帝的真實病狀而故意偽造的可能性，所以也就影響了「同治帝死於天花」這一結論的權威性。看來，同治帝死因之謎尚有待於後人的進一步探索。

273

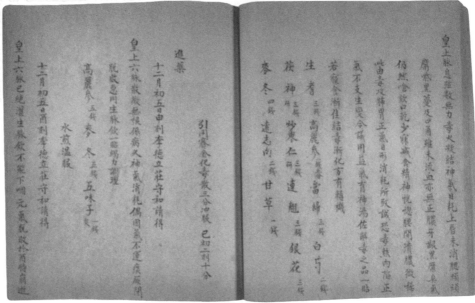

《同治帝氣絕之日進藥檔》
現藏於中國第一檔案館藏

第三種說法：同治死於天花梅毒說。

主要是根據歷史檔案與文獻資料推斷。御醫診斷同治的症狀是：濕毒乘虛流聚，腰間紅腫潰破，漫流膿水，腿痛盤攣，頭頸、胳膊、膝上發出痘瘡腫痛。這種看法是：同治或先患天花未愈而又染上梅毒，或先患梅毒而又染上天花，兩種疾病並發，醫治無效而死。

民間對於同治皇帝死因有種種說法，清朝官方則保持沈默，不予申辯。因此，同治到底是死於什麼病，成了一個歷史疑案。

光緒的直接死因

光緒帝與慈禧太后在不到
二十四小時內相繼死去，而生前
母子二人的關係又是那樣的對立
和微妙，不僅是清代歷史上所未
有的亦是中國歷史上所罕見的。
所以消息傳出，中外震驚，各種
評論和猜測亦隨之而見。

近代的一些野史、小說和民
間傳聞、離奇古怪的猜測說法，
在民間廣爲流傳，以至相沿成
習幾成定論：「光緒皇帝是被下
毒突然死亡的。」尤其是一位名
叫屈桂庭的清末名醫，在他寫的

「慈安端裕皇太后之寶」璽文
印爲青玉質，交龍鈕，現藏於故宮博物院。

《診治光緒皇帝秘記》一書中披露：「光緒三十四年（西元1908）十月十八
日最後一次給光緒帝診病時，發現光緒帝本已逐漸好轉的病情卻突然惡化，
在床上亂滾，大叫肚子痛。而且臉頰發暗，舌頭又黑又黃，這不是他所得之
病的應有症狀，三天後就崩逝了。」加之《清室外記》一書亦曰：「皇帝殯
天之情形及其得病之由，外人無由詳知……」更使光緒之死成了晚清歷史上
一大疑案。

清宮醫案的確告訴人們，光緒是病死的。但是，從光緒死的那天開始，
人們就懷疑他不是正常死亡，這也是事出有因的。

光緒元年正月二十日（1875年2月25日），4歲的載湉在太和殿正式即
位。從這一天起，光緒就被慈禧抓在手裡，或當作爭奪權力的利器，或作爲
顯示威嚴的權杖，更多的情況下，則當作她御案上不可缺少的擺設，或是任

意玩弄的木偶。這自然是慈禧專制政治的需要。入宮後的光緒，是在孤獨中長大的，煩瑣的宮中禮節，慈禧經常不斷的嚴詞訓斥，沒有母愛，飲食寒暖沒有人真心去細心照料，應倡導應禁忌之事，無人去指點揭示。

「光緒之寶」璽文。

沒有童年的歡樂，致使他從小就心情抑鬱，精神不快，造成身體積弱，難以抵擋疾病的侵襲，留下了難以癒治的病根。天嘏在所著《滿清野史》中稱：人在幼年的時候，都受到父母的呵護，照顧其出行，料理其飲食，體慰其寒暖，即使是孤兒，也會得到親朋好友的照顧。只有光緒皇帝無人敢親近。……皇上每日三餐，其飯食有數十種，擺滿桌案，可離皇上稍遠的飯食，大都已臭腐，接連數日不換。靠近皇上的飯食雖然並未臭腐，可經多次加熱，已不能可口……載湉自十餘歲後，雖為天子，可還不如一個孤兒，以後身患痼疾，即是由於少年時衣食不節造成的。雖為野史，可內容與惲毓鼎的《崇陵傳信錄》所述：「緬懷先帝禦宇不惟不久，幼而提攜，長而禁制，終於損其天年。無母子之親，無夫婦昆季之愛，無臣下侍從宴遊暇愉之樂。平世齊民之福，且有勝於一人之尊者。」大致相近。說明光緒帝體弱多病之原因，實與自幼在慈禧太后淫威之下，失於調養照料有關。

由於光緒帝在政治上被慈禧所扼，是個十足的傀儡皇帝，而其生活及愛情遭遇亦是十分不幸的。「戊戌變法」後被幽禁於南海瀛台，行動不得自由。1900年8月14日「西巡」前，珍妃的慘死更使他失去了靈魂，像個木頭人。不僅權力被褫奪，生命也全操縱在慈禧手中，因此人們懷疑光緒死於謀

276

殺不是沒道理的，其中一說：被毒死，更對兇手說法不一。

其一是袁世凱。

袁世凱因「戊戌變法」告密有功，李鴻章病逝後接了他的班。但他深知因戊戌政變，光緒帝對他切齒痛恨，事實上，光緒帝被幽禁之後，未嘗一刻忘卻袁世凱的叛賣。《庚子西狩叢談》中記敘光緒離京逃往西安途中，每至一地，猶自「每與諸監坐地作玩耍，尤好於紙上畫成大頭、長身各式鬼形無數，仍拉扯碎之，有時畫成一龜，於背上填寫項城（袁世凱）姓名，粘之壁間，先以小竹弓向之射擊，既複取下剪碎之，令片片作蝴蝶飛。蓋其蓄恨於項城至深，幾以以爲常課。」時值將死之際，他不言不語地含著淚水，仍不忘用手指在空中畫了「斬袁」兩字。袁世凱深知慈禧先於光緒帝而死，自己就有可能被殺頭。故以進藥爲名，暗中下毒將光緒害死，是極有可能的。宣統帝溥儀在《我的前半生》裡寫道：「我還聽見一個叫李長安的老太監說起光緒帝之死的疑案。照他說，光緒帝在死前一天還是好好的，只是用了一劑藥就壞了，後來才知道這劑藥是袁世凱使人送來的。」然而，分析一下，儘管袁世凱有作案的動機，卻至今尚未發現有任何確鑿的證據。因此尚不能指認袁世凱是兇手。

其二是李蓮英、崔玉貴等太監。

李蓮英（1848～1911）是深得慈禧寵信的總管太監，李蓮英常於慈禧面前短讒光緒，且持寵一再凌辱光緒帝，他事實上，可稱是「後黨」的權力核心。光緒親政後，李蓮英秉承慈禧的旨意與那些後黨官僚裡應外合，布置親信太監「監視光緒帝的言行」，然後向慈禧報告，在「戊戌政變」中立下了汗馬功勞。政變後光緒被置於李蓮英的嚴密監視之下，還往往製造謊言去告知慈禧，愈加加重了光緒帝對他的仇恨。

崔玉貴爲慈禧的禦前首領太監，也是深得慈禧寵信的太監，他是殘害珍妃的直接兇手。光緒帝對其恨不能生啖其肉，睡寢其皮，連珍妃的姐姐瑾妃亦對其深惡痛絕。因此他們怕慈禧死在光緒帝前，光緒重操權柄遭致殺頭之禍，因此在慈禧死前先害死了光緒。然而，這一些記載，都是耳聞、猜測而

非親見，是不能作爲直接的證據的。

　　其三是慈禧。

　　謀殺光緒帝的兇手究竟存在與否？要說有的話只能是慈禧。因爲只有在她主謀或默許下，光緒才能被害致死後又不被追究。袁世凱不可能明目張膽地在所進藥品中摻毒。因爲光緒痛恨袁世凱是無人不知的，這樣做是自取弒君之罪，袁世凱不會做這樣的蠢事；而李蓮英、崔玉貴這樣的首領太監如沒有慈禧的暗示、默許，亦不可能冒如此之大的風險，何況李蓮英自知是個地位低下的奴才並沒有忘其身分。

　　1980年，清西陵文物管理處在清理崇陵地宮時，發現光緒遺體完整，體長一點六四公尺，無刃器傷痕。通過化驗頸椎和頭髮，也無中毒現象，與清史檔案專家、醫學專家的分析判斷相吻合，應該說光緒屬正常死亡的結論是正確的。至於爲什麼光緒偏偏比慈禧早死一天，我們姑且說這是偶然的巧合。

　　但根據末代皇孫啓功所說：「我曾祖遇到的、最值得一提的是這樣一件事：他在任禮部尚書時正趕上西太后（慈禧）和光緒皇帝先後『駕崩』。作爲主管禮儀、祭祀之事的最高官員，在西太后臨終前

翁同龢舊照

翁同龢是光緒帝的老師，積極支持變法，後被慈禧太后罷黜。

德和園大戲台
此為慈禧太后晚年聽戲之處

要晝夜守候在她下榻的樂壽堂外。其他在京的、夠級別的大臣也不例外。大臣們都惶惶不可終日，就等著屋裡一哭，外邊好舉哀發喪。西太后得的是痢疾，所以從病危到彌留的時間拉得比較長。候的時間一長，大臣們都有些體力不支，便紛紛坐在臺階上，哪兒都是，情景非常狼狽。

　　「就在宣布西太后臨死前，我曾祖父看見一太監端著一個蓋碗從樂壽堂出來，出於職責，就問這個太監端的是什麼，太監答道：『是老佛爺賞給萬歲爺的塌喇。』『塌喇』在滿語中是酸奶的意思。當時光緒被軟禁在中南海的瀛台，之前也從沒聽說過他有什麼急症大病，隆裕皇后也始終在慈禧這邊忙活。但送後不久，就由隆裕皇后的太監小德張（張蘭德）向太醫院正堂宣

布光緒皇帝駕崩了。接著這邊屋裡才哭了起來，表明太后已死，整個樂壽堂跟著哭成一片，在我曾祖父參與主持下舉行哀禮。」

「其實，誰也說不清西太后到底是什麼時候怎麼死的，也許她真的挺到光緒死後，也許早就死了，只是密不發喪，只有等到宣布光緒死後才發喪。這已成了千古疑案，查太醫院的任何檔案也不會有真實的記載。但光緒帝在死之前，西太后曾親賜他一碗『塌喇』，確是我曾祖親見親問過的。這顯然是一碗毒藥。而那位太醫院正堂姓張，後來我們家人有病還常請他來看，我們管他叫張大人。」

啟功的話不可不信，於是歷史就這樣又陷入迷霧之中。

歷史的論壇

蓋棺定論自有後人評說辭

鑒古知今可了世事因緣果

名人評説

　　清朝入關之後的順、康、雍、乾四位皇帝都可以說是有作爲的皇帝，更確切地說還應該加上入關以前的努爾哈赤和皇太極，在滿族發展的過程中，先後有六位君王都是很有作爲，有雄才大略的，而且是連下來的祖孫六代，這一點在中國歷代王朝上都是難找第二例的。這也許和滿族畢竟是一個少數民族來統治全國，統治比它的人數大很多倍的漢族地區，所以很有危機感，很有憂患意識，和這個有關係。嘉、道兩帝相對來說是守成皇帝，比較平庸

紫禁城齋宮
位於東六宮南，仁祥門內，爲雍正帝大祀前在宮內的齋居之所。

一些，但是也是勤政的皇帝。咸豐差一些，當時由於清朝國事衰危，咸豐不理朝政，沈迷於後宮。同治讀書最差，是最不用功的一位皇帝。光緒皇帝有作爲，但是處處受到牽制，是一位悲劇性皇帝，溥儀是清朝的遜帝。

　　簡單把明朝皇帝和清朝皇帝比較一下，明朝皇帝除了朱元璋、朱棣等少數幾位有作爲的皇帝以外，大多數明朝皇帝都是不理政務而且相對來說比較昏庸，而有的皇帝像天啓皇帝做木工活兒極爲出色，是位出色的木匠。而清朝皇帝完全不是這樣，可以說絕大多數清朝皇帝都是勤政的，而且政績比較突出。後期幾位皇帝差一些。我覺得之所以出現這種情況，和滿族畢竟是一個少數民族來統治全國，統治比它的人數大很多倍的漢族地區，所以很有危機感，很有憂患意識，和這個有關係。清朝皇帝中沒有昏庸之君，而這一點在歷代的王朝中也是很特殊的。比如元朝也是蒙古族貴族建立的，可是元朝皇帝和清朝皇帝來比，總體素質來看，還是要差一些。

　　清朝皇帝之所以後期皇帝比較平庸，這和他們的成長環境有一定關係。這些皇帝裡都是在襁褓中長大的，生長於富人之手，不可能像清朝入關前後的皇帝那樣經歷那麼險惡的形勢，後期皇帝是吃先祖們打下的江山，坐享先祖們打下的江山，和成長環境不同有一定關係。中國之所以落後確實在清朝和西方落後的差距加大了，可是這還不能完全歸結於清朝，因爲在清朝以前明朝的時候清朝實際上和西方已經有了很大差距。

金庸稱努爾哈赤爲「自成吉思汗以來，四百多年中全世界從未出現過的軍事天才」。

作爲清朝入主中原第一位皇帝，順治是非常有作爲的皇帝。在孝莊輔助下，順治從14歲親政至23歲病逝共有五大政績。其中大陸實現了統一，經濟得到了恢復，這是他最主要的政績。爲「康乾盛世」打下了基礎。除了他去世前最後4個月也就是董鄂妃去世的4個月之外，他始終是勵精圖治，勤奮治國的，即使在董鄂妃生病的時候，他也沒有放棄治理國家。

從順治皇帝的性格、氣質和綜合的素質來看，我認爲事實上他並不適合於做皇帝，他可能更適合於做一位學者或者有才氣的藝術家。但是歷史把他推到皇帝這個位置上，我覺得他也還是盡心盡力的，並且還做出了成績，還是應該肯定的。他和他母親的關係從原來的相依爲命，到最後兩者矛盾非常尖銳，從母子關係來看，這確實是一個悲劇，而孝莊確實吸取了其中的經驗教訓，在對玄燁的教育中做得非常成功。

康熙不相信什麼長命百歲，他認爲人都要死的，他最喜歡的一句話就是：天行健，君子以自強不息！與其向天要命不如自己鍛煉身體！在那個迷信的時代，這樣的想法的人不多啊。

康熙喜歡看書，他的座右銘就是：「無一日不寫字，無一日不看書，義理自然貫通。」「若畫地自限，豈登高行遠之意哉？」

雍正當世就落下罵名，被輿論說成是篡逆的僞君，不講人倫的畜牲，是一個兇殘不仁的暴君。湖南落榜秀才曾靜歸納條理成十大罪：害父、逼母、弒兄、屠弟、貪財、好殺、酗灑、淫色、誅忠、任佞。雍正也有抄家皇帝的外號。

雍正眞是個不錯的皇帝，雖然他的手段有點過於狠辣，但他針對當時社會積累的弊病和矛盾銳意進取、奮力整頓，有步驟地進行了多項重大改革，爲大清的後來打下了堅實的基礎。

嘉慶原名叫做永琰，即位以後，爲了避諱，他主動提出自己單改個名，就是官書上的顒琰了，音同字不同，這一點上他比他的父親乾隆來的實在，

其實，在對待手足關係上，他也要比他的父親、祖父強。嘉慶實際在位22年，前3年，他的老爹沒死，還稱萬萬歲，嘉慶這個人很會韜晦，他也把和珅這類小人給剷除了，事實上，嘉慶對乾隆的很多政策非常感冒，乾隆後期的重要寵臣和珅、福康安等人，嘉慶是一個也瞧不起，福康安要不是死的早，很可能就被治罪，他的弟弟福長安就被革去爵位，並且罰銀四萬兩，以後，嘉慶一說到「勞師糜餉」的事情，就一定大罵福康安！喧赫三代的富察氏家族就此敗落。

嘉慶這個人因為生活在清代中衰的年代裡，所以，求治的心很急切，在剿滅川陝白蓮教大起義的時候，他多次痛罵領兵將領，語言實在是狠毒，動輒就以殺頭相威脅。他的廟號叫「仁宗」，可是看不出一點仁的味道來。

嘉慶一生疊遭大變，清代中前期的事故多是發生在他這一代，前面提到的大起義，再有嘉慶十八年的「禁門之變」，後來，他又被叫做陳德的男子無端行刺，總之，這個皇帝當得很辛苦，身邊缺乏很有能力的大臣給他分憂，將軍中，名將如海蘭察等早已辭世，所以，嘉慶的朝政不很有起色。這也是他多次暴怒的起因。「禁門之變」後，他責成那彥成負責剿滅李文成等人，可是，那彥成畏縮不前，嘉慶大怒，他寫的諭旨上說：「汝再敢逡巡不前，就非阿桂之孫，朕之純臣！」那彥成是乾隆名臣阿桂的孫子，可是，祖父的本事一點也沒有，後來，在「二楊」（楊芳、楊遇春）的幫助下，才總算解決。此後，在嘉慶下的罪己詔裡，嘉慶近乎哀求群臣要激發天良、實心任事。可是，基本沒用。

嘉慶的長處就是人很精明，這在他處理李毓昌的案子中就可以發現，李毓昌查帳被王伸漢等人勾結李手下的奴僕殺害，兩江總督鐵保，居然問不明白，案子送到御前，嘉慶一個晚上就搞通了，斷定是謀殺，果然如此，嘉慶大罵鐵保顢頇無能，發配充軍。他處理的方法也是很特別，他命令把犯罪的奴僕押往李毓昌的墳前，摘心致祭，致祭前，先把這幾個人刑夾兩次。多年後，嘉慶還命令凡是牽連到李毓昌案子的壞蛋都是十惡不赦。從這個事情上看，嘉慶為人還是嫉惡如仇的。

嘉慶的敗筆也很多，其中就包括洪亮吉那一樁案子，而且，嘉慶的毛病是對好人用不起來，對壞人推不下去，這是庸主的通病。

　　道光是清朝入關後的第六個皇帝，他的青少年時代是很引人注目的，小

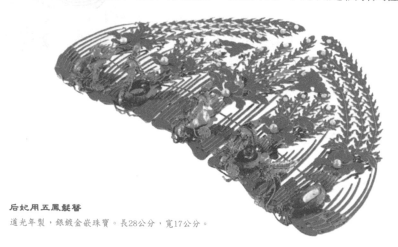

后妃用五鳳髮簪
道光年製，銀鍍金嵌珠寶。長28公分，寬17公分。

時候，在木蘭秋獮，以獵獲最多，深受祖父乾隆的嘉許，稱他是：「不墜滿洲家風」，成年後，就是嘉慶18年，李文成、林清領導的天理教大起義，林清率一部人馬進攻紫禁城，史稱「禁門之變」。那時候，負責守護內廷的禦前大臣和領侍衛內大臣像莊親王綿課，這些人都早已嚇傻了，再加上還有高、劉等幾位太監作內應，宮內亂作一團，這時，也只有身為皇子的綿寧（就是道光）也還算鎮靜，開槍擊斃一人，傷一人，義軍這才被後續趕來的清軍殺散，嘉慶從熱河趕回來，先下罪己詔，後封綿寧為和碩智親王，賞食親王雙俸。此後，秘密立儲的時候就把綿寧的名字寫在了裡邊，嘉慶死前，綿寧被正式確立為皇太子，奉遺詔即位。

　　道光本人的才具是很一般的，這也就是他一生勤政卻政治日荒的原因，他的曾祖父雍正在《朱批諭旨》中曾寫道：「朝廷用人乃頭等大事，其餘皆為枝葉耳。」可是，道光在用人方面卻是十足的失敗。他最信任的兩個宰輔，一個是曹振鏞，一個是穆彰阿，老曹是主張「多磕頭少說話」的第一人，老穆則貪得無厭。兩人上下其手，把道光蒙蔽其中，道光原來很喜歡

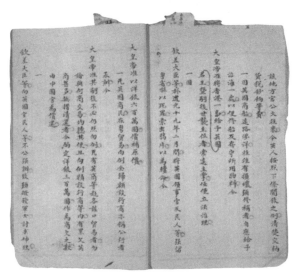

《南京條約》抄本（局部）

封疆大吏中的陶澍和阮元，就和老曹提起，老曹其人最怕有能人超越自己，於是，他就說：「兩江離了陶某，恐怕漕運無人可及。」道光一生做的很有點聲色的事情就是海運漕糧，結果，陶澍內調一事泡湯。再有，阮元，老曹說阮元這個人很能幹，他的書法寫得更好，道光不生最恨督撫、大臣不務正業，他認為，凡是官員要是多在其他地方用心，那麼，本業一定幹不好，話是對的，但是，矯枉過正就失之公平了，老曹一這樣說，阮元終生再未進階！曹振鏞這個人是清朝軟刀子殺人最到家的一位，可是，道光對他推心置腹、信任有加。有一次，道光對老曹說他很苦惱一些大臣的奏摺，總是喋喋不休，說個沒完，老曹於是就教道光專心挑奏摺中的一些小毛病，給其以狠狠的訓斥，這樣，臣下必然戰慄不堪，以後就不會洋洋灑灑萬言了，道光立刻照做，果然，下面膽戰心驚，不敢輕易上書言事了。這種「導君以昏」的做法居然被道光視作至寶，其人的本事也就不難了然了！平心而論，道光是清代最為節儉、清素的皇帝，其人對奢侈嗤之以鼻，且大力整飭，他想吃冰糖豬腳，一問御膳房，竟然要五兩銀子，於是作罷。他問老曹的朝服是多少錢補的，老曹說是7錢銀子，道光頓時感歎說自己的龍袍補丁花了二兩銀子，一定是內務府的人搗鬼。這比起他的祖父乾隆真不知強出多少！然而，

1842年《南京條約》一次就賠償英國人2100萬兩，這又夠吃多少回冰糖豬腳的呢？

《清宮補聞》中記載：道光在簽署《南京條約》之前的晚上，徹夜不眠，繞殿逡巡，不停的拍案歎息，等上諭發下後，他連連流淚，說是對不起祖宗。他希望他的繼任能夠為他雪恥。哪知道，他的兒子咸豐連北京城都丟了。左宗棠在出仕之前就說過：曹相國當政，大清朝能好嗎？

道光的陵寢在修建過程中發生漏水，這在當時來看是絕對不吉利的事，也是清朝氣數將盡的一個外證吧。清朝中衰，乾隆是始作俑者，道光是光大者，此為定評。

奕詝，這個人如果以其天生的資質來論，清朝入關後的10個皇帝裡也只有乾隆能和他比美。他的聰明程度遠在他老子道光之上，然而，他和高宗不同的是，他接手的是個爛攤子，奕詝的資質雖然好，可是，弱點也太突出，真正到了關鍵，反而，露出了怯懦的一面，第二次鴉片戰爭就是一個很好的例子，不過，奕詝到底比糊塗蛋崇禎要強，他發現了肅順，又通過肅順重用了曾國藩、胡林翼、左宗棠等人，使得太平軍最終沒能像李闖王那樣長驅直入，再有，總有人忽視的是，他比他的六弟恭親王在有些方面要強得多，雖然，兩人最終都是半斤對八兩。

在湘淮系的使用上，奕詝始終是使用而非重用，直到他死前，曾老頭才做到兩江總督，督理四省軍務，奕詝對於督撫專政之於中央集權是瞭如指掌的，在這點上，無論是慈禧還是恭老六都不是他的對手，看法沒有他深沈，恭老六對於曾國藩等人幾乎等於縱容，慈禧為了私人慾望，對李鴻章淮系以及北洋的勢力的發展也是睜一眼閉一眼，以致最後坐大，形成尾大不掉之勢。

但是，滿清最終是讓奕詝給帶進了深淵，更是因為他的優柔寡斷，妄圖使得慈安等人與肅順等八大臣形成鼎足之勢，不使任何一方危及他的兒子的無上的君權，竟然，白白便宜了慈禧！也是他聽信肅順等人的昏招，沒有及時地化解和老六的矛盾，結果，垂簾聽政，壞了祖宗家法，所以，奕詝絕後也是愛新覺羅家族對他的懲罰。

288

一家之言─清朝錯失
八次圖強維新的歷史機遇

順治元年（1644），清遷都北京，入主中原，中國歷史開始了一個新的皇朝時代。幾乎同時，1649年（順治六年），英格蘭發生資產階級革命，世界歷史開始了資本主義工業化、資產階級民主化的新時代。清朝面對世界國際化、工業化、民主化的大潮，雖有「康乾盛世」，出現一段輝煌，卻仍恪守祖制，未能革故鼎新，錯過了八次圖強維新的歷史機遇。

第一次，清朝入關之初，皇太后和順治帝禮遇外國傳教士湯若望，為清帝瞭解西方開啓一扇窗戶；但隨著順治帝病故，湯若望被訐告，下獄而死，從而使這扇中西文化交流的窗戶剛打開便被關上。

大學堂匾額
百日維新期間，光緒創辦京師大學堂，此即為北京大學前身。

第二次，在康熙朝，西方耶穌會士將西方科學技術最新成果送到皇宮，使得康熙對歐洲國家的社會、地理、人文、科技等都有所瞭解，由此組建了被西方譽為清朝皇家科學院的「蒙學館」，但康熙死後，人亡政息，沒有使之成為國家政策和政府行為。

第三次，雍正時期，天主教與儒家傳統發生衝突。雍正帝驅趕天主教徒、廢除天主教堂，在維護中華傳統文化的同時，也把通往西方科技文化的窗戶關上了。

第四次，乾隆朝，英國使臣喬治‧馬戛爾尼使團訪華，但乾隆帝高傲自大，故步自封，造成了馬戛爾尼使團訪華失敗。乾隆帝看不到世界發展的潮流和工業科技的進步，拒絕了英國的要求，堵塞了交流的渠道。

第五次，嘉慶朝，英王第二次派遣以羅爾‧阿美士德為正使的訪華使團，再次向中國提出通商的要求，再遭拒絕，從而使清朝堵塞了中西交流的渠道，失去了向西方借鑒、學習的機會。

張百熙、袁世凱、朱啟鈐合影舊照。
清末新政中，此三人是主張廢除科舉的重要提倡者。

第六次，道光朝，清政府在鴉片戰爭中吃了敗仗，但不從失敗中總結教訓，臥薪嘗膽，奮發圖強，進行改革，卻繼續封閉，狂妄自大。

第七次，同治朝，恭親王主持總理各國事務衙門，實行同治新政，派出留學生，但不久卻遭節制，致使同治新政夭折，清朝再次梗塞了中西交流的渠道。

第八次，在光緒朝，光緒帝實行戊戌變法，但由於統治集團內部矛盾，以慈禧為首的頑固派卻將這場維新變法葬送。

清朝同中國歷史上其他皇朝所處時代不同。其時，英、美、法、德等西方列強，已經過資本主義工業化、資產階級民主化；日本、俄國也經過變革而逐漸強大。清朝面臨生死存亡的問題。當然，清朝也做過一些改革，但對其基本制度——皇位繼承制度、八旗制度等沒有做實質性的改革，卻是以不變應萬變。清朝皇室，自殘自戕，堵塞鼎新道路，錯過維新機會。必然會被趕下歷史舞臺。

後　記

大清帝王的後宮生活

皇宮太醫

在封建社會，皇帝貴為天子，享有至高無上的權力。皇位歷來就是繼承者們夢寐以求的目標，爭奪皇位自然是非常激烈，甚至是不顧親情的血腥廝殺。皇位來之不易，保住皇位更是皇帝們一生中的頭等大事。為了保住皇位，除了政治手段以外，應該就是保命了。

為了保命，清朝的皇帝與封建社會的所有皇帝一樣，不惜一切代價尋找名醫和名藥，這些名醫和名藥也就成了所謂的御醫、御藥。太醫院是為宮廷服務的，御藥主要是皇帝、皇后和妃嬪們吃的，因此御醫和御藥就有了一層神秘的面紗。

坐落在北京紫禁城內的中國第一歷史檔案館，今天仍然保存著大量清宮御醫、御藥的原始檔案，可以幫助我們揭開這層神秘的面紗。

關於宮廷醫療機構的設置，據《漢書》記載，黃帝時已有岐伯，管理宮廷醫藥的事情。周朝設有醫師、上士、下士為帝王及卿大夫行醫治病。秦漢時也曾設有太醫令、太醫下大夫、翰林醫官等職官。到了金代，開始用太醫院這一名稱，隸屬宣徽院。元代，太醫院開始成為專門的宮廷醫療機構。自此以後，各朝都設有太醫院，直至1911年清朝滅亡。

清順治元年（1644），清朝的太醫院，最初設在北京正陽門東江公尺巷，也就是後來的東交民巷西口路北附近。該院有大門3座，均向西。用黑漆書寫「太醫院」3個大字的匾額懸掛於大門之上。大門前為門役的住房。左為「土地祠」，右為「聽差處」。太醫院內有大堂5間，是主要的活動場所，大堂內懸掛著康熙皇帝御賜著名御醫黃運的詩文：「神聖豈能再，調方最近情。存誠慎藥性，仁術盡平生。」大堂左側，有南廳3間，是御醫辦理公務的處所。大廳右側是北廳。後面是先醫廟，外門稱欞星，內門稱鹹濟，殿名景惠，南向，殿內供奉著伏羲、神農、黃帝的塑像，有康熙御書「永濟群生」匾額。先醫廟外北向為藥王廟，廟裡有銅人像。連接大堂的過廳是二堂，後

太醫院印
銅質，柱紐。現藏於故宮博物院。

「太醫院印」印面

「太醫院印」印面

面還有三堂5間。

　　光緒二十七年（1901），依照喪權辱國的《辛丑和約》第七款，將東交民巷劃爲各國駐中國的使館區，使館區範圍內的中國衙署都必須按時搬走。太醫院只得暫借東安門大街御醫白文壽的宅院應差。不久，又暫移至北池子大悲觀音院。光緒二十八年，才於地安門外皇城根、兵仗局東建立新的辦公衙署，其建築規模較之從前要簡陋許多，現在遺址尚存，但已是面目全非，昔日衙門形式，難以再現。太醫院在紫禁城內東牆下、上駟院之北，設有待診、休息的處所，舊稱「他坦」，歲月流失，現也傾毀無存。

　　太醫院爲五品衙門。醫務人員都有相應的職位，堂官稱爲院使，相當於院長，爲五品官，副職稱爲左院判，官居六品，所屬官員有御醫，官居八品。雍正七年（1729）規定：御醫均受正七品，許用六品冠帶。還有吏目、醫士、醫生等，這些人員享受從九品的待遇，一般通稱御醫（又稱太醫），各醫官的品級，歷朝稍有變動。歷朝御醫人數，略有增減。以光緒朝爲例：有御醫13人，吏目26人，醫士20人，醫生30人。這些御醫全部是漢人。

　　太醫院的御醫，來自全國各地，從各省民間醫生以及舉人、貢生等有職銜的人中，挑選精通醫理，情願爲宮中效力的人，量才錄用。如在康熙年

293

間，同仁堂的創始人樂顯揚就曾擔任太醫院吏目一職。此外，太醫院還設有教習廳，培養醫務人才，由御醫、吏目充當教習。學習的內容有《類經注釋》、《本草綱目》、《傷寒內經》、《脈訣》等專業知識，經過6年寒暑通過考試合格，才能錄用為醫士或醫生。

雖然在康熙年間已有西藥進入宮廷，以後歷朝也引進了西醫、西藥，但太醫院主要是以中醫、中藥為皇帝和妃嬪診脈開藥。康熙三十三年（1693），康熙因患瘧疾，就服用過法國傳教士洪若翰送的金雞納，也叫奎寧。光緒二十四年（1898）九月初四，法國駐華公使館多德福醫生也曾為光緒診病開藥。儘管如此，在絕大部分時間裡，他們從骨子裡還是相信中醫、中藥。正因為如此，中醫、中藥始終是太醫院的主導醫療手段。我們給大家講述的御醫、御藥基本上就是中醫、中藥。

太醫院按醫術分類設科，清朝初年為11科，康熙朝和並為9科，分別是：大方脈、小方脈、傷寒科、婦人科、瘡科、針灸科、眼科、口齒科、正骨科。同治、光緒時期，又合併為大方脈、小方脈、外科、眼科、口齒科5科。各科都有專科醫生。

太醫院御醫，日常在紫禁城內東牆下的待診處輪流值班，隨時聽候太監的召喚，為皇帝、妃嬪看病、配藥，同時，也擔負一些其他與宮廷有關的醫療事務。這是其主要職責。此外，太醫院還承擔王公、公主、駙馬以及文武大臣等的醫療服務，這些人遇有疾病，太醫院奉旨派醫官前往，並將治療經過向皇帝奏報。在外地的公主、駙馬及台吉大臣有病，也得奉旨攜帶藥品前往診視。軍營、文武會試，就連刑部大牢囚犯得病太醫院也要派人前往應差。

飲食習慣與生活

　　清朝統治者源於白山黑水間的東北大地，其飲食習慣是在東北形成的。東北滿族淳樸的食風、簡單的飲食方式隨著清朝皇室入關，也帶到了北京城。入關之初，滿族貴族初次登上統治地位，需要本民族的武裝力量維護剛剛取得的權力。因此，用民族傳統意識和民族傳統風俗加強民族凝聚力，是清統治者的當務之急。清統治者一方面欽定中國傳統的儒學、理學爲「正學」，使其在文化思想領域占據統治地位，穩定和籠絡漢族知識分子；另一方面又積極地制定一系列防止漢化的措施，其中就包括服飾、髮式、禮儀、飲食等方面，以此來加強滿族八旗官兵的凝聚力，來保持與皇室的向心力。無論是清宮廷筵宴，還是皇帝賞賜有功之臣，清宮廷飲食大多保留滿族傳統，飲食原料、物料仍以東北特產的糧肉蛋菜爲主。每到年底仍例關外風俗行「狍鹿賞」：向滿、蒙、漢八旗軍的有功之臣頒賜東北野味。屆時，北京城內分設關東貨場，專門出售東北的狍、鹿、熊掌、駝峰、鱘鰉魚，使遠離家鄉故土的八旗士兵和眷屬身在異地，也能夠吃到家鄉風味。正如《北京竹枝詞》中所寫到的一樣：「關東貨始到京城，各路全開狍鹿棚。鹿尾鯉魚風味別，發祥水土想陪京。」

　　但是，清代宮廷生活在北京這塊土地上，必然要受到北京風土人情、飲食時尚的影響。而且，清王朝統治者與歷代封建統治者一樣，亦有著王天下者食天下的強烈願望，對天下的美味食品投注了極大的心力。清初的順治、康熙兩朝，在以故鄉「關東貨」爲主要飲食的同時，也效法明代宮廷以「嘗鮮」爲由，按季節徵收天下貢品：江南的鮮魚蝦蟹，兩廣的瓜果蜜餞，山東的蘋果，山西的核桃，直隸的蜜桃、鴨梨，陝甘的花皮瓜，新疆的奶子葡萄

　　尤其值得一提的是江蘇鎮江的鰣魚之貢。鰣魚是生活在今江蘇南京、鎮江一帶季節性很強的魚種，每年春季溯江而上，初夏時洄游生殖。宋《食鑒本草》中載，「鰣魚年年初夏時則出，月餘不復有也」。因此鰣魚身價倍增，

成為江南特產。自明代列為進貢皇宮的貢品，清代初期仍沿此俗。第一網鰣魚就要送皇帝嘗鮮，宮廷即在桃花盛開的時候舉行「鰣魚盛會」，屆時皇帝賜文武百官一同品嘗。鰣魚味道鮮美，但運送鰣魚是一件非常辛苦的事情。魚打撈上來後，用冰船和快馬分水、旱兩陸運送抵京，並在沿途設冰窖、魚場保鮮。鎮江到北京約三千里路程，官府限定二十二個時辰（44小時）送到，宮廷早已做好烹製準備，鰣魚一到，即舉行盛會。因此，為爭取時間，送魚人在途中馬歇人不歇，只准許吃雞蛋充饑。常常是「三千里路不三日，知斃幾人馬幾匹？馬傷人死何足論，只求好魚呈聖尊」。

又據清宮檔案記載，皇帝派往各地的官員經常向皇室進「鮮」，即各地應節的新鮮食品，康熙年間任蘇州織造的李煦就曾在不同季節向清宮進貢食品與飲料。春季，「今有新出燕來筍，理合貢進，少盡臣煦一點敬心」。初夏，「蘇州新出枇杷果」、「佛手」。秋季，「蘇州今秋十分豐收……洞庭山杏子理合恭進」。剛剛入冬，李煦又進「冬筍」和「糟茭白」。康熙三十七年（1698）十月李煦向清宮呈進了一批江南鮮果和露酒：「佛手計二桶，香櫞計二桶，荔枝計二桶，桂圓計二桶，百合計二桶，青果計二桶，木瓜計二桶，桂花露計一箱，玫瑰露計一箱，薔薇露計一箱，泉酒計一壇。」

天下美味食品進入宮廷，清帝的飲食逐漸發生變化。順、康兩朝逐漸改變以各類野獸肉和家禽、家畜等為主要原料和簡單的烹飪方式，從各種肉類整治、洗淨後切成大塊煮、燉、蒸、燒、烤等熟制、用大盤大碗盛裝，到食品多道手續的加工和注重包裝形式。康熙五十九年（1690）一月十二日，法國傳教士張成一行抵京。玄燁在暢春園熱情款待遠道的客人，賜給他們的食品有「堆成金字塔型的冷肉」，有「用肉凍、豆莢、菜花或菜心拼成的冷盤」。一月二十八日是我國傳統的新年，玄燁邀請傳教士們一起過年。除夕晚膳又賜給他們「年飯」12盤菜餚，21種果品。菜餚、果品一改滿族「簡單」的烹製方法，使清代宮廷飲食在「質」的方面發生了很大的精進。特別是到了乾隆時期，隨著國家政治的鞏固，社會經濟文化空前發展，清代宮廷飲食也進入了它的黃金時代。

乾隆在位期間，清王朝經過了近百年的統治之後，正是鼎盛時期，統治階級的享樂之風也日盛一日。皇帝居於封建統治的最高層，飲食服御，豪華奢麗，達到驚人的地步。宮廷飲食不僅打破了「關東貨」一統天下的局面，而且在飲食結構、烹飪技術上都得到改變。首先是北京的氣候和地理環境，使常年生活在東北的滿族人在身體、生活各方面都有不同程度的不適應。常食含熱量較高的鹿肉、熊掌，容易使體內外的濕熱相搏，易患重病。因此乾隆帝對飲食結構進行調整，並對前代定制的宮廷制度中一些未成系統的條文加以修訂。在《欽定宮中現行則例》、《國朝宮室》中對宮廷飲食的等級標準及其份額做出了明確的規定，即後、妃的不同等級享受不同的標準。皇帝有皇后、皇貴妃、貴妃、妃、嬪、貴人、常在、答應，8個等級的妻妾。皇帝、皇太后、皇后享受最高標準的飲食，每次進膳用全份膳48品（包括菜餚、小菜、餑餑、粥、湯及乾鮮果品）；每天用盤肉16斤、湯肉10斤、豬肉10斤、羊2隻、雞5隻、鴨3隻、蔬菜19斤、蘿蔔（各種）60個、蔥6斤、玉泉酒4兩、青醬3斤、醋2斤以及公尺、面、香油、奶酒、酥油、蜂蜜、白糖、芝麻、核桃仁、黑棗等。皇后以下皇貴妃、貴妃、妃、嬪等按照等級相應遞減。皇貴妃、貴妃食半份膳（是皇帝的二分之一）24品，妃以下食半半份膳（是皇帝的四分之一）12品。

清統治者「王天下者食天下」，對全國各地的貢物，則是有選擇食用。皇帝御膳的主食——五穀雜糧，專用東北的黏高粱米粉子，散高粱米粉子，稗子米，鈴鐺麥，山西的飛羅白麵，陝西的苡仁米、紫麥，寶雞的玉麥，蘭州、西安的掛麵，山東的恩面、博粉，廣西的葛仙米，河南的玉麥面，直隸的福壽字餑餑，山東的耿餅，安徽的青餅。在北京一地僅選用玉泉山、豐澤園、湯泉三處交的黃、白、紫三色老米。再有，清宮的御膳機構逐步健全，每日的飲食不僅是為了飽腹，還依不同的傳統節日習俗食應節食品：冬至餛飩、上元元宵、端陽粽子、中秋月餅、重九花糕　都以宮廷特有的原材料製作，在色、香、味、形上追求吉祥富貴，渲染皇家富豪的氣派。

選秀女制度

歷代皇帝都有自己的後妃來源，清代皇帝與歷代不同，它創立了具有自己特點的「選秀女制度」。

在八旗子女內部「選秀女」形成定制以後，每3年都有一批年輕的旗籍女子被選到宮中，不僅皇帝的後妃要從這些女子中挑選，有的秀女還有可能要配給皇帝的近支宗親。

選擇作為後妃的秀女有嚴格的條件。清制規定秀女一般從滿、蒙八旗中遴選，凡年齡在13～16歲，身體健康無殘疾的旗籍女子，都必須參加閱選。嘉慶六年（1801）以前，甚至公主下嫁所生之女也得經過選秀女這一關之後，才能論及婚嫁。秀女年滿13歲稱「及歲」，超過16歲稱「逾歲」。「逾歲」者一般不再參加挑選。如因故未能閱選者，則必須參加下屆閱選，否則雖至二十餘歲亦不能出嫁，違者將受懲處。凡應選的旗女，在未閱選前私自與他人結婚者，也將由該旗都統參查治罪。即便是因為殘疾不具備選秀女的條件，也要經過各旗層層上報，最後由本旗都統呈報給戶部，再上奏皇帝認可後，才能免選。

史料中有這樣的記載：乾隆六年時，兩廣總督瑪爾泰的女兒恒志，年已過17歲，但從未入選秀女，瑪爾泰為此奏請皇帝為女完婚，結果遭到皇帝的斥責。

選中被記名的秀女，在記名期內（一般為5年）不許私相聘嫁，違者上至都統、副都統、參領、佐領，下至旗長及本人父母，都要受到一定的處分。選中留牌子的秀女久不復選，而記名期已過，那麼，這樣的女子只得終身不嫁了。

選秀女由戶部主辦。3年一次的選秀女時間一到，由戶部行文八旗各都統衙門、直隸各省駐防八旗及外任旗員，將適齡備選女子呈報備案。每屆入選日期，均由戶部奏准，然後通知各旗，具備清冊，準備入選引看之日，秀女們都在神武門下車，按順序排列，由太監引入順貞門，讓帝後們選看。

例證—光緒帝選妃

面貌俊朗的光緒是清代帝王中後妃最少的一位，只有一後二妃，這一後二妃的選出也不是光緒本人的意思。

1888年，光緒18歲。經過多次篩選剩下的5名秀女讓光緒自己過目。這5名秀女是慈禧兄弟桂祥之女、江西巡撫德馨的兩個女兒、禮部左侍郎長敘的兩個女兒。

慈禧太后上座，光緒站立一旁。前面擺着一張小桌，上面放着如意一柄，繡花包兩對。按規定，選中皇后授予如意；選中妃子則授予荷包。一開始慈禧故作

醇親王奕譞視察北洋海軍舊照。

奕譞（1840~1891），道光帝第七子，光緒帝生父。

姿態，堅持讓光緒自己選。於是，光緒慢慢走到德馨長女面前，正要把如意遞到她手裡，這時慈禧卻大叫一聲：「皇帝」，並用嘴暗示站在第一位的秀女。光緒無可奈何走到桂祥之女面前，把如意授予了她。

看到光緒中意的是德馨的女兒，想到她們一旦被選為妃嬪，也會有奪寵之憂。慈禧太后便不容光緒再選，命人把兩對荷包交給了長敘的兩個女兒。桂祥之女就是後來的隆裕太后，長敘的兩個女兒就是後來的瑾妃、珍妃。

大清皇權遊戲

作　　者	上官雲飛	
發 行 人	林敬彬	
主　　編	楊安瑜	
編　　輯	蔡穎如	
內頁編排	翔美堂設計	
封面構成	翔美堂設計	

出　　版　大旗出版　行政院新聞局北市業字第1688號
發　　行　大都會文化事業有限公司
　　　　　110台北市信義區基隆路一段432號4樓之9
　　　　　讀者服務專線：（02）27235216
　　　　　讀者服務傳真：（02）27235220
　　　　　電子郵件信箱：metro@ms21.hinet.net
　　　　　網　　　　址：www.metrobook.com.tw

郵政劃撥　14050529　大都會文化事業有限公司
出版日期　2006年8月初版一刷
定　　價　250元

ISBN 10　957-8219-55-5
ISBN 13　978-957-8219-55-7
書　　號　大旗藏史館　History 01

Metropolitan Culture Enterprise Co., Ltd.
4F-9, Double Hero Bldg., 432, Keelung Rd., Sec. 1,
Taipei 110, Taiwan
Tel:+886-2-2723-5216　Fax:+886-2-2723-5220
E-mail:metro@ms21.hinet.net
Web-site:www.metrobook.com.tw

大旗出版
大都會文化　BANNER PUBLISHING

國家圖書館出版品預行編目資料

大清皇權遊戲 / 上官雲飛著. ── 初版. ── 臺北
市 ： 大旗出版 ：大都會文化發行, 2006[民95]
面 ； 　公分. ──（人旗藏史館 ； 1）
ISBN 978-957-8219-55-7（平裝）
1.皇帝─中國　清(1644-1912)
2.中國─歷史　清(1644-1912)
627　　　　　　　　　　　95013765

大旗出版
BANNER PUBLISHING

大清皇權遊戲

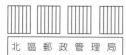

北 區 郵 政 管 理 局
登記證北台字第9125號
免 貼 郵 票

大都會文化事業有限公司
讀者服務部收
110 台北市基隆路一段432號4樓之9

寄回這張服務卡 (免貼郵票)
您可以：
◎不定期收到最新出版訊息
◎參加各項回饋優惠活動

大都會文化 讀者服務卡

書名：大清皇權遊戲

謝謝您選擇了這本書！期待您的支持與建議，讓我們能有更多聯繫與互動的機會。
日後您將可不定期收到本公司的新書資訊及特惠活動訊息。

A.您在何時購得本書：_____年_____月_____日

B.您在何處購得本書：_____書店，位於_____(市、縣)

C.您從哪裡得知本書的消息：1.□書店 2.□報章雜誌 3.□電台活動 4.□網路資訊
　5.□書籤宣傳品等 6.□親友介紹 7.□書評 8.□其他_____

D.您購買本書的動機：（可複選）1.□對主題或內容感興趣 2.□工作需要 3.□生活需要
　4.□自我進修 5.□內容為流行熱門話題 6.□其他_____

E.您最喜歡本書的（可複選）：1.□內容題材 2.□字體大小 3.□翻譯文筆 4.□ 封面
　5.□編排方式 6.□其他

F.您認為本書的封面：1.□非常出色 2.□普通 3.□毫不起眼 4.□其他_____

G.您認為本書的編排：1.□非常出色 2.□普通 3.□毫不起眼 4.□其他_____

H.您通常以哪些方式購書：(可複選)1.□逛書店 2.□書展 3.□劃撥郵購 4.□團體訂購
　5.□網路購書 6.□其他_____

I.您希望我們出版哪類書籍：（可複選）
　1.□旅遊 2.□流行文化 3.□生活休閒 4.□美容保養 5.□散文小品
　6.□科學新知 7.□藝術音樂 8.□致富理財 9.□工商企管 10.□科幻推理
　11.□史哲類 12.□勵志傳記 13.□電影小說 14.□語言學習（　　語）
　15.□幽默諧趣 16.□其他_____

J.您對本書(系)的建議：_____

_____

K.您對本出版社的建議：_____

_____

讀者小檔案

姓名：_____　　性別：□男 □女　　生日：_____年_____月_____日

年齡：□20歲以下□21～30歲□31～40歲□41～50歲□51歲以上

職業：1.□學生 2.□軍公教 3.□大眾傳播 4.□ 服務業 5.□金融業 6.□製造業
　　　7.□資訊業 8.□自由業 9.□家管 10.□退休 11.□其他 _____

學歷：□ 國小或以下 □ 國中 □ 高中／高職 □ 大學／大專 □ 研究所以上

通訊地址 _____

電話：（H）_____（O）_____　傳真：_____

行動電話：_____　E-Mail：_____

❖謝謝您購買本書，也歡迎您加入我們的會員，請上大都會網站www.metrobook.com.tw 登
　錄您的資料。您將不定期收到最新圖書優惠資訊和電子報。

大 旗 出 版
BANNER PUBLISHING

大旗出版
BANNER PUBLISHING